緣起日本

蔣介石的青年時代（三）

Japanese Influence: The Young Chiang Kai-Shek

- Section III -

黃自進　蘇聖雄／主編

編輯說明

一、本書收錄蔣介石青年時期（20-30 歲）在日本學習軍事及從事革命運動的史料，由於其赴日係屬公費留學，本書亦收入清廷派遣學生赴日及日方回應之相關史料，以明蔣赴日之背景。

二、本書史料多為日文，典藏於日本各有關圖書館或檔案館，如國會圖書館、外務省外交史料館、防衛廳防衛研究所圖書館、東洋文庫、國立教育研究所教育書館等。主編獲財團法人中正文教基金會之助，經兩年多時間蒐集、整理、翻譯，曾出版《蔣中正先生留日學習實錄》（黃自進主編，臺北：財團法人中正文教基金會，2001），惟流通不廣。本次將相關史料重行編排整理，譯文全面校訂，並且加上蔣介石在日從事革命運動之史料，增補重新出版。

三、本書紀年依據原檔不同脈絡，使用清朝、民國、日本或西元紀年，惟標題一律採用西元紀年，後附紀年對照表供讀者比照參閱。

四、日本軍隊將「軍官」稱作「士官」，與中國軍隊的「士官」（日軍稱作「下士官」）不同。為免混淆，不另翻譯，後附對照表供讀者參考。

五、■表示難以辨識之字；〔 〕係註記原文錯漏或編者說明。

六、為便利閱讀，本書以現行通用字取代古字、罕用字、簡字等，並另加現行標點符號。

七、所收錄資料原為豎排文字，本書改為橫排，惟原文中提及「如左」（即如後）等文字皆不予更動。

八、本書涉及之人、事、時、地、物紛雜，雖經多方審校，舛誤謬漏之處仍在所難免，務祈方家不吝指正。

中日紀元對照表

西元	日本年號	中國年號	歲次
1894	明治 27	光緒 20	甲午
1895	明治 28	光緒 21	乙未
1896	明治 29	光緒 22	丙申
1897	明治 30	光緒 23	丁酉
1898	明治 31	光緒 24	戊戌
1899	明治 32	光緒 25	己亥
1900	明治 33	光緒 26	庚子
1901	明治 34	光緒 27	辛丑
1902	明治 35	光緒 28	壬寅
1903	明治 36	光緒 29	癸卯
1904	明治 37	光緒 30	甲辰
1905	明治 38	光緒 31	乙巳
1906	明治 39	光緒 32	丙午
1907	明治 40	光緒 33	丁未
1908	明治 41	光緒 34	戊申
1909	明治 42	宣統元	己酉
1910	明治 43	宣統 2	庚戌
1911	明治 44	宣統 3	辛亥
1912	大正元	民國元	壬子
1913	大正 2	民國 2	癸丑
1914	大正 3	民國 3	甲寅
1915	大正 4	民國 4	乙卯
1916	大正 5	民國 5	丙辰

中日陸軍軍階對照表

日本帝國		中華民國		清帝國晚期		
官等	官階	官等	官階	等級	品級	官名
將官	大將	將官	上將	上等第一級	從一品	正都統
	中將		中將	上等第二級	正二品	副都統
	少將		少將	上等第三級	從二品	協都統
佐官	大佐	校官	上校	中等第一級	正三品	正參領
	中佐		中校	中等第二級	從三品	副參領
	少佐		少校	中等第三級	正四品	協參領
尉官	大尉	尉官	上尉	次等第一級	正五品	正軍校
	中尉		中尉	次等第二級	正六品	副軍校
	少尉		少尉	次等第三級	正七品	協軍校
准士官	准尉			額外軍官	正八品	司務長
下士官	曹長	士官	士官長 上士	軍士	從八品	上士
	軍曹		中士		正九品	中士
	伍長		下士		從九品	下士
兵	兵長					
	上等兵	士兵	上等兵			
	一等兵		一等兵			
	二等兵		二等兵			

目錄

附錄

肆、青年蔣介石在日本的革命活動史料

一、流亡日本的革命黨人

1. 關於中國人亡命來日之事（1913.09.01）

日本外務省外交史料館藏

高秘特收第一三二三號　大正二年九月一日
長崎縣知事李家隆介致外務大臣男爵牧野伸顯閣下
（通報對象：內相、警視總監、佐賀、福岡、山口、兵庫、大阪、神奈川）

關於中國人亡命來日之事
中華江西　俞詠膽　三十五歲
中華上海　蔣介石　三十二歲，他本人在旅店時化名為蔣志青〔蔣志清〕。
前述介石之妻　桃素秋〔姚素秋〕二十歲，在旅店時改名為藤澤霈。

他們是搭乘由上海來的筑前號，於九月一日午前七時登陸，之後投宿在大村町福島屋旅館。據說俞是日本士官學校第七期的畢業生，蔣為第九期的畢業生。在這次的革命裡，俞為李烈鈞的部下，官階少將；而蔣為陳基美〔陳其美〕的部下，也是少將。聽聞他們都參加南京戰鬥，憾壯志未酬，遂亡命本邦。據悉他們預定將於九月二日午前九時搭火車前往東京。

耑此報告。

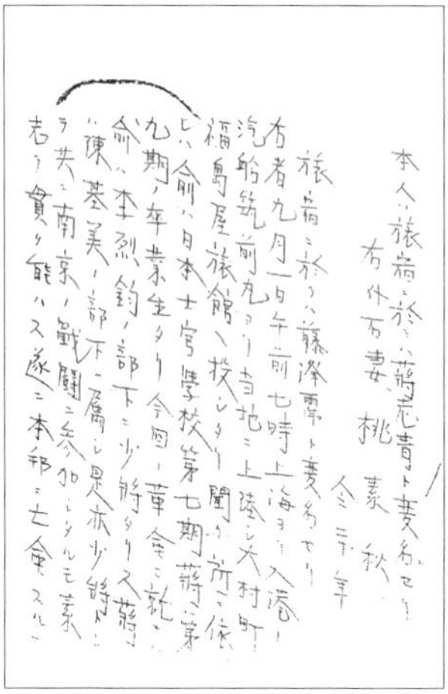

本人ハ旅宿ニ於テハ蔣志青ト変名セリ
右什石妻 桃 素秋
仝 二十年
旅宿ニ於テハ藤澤寧ト変名セリ
右者九月一日午前七時上海ヨリ入港ノ
汽船筑前丸ヨリ当地ニ上陸シ大村町
福島屋旅館ヘ投シタリ聞ク所ニ依
レハ俞ハ日本士官学校第七期蔣ハ第
九期ノ卒業生タリ今回ノ革命ニ就テ
俞ハ李烈鈞ノ部下ニ少将タリ又蔣
ハ陳其美ノ部下ニ属シ是亦少将トシテ
ヲ共ニ南京ノ戦闘ニ参加シタルモ素
志ヲ貫ク能ハス遂ニ本邦ニ亡命スルニ

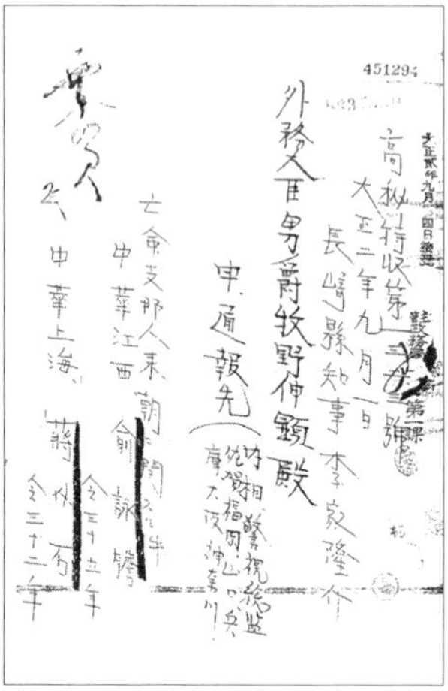

451294
高秘特収第 [illegible] 號
大正二年九月一日
長崎縣知事 李家隆介
外務大臣男爵牧野伸顕殿
中通報先（内務相 警視総監 福岡 山口 兵庫 大阪 神奈川）
亡命支那人来朝ノ件
中華江西 俞 詠 仝三十五年
中華上海 蔣 介石 仝二十二年

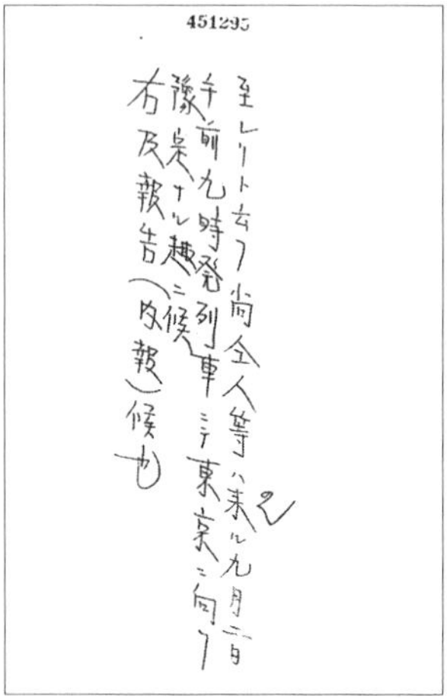

451295
至レリト云フ尚仝人等ハ来ル九月二日
午前九時発列車ニテ東京ニ向フ
予定ナル趣ニ候
右及報告（内報）候也

2. 關於中國人亡命客之事（1913.09.02）

日本外務省外交史料館藏

高秘特收第一三二三號　大正二年九月二日

長崎縣知事李家隆介致外務大臣男爵牧野伸顯閣下

（通報對象：內相）

關於中國人亡命客之事

關於亡命本邦的中國人俞詠膽與蔣介石夫妻在當地登陸之事，已於九月一日高秘特收第一三二三號呈報。根據同情蔣的上海某人給長崎友人的信件，蔣是革命黨的一員，目前在被袁懸賞十萬元捉拿的陳基美〔陳其美〕手下擔任參謀，並以旅團長身分參與此次革命軍，屬於激進派份子。鑒於袁派的壓迫不斷，而身處險境，故搭「筑前號」亡命日本。他預定抵達長崎後即與孫文聯絡，對於身邊的危險，則期盼能得到官方的保護，現正處於我方監視中。俞詠膽預定於九月二日午後兩點乘長崎出發的鐵路上東京。蔣則預定在當地逗留一星期後赴京。

耑此報告。

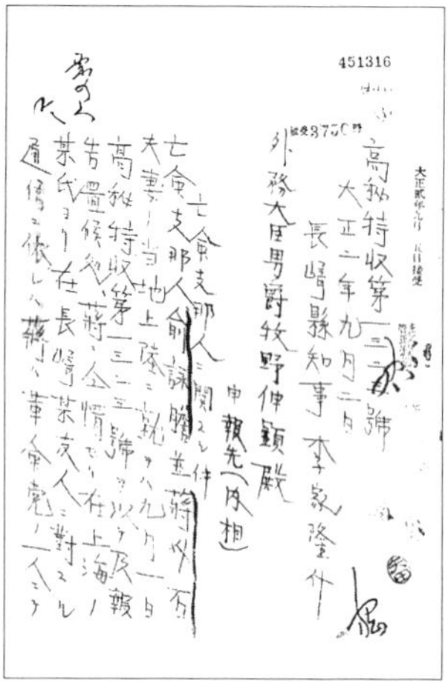
451316
高秘特收第一三二[illegible]號
大正二年九月二日
長崎縣知事 李家隆介
外務大臣男爵牧野伸顯殿
亡命支那人ニ關スル件
申報先（內相）
亡命支那人[illegible]陳其美蔣介石
夫妻ノ当地上陸ニ就テハ九月一日
高秘特收第一三二三號ヲ以テ及報
告置候處、蔣ハ今晴[illegible]在上海ノ
某氏ヨリ在長崎某支人ニ對スル
通信ニ依レハ蔣ハ革命党ノ一人ニシテ

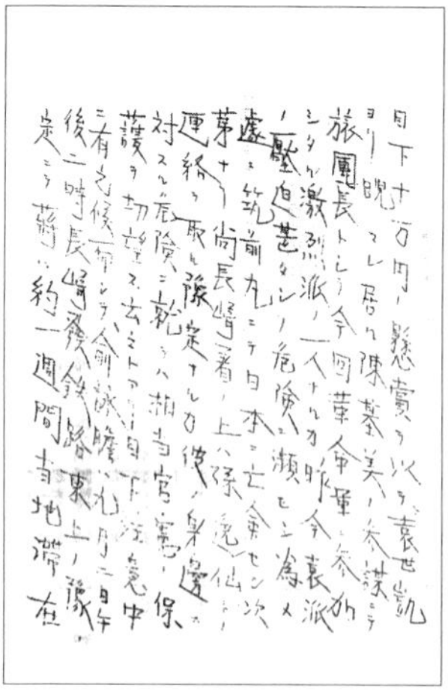
目下十萬円ノ懸賞ヲ以テ袁世凱
ヨリ睨マレ居ル陳其美ノ参謀ニシテ
旅團長トシテ今回革命軍ニ参加
シタル激烈派ノ一人ナルカ昨今袁派
ノ壓迫甚タシク危險ノ瀕セシ為メ
遠ク筑前丸ニテ日本ニ亡命セシ次
第ナリ尚長崎著ノ上ハ孫逸仙ト
連絡ヲ取ル豫定ナルカ彼ノ身邊ニ
対スル危險ニ就テハ相當ノ警戒保
護ヲ切望スト云ヒトアリ目下注意中
ニ有之候處[illegible]九月二日午
後二時長崎發鐵路東上ノ豫
定ニテ蔣ハ約一週間当地滞在

ノ後上京ノ筈ナリ
右及報告候也
了

3. 中國人東上之事（1913.09.08）

日本外務省外交史料館藏

高秘五七一八號　大正二年九月八日

山口縣知事馬淵銳太郎致外務大臣男爵牧野伸顯殿下

中國人東上〔赴東京之意〕之事

上海人陳其美參謀

陸軍少將　蔣介石　三十二歲

前者之妻　桃素秋〔姚素秋〕　二十歲

　　前者於本月六日午後六時三十五分自門司而來，並搭乘七時十分由下關開出的火車東上。已將此事通報廣島縣。通過管轄地時並無任何異狀。

耑此通報。

另通報內務、外務大臣、警視廳總監、福岡縣知事。

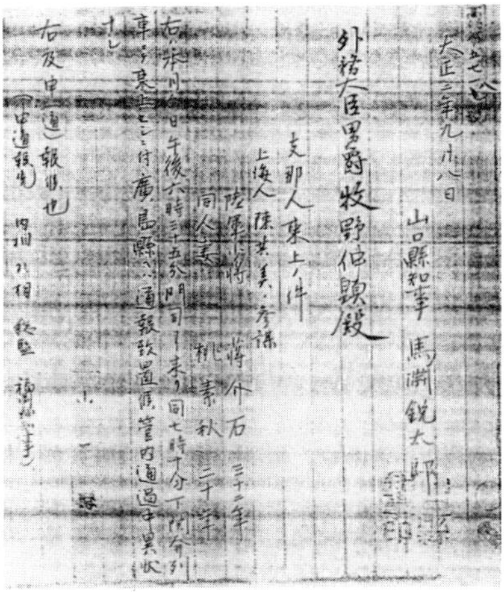
大正二年九月八日
山口縣知事 馬淵鋭太郎
外務大臣男爵牧野伸顕殿
支那人東上ノ件
上海人 陳其美ノ参謀
陸軍少将 蒋介石 三十二年
同人妻 桃素秋 二十年
右ハ本月六日午後六時三十五分門司ヨリ来リ同七時十分下関発列車ニテ東上セシニ付広島県ヘ通報致置候管内通過中異状ナシ
右及申報候也
内務 外務大臣 警視総監 福岡県知事

4. 調查赴日革命黨人一覽表（1913.09.22）

日本外務省外交史料館藏

大正二年九月二十二日調查

黃　興	懸賞十萬元，無論生死 假名為岡本義一	八月四日由香港出發，八日至馬關，二十七日凌晨入京（與家人住在芝區高輪南町五三）。
孫逸仙		八月四日由福州出發經基隆，九日抵達神戶，十八日入京（住在赤坂靈南坂町二十七海妻豬勇彥家）。
胡漢民	原廣東都督 假名為林理	與孫同船到基隆十二日抵達門司，十六日入京（住在赤坂區傳馬町二丁目七番地）。
張　繼	原參議院議長	八月五日由香港來此，目前似乎在基隆大阪商船會社支店長的保護下，潛伏在該地。
李烈鈞	原江西都督， 懸賞三萬元，無論生死 假名為吉田清	九月十二日由大冶出發十七日至若松，十八日乘姬島丸到大阪，十九日乘鐵路東上。
柏文蔚	原安徽都督 假名為朱華斌	八月二十九日由上海出發，三十日抵達長崎，九月六日抵京都（同市柊屋），十三日由該地出發十四日回長崎（同市福島屋）。
譚人鳳	前川漢鐵道督辦	目前在湖南鄉里，正計畫來日。
許崇智	原福建省第十四團長， 懸賞緝捕 福建獨立的主倡者	八月五日由香港出發經基隆去長崎（不知是否到達）。
陳之驥	原南京八師團長	目前在上海，據說不久後將來日本。
胡　瑛	參議院議員	九月六日由上海出發八日抵長崎，十四日入京（四谷霞關）（妻隨行）。
陳其美	前上海討袁軍司令官	吳淞淪陷時也跟著消失，後來化名中田耕次逃來日本。九月四日由長崎搭乘火車東上。
李平書	原江蘇民政總長	八月五日由上海出發八日抵神戶。
黃愷元	黃興的參謀長 假名為田中龍	與黃興一同亡命，八月十七日入京（神田錦町一丁目一番地今城館）。

鈕永建	原上海討袁軍司令官 假名為林耕	八月十九日由上海出發，二十三日到神戶，後又赴橫濱，二十九日再回神戶，三十日前往城崎（住在該地的三木屋旅館）。
林　虎	原江西省 第一師第二旅長	據聞由長沙搭外國船，九月十五日抵漢口，然後往下游前來日本。
周震鱗	原參議院議員 假名為周為任	由上海出發八月二十五日抵長崎，九月一日抵京都，投宿該市內三條小橋龜屋。
何成濬	原江蘇討袁軍的秘書 假名為魏潔吾	由上海出發八月十日抵長崎，二十四日上京（神田錦町一丁目今城館）。
蔣介石	陸軍少將 陳其美部下	由上海出發，九月一日來到長崎，六日搭乘火車東上（妻隨行）。
何天炯	假名為林桃芳	由上海出發九月十五日到神戶，十六日上京（小石川區白山前町一丁目宮崎虎造〔宮崎虎藏〕。
張堯卿		與何天炯同船十六日入京（芝區南佐久間町二之一八信濃屋）。
劉廷漢	前吳淞砲台副司令官	由上海出發九月十一日抵長崎，目前與季雨霖同住。
黃　實	陸軍少將柏文蔚的幕僚	與柏文蔚一同亡命，目前生病住在大阪市回生醫院。
曹正慈	柏文蔚的幕僚	與柏文蔚一同亡命，八月三十一日搭由長崎出發的鐵路東上（據說將會投宿在牛込區神樂町一之三城西館）。
曹典夔	柏文蔚的幕僚	與柏文蔚一同亡命，八月三十一日搭由長崎出發的鐵路東上（據說將會投宿在牛込區神樂町一之三城西館）。
宗嘉樹〔宋嘉澍，下同〕	孫文的秘書	由上海出發八月四日抵神戶，二十日入京（與孫同住）。
余駿德	國民黨員	由上海出發八月七日抵長崎，八日搭鐵路上京。
朱　彤	國民黨員	由上海出發八月七日抵長崎，八日搭鐵路上京。

林義甫	國民黨員	由天津出發八月十七日抵神戶，十八日搭鐵路上京（住在本鄉丸山福山町東櫻館）。
黃　堅	國民黨員	由天津出發八月十七日抵神戶，十八日搭鐵路上京（住在本鄉丸山福山町東櫻館）。
黃績成	國民黨員 聽說本人為黃淑德	由上海出發，八月十七日來到長崎，十九日入京（麴町區平河町三之十七金生館），九月七日由東京出發赴長崎，十一日乘筑前丸前往上海。
王　統	假名為津田良夫	由上海出發八月十七日到長崎，十八日抵神戶（神戶市大井通國木田收二家）。
王　某	假名為津田勉夫 王統之弟	由上海出發八月十七日到長崎，十八日抵神戶（神戶市大井通國木田收二家）。
右列三人皆是吳淞台守備將校		
張鴻仁	黃興的秘書	據報八月二十三日來到神戶。
唐月地	黃興的秘書	據報八月二十三日來到神戶。
陸惠生	涉嫌徐寶山暗殺事件	在東京
徐振生		據報八月二十三日與張鴻仁一同來到神戶，目前和黃興住在一起。
何嘉錄〔何嘉祿，下同〕	上海富豪，私下資助鈕永建	由上海出發，八月二十七日抵達神戶（神戶市榮町一丁目田中旅館），九月一日抵東京（麻布區新網町一之七一宮下サダ家）。
陳　儉	鈕永建的副官 假名為張瑞	由上海出發，八月二十七日抵達神戶（神戶市榮町一丁目田中旅館），九月一日抵東京（麻布區新網町一之七一宮下サダ家）。
周荃孫	鈕永建的副官	與何嘉錄一同亡命，已抵達長崎，將搭鐵路東上。

秘

（大正二年九月二十三日調）

（新宿藝者十千代元田本義一卜偽名ス）黄　興　八月四日香港発八日馬関着二十七日未明入京（芝區高輪南町五三）家族同居

孫　逸　仙　八月四日福州発基隆経由九日神戸着十八日入京（赤坂霊南坂町廿七海妻猪勇彦方）

（林理ト偽名ス）胡　漢　民（元廣東都督）　孫ト同船基隆ニ向ヒ十二日門司着十六日入京（赤坂區傳馬町二丁目七番地）

張　継（元参議院議長）　八月五日香港発渡来目下基隆大坂商船會社支店長ノ保護ノ下ニ同地ニ潜伏シ居ル模様

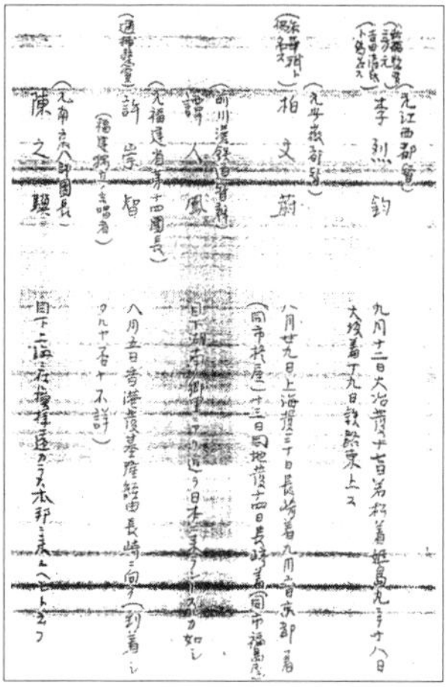

（[illegible]ト偽名ス）李　烈　鈞（元江西都督）　九月十二日大冶発十七日若松着姫島丸ニテ十八日大坂着十九日敦賀発東上ス

（[illegible]ト偽名ス）柏　文　蔚（元安徽都督）　八月廿九日上海発三十日長崎着九月一日東京ニ着（同市扶桑屋）十三日同地発十四日長崎着（同市福島屋）

譚　人　鳳（前川漢鉄路督辦）　目下湖南ノ郷里ニ[illegible]ニ日本ニ来ラサルモノヽ如シ

（[illegible]）許　崇　智（元福建省第十四師長）　八月五日香港発基隆経由長崎ニ向フ（到着シタルヤ否ヤ不詳）

陳　之　驥（元南京八師團長）　目下上海ニ在リ機ヲ見テ本邦ニ来ラントスト云フ

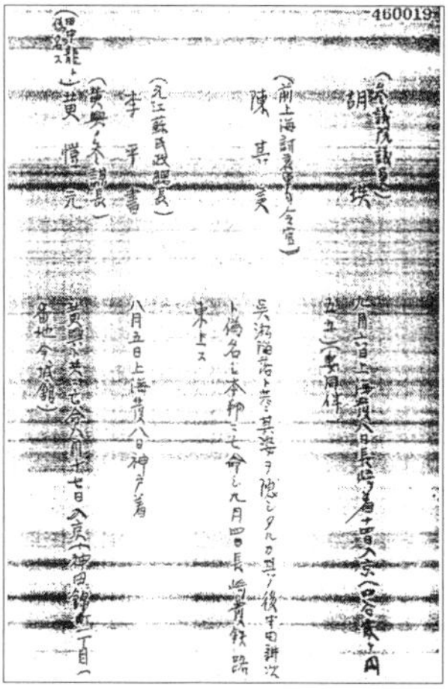

460019

（前議院議員）胡　瑛　九月一日上海発八日長崎着十日入京（四谷[illegible]五五）（李同伴）

陳　其　美（前上海討袁軍總司令官）　呉淞陥落ト共ニ其姿ヲ隠シタルカ其ノ後中田耕次ト偽名シ本邦ニ亡命シ九月四日長崎発鉄路東上ス

李　平　書（元江蘇民政長）　八月五日上海発八日神戸着

（田中龍ト偽名ス）黄　愷　元（黄興ノ参謀長）　黄興ト共ニ亡命八月廿七日入京（神田錦町三丁目一番地今城館）

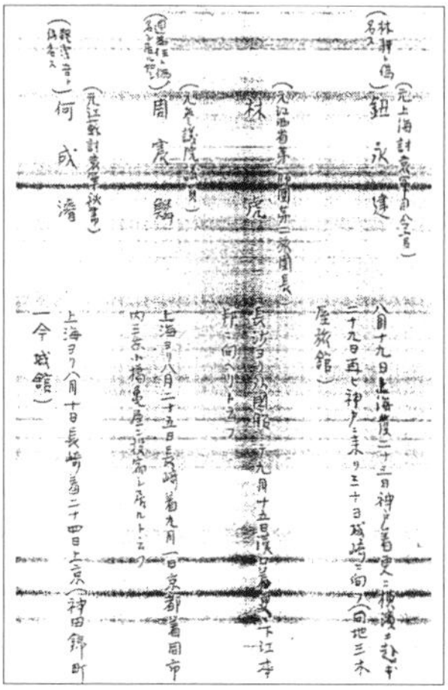

（林耕ト偽名ス）鈕　永　建（元上海討袁軍總司令官）　八月十九日上海発二十三日神戸着更ニ横濱ニ赴キ二十九日再ヒ神戸ニ来リ三十日長崎ニ向フ（同地三木屋旅館）

林　虎（元江西省第一師團第二旅團長）　長崎ヨリ[illegible]九月十五日[illegible]下江寺[illegible]所ニ向ヘリト云フ

（[illegible]ト偽名ス）周　震　鱗（元参議院議員）　上海ヨリ八月二十五日長崎着九月一日京都着同市内三条小橋亀屋ニ投宿シ居ルト云フ

（程寿吉ト偽名ス）何　成　濬（元江西討袁軍秘書）　上海ヨリ八月十日長崎着二十四日上京（神田錦町一今城館）

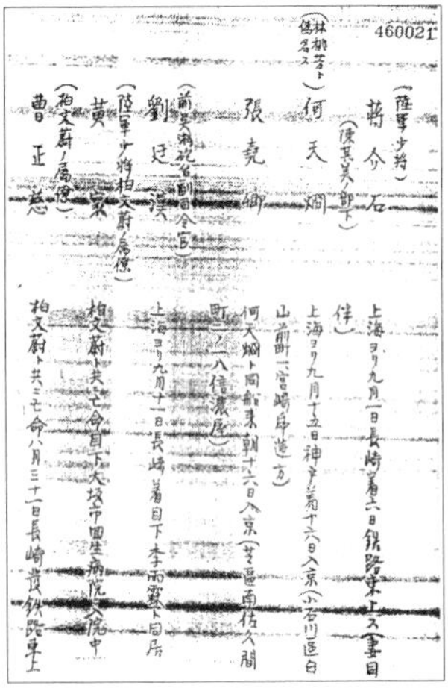
460021
（陸軍少將）蔣介石
（陳其美ノ部下）
（林想苦ト偽名ス）何天烱
張堯卿
（前吳淞砲台副司令官）劉廷漢
（陸軍少將柏文蔚ノ屬僚）黃家
（柏文蔚ノ屬僚）曹正慈
上海ヨリ九月一日長崎着六日鉄路東上ス（妻同伴）
上海ヨリ九月十五日神戶着十六日入京（小石川區白山前町一宮崎寅造方）
何天烱ト同船東朝十六日入京（芝區南佐久間町二ノ八信濃屋）
上海ヨリ九月十一日長崎着目下李雨霖ト同居
柏文蔚ト共ニ亡命目下大坂市回生病院入院中
柏文蔚ト共ニ亡命八月三十一日長崎着鉄路東上

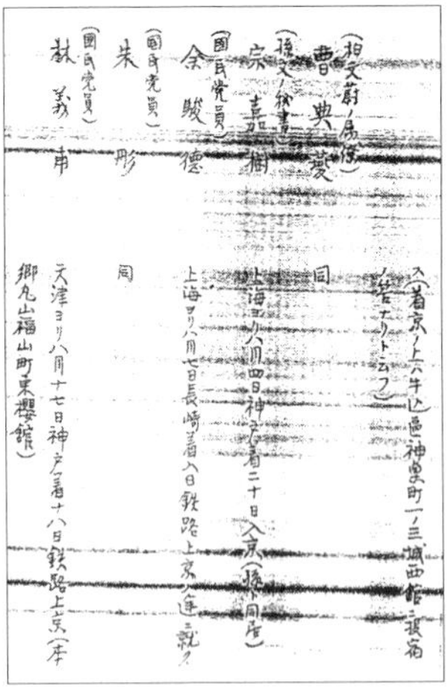
（柏文蔚ノ屬僚）曹典燮
（孫文ノ秘書）宗嘉樹
（國民黨員）余駿德
（國民黨員）朱彤
（國民黨員）林義甫
入（着京ノ上六牛込區神樂町一ノ三城西館ニ投宿ノ答ナリト云フ）
同
上海ヨリ八月四日神戶着二十日入京（孫ト同居）
上海ヨリ八月七日長崎着八日鉄路上京ノ途ニ就ク
同
天津ヨリ八月十七日神戶着十八日鉄路上京（本鄉丸山福山町東櫻館）

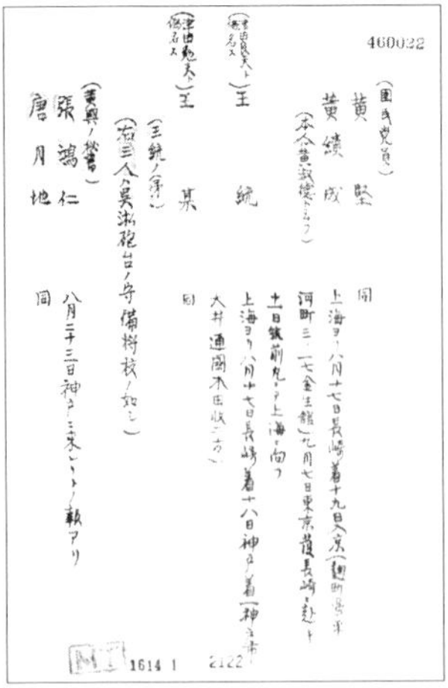
460022
（國民黨員）黃堅
黃鑲成（本人黃叔俊トモ云フ）
（吉田良夫ト偽名ス）王統
（津田勉夫ト偽名ス）王某
（王統ノ弟）
（右三人ノ吳淞砲台ノ守備將校ノ如シ）
（黃興ノ秘書）張鴻仁
唐月地
同
上海ヨリ八月十七日長崎着十九日入京（麴町區平河町三ノ一七金生館）九月七日東京發長崎ニ赴キ十一日敦前丸ニテ上海ニ向フ
上海ヨリ八月十七日長崎着十八日神戶着（神戶市大井通岡本伍收方）
同
八月二十三日神戶ニ來レリトノ報アリ
同
1614 1 2122

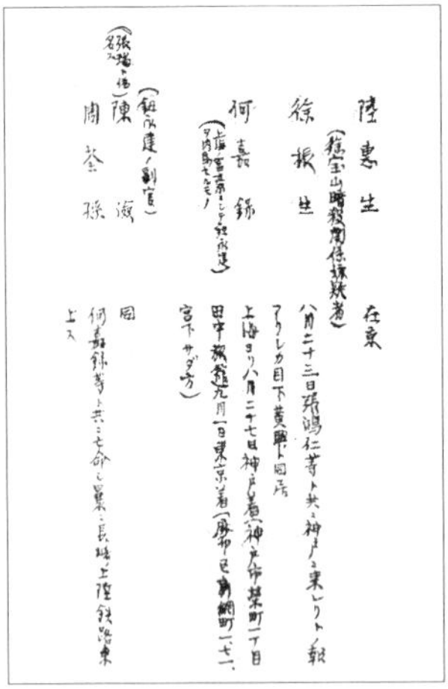
陸惠生（梅宝山暗殺関係嫌疑者）
徐振生
何嘉錦（上海吉崇ニテ紐永建ノ手下トナレルモノ）
（鈕永建ノ副官）陳瀛
（張瑞ト偽名ス）周荃孫
在東
八月二十三日張鴻仁等ト共ニ神戶ニ來レリト報アリシカ目下黃興ト同居
上海ヨリ八月二十七日神戶着（神戶市榮町一丁目田中旅館）九月一日東京着（麻布區新網町一ノ七一宮下サダ方）
同
何嘉錦等ト共ニ亡命シ眾ニ長崎ニ上陸鉄路東上ス

5. 與革命黨有關中國人來去一覽表（1914.05.04）

日本外務省外交史料館藏

高秘特發第一三四五號　大正三年五月七日

長崎縣知事李家隆介致內務大臣男爵加藤高明殿下、外務大臣伯爵大隈重信殿下

有關中國亡命者經由長崎的行蹤報告

自去年八月中國第二次革命失敗以來，有眾多革命黨人或袁所派遣的密探居住於本地，或經由本地轉往其他地方。現將此等人的行蹤列表於附件，謹此呈報，以供參考。

與革命黨有關中國人來去的一覽表

大正三年五月四日調查

姓名	年齡	前職	來去年月日	暫住地	去何地	備考
何成睿〔何成濬〕	35	黃興司令副官	1913.08.10 1913.08.11	福島屋	神戶	
李春城〔李書城〕	32	同諮議官	1913.08.10 1913.08.11	福島屋	神戶	
王　統	29	原南軍海軍上尉	1913.08.17 1913.08.17		神戶	詐稱津田良夫
陳靜觀	34	湖南第二師陸軍少將	1913.08.25 1913.08.29	福島屋	京都	妻隨行
周震鱗	37	參議院議員	1913.08.25 1913.08.29	福島屋	神戶	
尹振一	21	黃興部下	1913.08.25 1913.08.28	福島屋	神戶	
洪　荒	25	黃興部下	1913.08.25 1913.08.28	福島屋	神戶	

姓名	年齡	前職	來去年月日	暫住地	去何地	備考
洪　蒸	24	黃興部下	1913.08.25 1913.08.28	福島屋	神戶	
黃禁階	33	前北京亞東新聞記者	1913.08.25 1913.08.28	玉江町吉林屋	新橋	
曹正慈	40	新聞記者	1913.08.30 1913.08.31	福島屋	新橋	
曹典夔	30	新聞記者	1913.08.30 1913.08.31	福島屋	新橋	
俞應麓	35	陸軍少將	1913.09.01 1913.09.02	福島屋	新橋	假名係俞詠贍，此人家屬住南山手22號，係李烈鈞部下
蔣介石	32	陸軍少將	1913.09.01 1913.09.06	福島屋	新橋	妻隨行
殷汝驪	28	國民黨幹事	1913.09.06 1913.09.07	福島屋	新橋	
殷汝耕	25		1913.09.04 1913.09.04	福島屋	新橋	殷汝驪的弟弟，兩兄弟皆遭通緝
胡　瑛	30	山東都督	1913.09.08 1913.09.09	福島屋	京都	妻及隨從二人
蔡濟民	28	武昌陸軍中將	1913.09.08 1913.09.09	福島屋	平沼	妻隨行
吳醒漢	30	武昌陸軍中將	1913.09.08 1913.09.09	福島屋	平沼	妻隨行
夏歌琴	27	南方書記長官	1913.09.08 1913.09.09	福島屋	平沼	
黃澤南	35	南軍測量部長	1913.08.07 1913.09.20	福島屋	新橋	
楊仲桓	31	南軍陸軍中將	1913.08.07 1913.09.20	福島屋	新橋	
劉天漢	32	安徽師長	1913.09.11 1913.09.13	四海樓	新橋	
張士英	32	南京師範學校教師	1913.09.11 1913.09.13	四海樓	新橋	
陳紹良	28	國民新聞經理	1913.09.11 1913.09.13	四海樓	新橋	
余志和	26	日本士官學校畢業生	1913.09.11 1913.09.13	四海樓	新橋	
王平剛	29	眾議院議員	1913.09.11 1913.09.13	四海樓	新橋	

姓名	年齡	前職	來去年月日	暫住地	去何地	備考
劉廷漢	31	吳淞砲台副司令官	1913.09.11 1913.09.17	南山手 17	新橋	
繆鴻俊	22	南京高等師範學校教師	1913.09.11 1913.10.09	南山手 17	新橋	
范鴻仙	30	上海民立報社長	1913.09.11 1913.09.12	南山手 17	新橋	
吳忠信	32	上海民立報社經理	1913.09.11 1913.09.12	南山手 17	新橋	
劉天民	25	上海民立報社記者	1913.09.11 1913.09.12	南山手 17	新橋	
王有成	26	南京師範學校畢業生	1913.09.11 1913.09.13	南山手 17	新橋	
朱　解	34	國光新聞社長	1913.09.11 1913.09.13	南山手 17	新橋	
周志林	40	安徽省鐵道總理	1913.09.11 1913.09.13	南山手 17	新橋	
黃榮甫	24	眾議院議員	1913.08.30 1913.10.06	南山手 17	上海	季雨霖部下
吳健民	30	南京臨時都督	1913.09.15 1913.09.15	福島屋	新橋	
居　正	33	吳淞砲台司令官	1913.09.15 1913.09.17	四海樓	新橋	詐稱趙雄祥
梁瑞堂	31	居正部下	1913.09.15 1913.09.17	四海樓	新橋	
熊秉坤	28	居正部下	1913.09.15 1913.09.17	四海樓	新橋	
陳　言	20	居正部下	1913.0915 1913.0917	四海樓	新橋	
袁華撰	30	前南京八師長	1913.09.18 1913.09.20	福島屋	若津	疑似屬於袁派
張華輔	27	疑為袁派密探	1913.09.18 1913.09.18		新橋	
任少棠	30	疑為袁派密探	1913.09.18 1913.09.19	四海樓	新橋	妻隨行
鈕永健	40	討袁軍總司令官	1913.09.19 1913.09.22	福島屋	姫路	妻隨行
何子琦	28	湖口司令官	1913.09.22 1913.09.23	福島屋	大阪	
方聲壽	30	湖口參謀長	1913.09.22 1913.09.23	福島屋	大阪	

姓名	年齡	前職	來去年月日	暫住地	去何地	備考
王鴻賓	25	討袁軍 軍器局長	1913.09.25 1913.10.09	福島屋	上海	從東京來
汪　道	30	國民黨機關 韻仁日報 記者	1913.09.25 1913.09.27	四海樓	新橋	
柳　岳	25	江西省 第二團 陸軍上校	1913.09.25 1913.09.27	四海樓	新橋	
王　鈞	24	柳岳部下 大隊長	1913.09.25 1913.09.27	四海樓	新橋	
李振民	25	李烈鈞副官	1913.09.25 1913.09.26	四海樓	新橋	
高秀山	29	疑為袁派 密探	1913.09.13 1913.12.08	四海樓	大連	
漢理之	30	四川省出生 陸軍上尉	1913.09.22 1913.10.03	南山手 22	上海	
宋維藩	30	商業學校 教師	1913.09.22 1913.10.03	南山手 22	上海	
方聲濤	29	南軍旅長	1913.09.29 1913.09.30	福島屋	新橋	前面[redacted] 方聲濤 [redacted]
榆　華	20	學生	1913.09.29 1913.09.30	福島屋	新橋	由方聲濤 率領
楊文華	21	學生	1913.09.29 1913.09.30	福島屋	新橋	由方聲濤 率領
劉鷹公	29	奉南軍之 命在北軍 任飛行隊 技師	1913.09.29 1913.09.29	福島屋	新橋	
蔡誠一	30	九江 保商局長	1913.09.29 1914.01.11	四海樓	神戶	妻隨行
張希和	32	南軍林虎 部下將校	1913.09.29 1913.09.29	小林屋	橫濱	
衛文公	28	江西省 議員	1913.09.29 1913.09.29	小林屋	橫濱	
林　虎	25	南軍首領	1913.10.02 1913.10.02	福島屋	新橋	
陸明治	30	胡漢民部下	1913.10.02 1913.10.02	福島屋	新橋	
柏執卿	70	柏文蔚之父	1913.10.02 1913.11.06	南山手 21	上海	妻、子、孫 等 10 名隨行

姓名	年齡	前職	來去年月日	暫住地	去 何地	備考
鄧煥之	25	南軍湖北 八師參謀 陸軍少將	1913.10.02 1913.10.03	四海樓	上海	
王有蘭	35	眾議院 議員	1913.10.02 1913.10.16	南山手 17	新橋	
留尚武	30	季雨霖部下	1913.10.02 1913.10.03	四海樓	上海	
戴鴻丙	29	季雨霖部下	1913.10.02 1913.10.03	四海樓	上海	
陳之驥	30	第八師長	1913.10.05 1913.10.06	台場町 福■旅館	上海	日本人須藤 理助同行， 疑為袁派
吳炳元	39	自稱 黎元洪密使	1913.10.06 1913.10.06	福島屋	新橋	
彭楚秋	38	討袁軍 總司令官	1913.10.06 1913.10.13	福島屋	新橋	
龐青城	36	國民黨員	1913.10.06 1913.10.06	四海樓	神戶	稱作因馨南， 共有孩子隨 員等五名
熊在德	30	湖北 第八鎮副官	1913.10.06 1913.10.06	四海樓	新橋	
王乃斌	30	吳淞砲 兵長	1913.10.06 1913.10.06	四海樓	新橋	
■ 徵	38	疑為袁派 密使	1913.10.06 1913.10.06	四海樓	新橋	
楊孟約	29	疑為袁派 密使	1913.10.06 1913.10.06	四海樓	新橋	
劉夢彪	23	疑為袁派 密使	1913.10.06 1913.10.06	四海樓	新橋	
陳吟甫	22	疑為袁派 密使	1913.10.06 1913.10.06	四海樓	新橋	
向壽蔭	30	四川省 支隊長 陸軍上校	1913.10.06 1913.10.20	南山手 17	新橋	妻隨行
唐頌勳	30	南京城內 軍醫	1913.10.09 1913.10.20	南山手 22	上海	據說本名為 唐堯欽
溫楚珩	26	湖北討袁軍 機關部 參謀長	1913.10.09 1913.10.10	四海樓	新橋	
朱華斌	22	漢口 大江報記者	1913.10.06 1913.10.06	四海樓	新橋	
王憲章	30	南京 第一師長	1913.10.09 1913.10.10	四海樓	新橋	

姓名	年齡	前職	來去年月日	暫住地	去何地	備考
詹大悲	27	漢口軍政分府長	1913.10.09 1913.10.10	四海樓	新橋	
鄒紉雲	36	湖北第八師縫工廠長	1913.10.13 1913.11.10	四海樓	上海	從上海來 回去上海
關漢又	36	湖北師團付陸軍少校	1913.10.13 1913.10.16	四海樓	上海	從上海來 回去上海
宗維藩	30	湖北第八師參謀	1913.10.13 1913.12.08	南山手 17	上海	從上海歸來 回去上海
梁冰懷素	30	柏文蔚部下	1913.10.13 1914.02.19	南山手 21	上海	
薛宣民	30	安徽省團長	1913.10.12 1913.12.01	南山手 21	上海	從東京來
管　鵬	40	安徽省政會議員	1913.10.09 1913.12.22	南山手 21	新橋	
畢靖波	40	安徽省屯田團團長	1913.10.09 1913.11.01	南山手 21	新橋	
黃凱元	30	第十五旅長	1913.10.16 1913.10.16	福島屋	上海	疑為袁派 從別府來
孔子才	28	辯護士	1913.10.15 1913.10.16	綺南樓	新橋	疑為袁派
熊克武	29	重慶南軍總司令官	1913.10.16 1913.10.17	竹井屋	三池	
余際唐	29	南軍水師司令官	1913.10.16 1913.10.17	竹井屋	三池	
張　樸	29	余際唐幕僚	1913.10.06 1913.10.17	竹井屋	三池	
吳景英	30	余際唐幕僚	1913.10.16 1913.10.17	竹井屋	三池	
龍　光	29	余際唐幕僚	1913.10.16 1913.10.17	竹井屋	三池	
馬德生	25	余際唐幕僚	1913.10.16 1913.10.17	竹井屋	三池	
朱華經	25	余際唐幕僚	1913.10.16 1913.10.17	竹井屋	三池	
張孝根	25	余際唐幕僚	1913.10.16 1913.10.17	竹井屋	三池	
汪亦談	23	余際唐幕僚	1913.10.16 1913.10.17	竹井屋	三池	
涂芝三	25	湖口司令官副官	1913.10.16 1913.10.29	南山手 17	品川	
屠達三	23	湖口參謀	1913.10.16 1913.11.09	浦上山里村	新橋	

姓名	年齡	前職	來去年月日	暫住地	去何地	備考
曾壯飛	33	江西兵站兼總監部兼交通部參謀	1913.10.12 1913.10.17	ジヤバンホテル	新橋	
黃守正	35	南京國民黨員交通部幹事	1913.10.12 1913.10.17	ジヤバンホテル	新橋	
何海鳴	28	南京都督	1913.10.20 1913.10.20	四海樓	神戶	
韓　恢	28	南京都督參謀（？）	1913.10.20 1913.10.20	四海樓	神戶	
王兆暗		南京都督參謀（？）	1913.10.20 1913.10.20	四海樓	神戶	
王培賢	23	柏文蔚部下	1913.10.20 1913.10.20	南山手 22	上海	
昌　盈	60	季雨霖之父	1913.10.20 1913.11.10	南山手 17	上海	有一名保護者隨行
王佐才	38	參議院議員	1913.10.23 1913.11.06	上■屋	上海	上海
秦培基	33	前職不明和王佐才■■	1913.10.23 1913.11.06	上■屋	上海	
譚喚章	39	柏文蔚部下	1913.10.23 1913.10.27	南山手 22	上海	
易　象	29	湖南新聞記者	1913.10.27 1913.10.27	四海樓	新橋	
胡　榮	27	湖南新聞記者	1913.10.27 1913.10.27	四海樓	新橋	
徐鳳霄	30	柏文蔚副官	1913.10.27 1913.10.30	南山手 22	上海	
徐子俊	30	柏文蔚參謀	1913.10.27 1913.10.29	南山手 22	品川	
王肇清	32	前職不明	1913.10.27 1913.10.27		神戶	協助宮崎民藏逃亡
吳王如	30	前職不明	1913.10.27 1913.10.27		神戶	協助宮崎民藏逃亡
陳　烈	19	柏文蔚副官	1913.10.13 1913.10.29	小曾根町金田旅館	品川	一名陳競武
阮　復	29	湖北廣濟縣知事	1913.10.30 1913.10.30	四海樓	神戶	
丁仁傑	22	湖北省都督參事官	1913.10.20 1913.10.30	四海樓	新橋	

姓名	年齡	前職	來去年月日	暫住地	去何地	備考
林子黃	29	湖北省法律學校教師	1913.10.20 1913.10.30	四海樓	新橋	
蕭　萱	28	湖北省眾議院議員	1913.10.20 1913.10.30	四海樓	新橋	
吳繼玠	30	湖北省獨立旅執法官	1913.10.20 1913.10.30	四海樓	新橋	
曾尚武	28	湖北省寶塔川稅局總理	1913.10.30 1913.11.02	四海樓	新橋	
邱鴻鈞	33	安徽師團付憲兵將校	1913.10.30 1913.11.02	四海樓	新橋	十一月十八日再[redacted]十二月一日去大連
李存思	30	福建省監獄監守官	1913.10.30 1913.11.02	四海樓	滿州	
王道南	34	柏文蔚部下	1913.10.30 1914.01.05	金田旅館	上海	
李少卿	30	柏文蔚部下	1913.10.30 1914.01.05	金田旅館	上海	
吳國[redacted]	37	朴州的資產家[redacted]亡命[redacted]	1913.10.30 1913.10.30		下關	有一名日本人及八名隨從同行
梁如浩	42	前中國外交總長	1913.10.30 1913.10.31	ヤルビ[redacted]ホテル	門司	
黃中慧	45	前某[redacted]道臺	1913.10.30 1913.10.30	福島屋	新橋	真的是亡命者？不明
馬靖[redacted]	37	前[redacted]亡命之徒	1913.10.27 1913.11.01	四海樓	新橋	
石蘊光	30	四川討袁義軍總指揮官	1913.11.03 1914.01.08	福島屋	新橋	
李源生	30	安徽軍營長	1913.11.10 1914.03.30	十人町 6	上海	
張秋白	26	北京國風日報記者	1913.11.10 1913.11.13	綺南樓	上海	
謝繼三	40	安徽軍營長	1913.11.10 1913.11.10	綺南樓	上海	

姓名	年齡	前職	來去年月日	暫住地	去何地	備考
詹　堂	30	江西南昌縣工業學校長	1913.11.10 1913.11.10	四海樓	新橋	詐稱為西田次郎，有妻子及隨員一名隨行
劉大同	30	天津法政學堂教師大連勵群社長	1913.11.11 1913.11.13	四海樓	新橋	為了和季雨霖會面而從門司來
劉臣新	21		1913.11.11 1913.11.13	四海樓	新橋	
溫楚珩	26	湖北討袁軍機關部參謀長	1913.11.15 1913.11.17	四海樓	上海	從東京來，化名吳蔚麟
謝■伯	37	廣東國民黨支部長	1913.11.16 1913.11.17	綺南樓	橫濱	向美國渡航，有書記一名隨行
柳　青	34	不明	1913.11.16 1913.11.17	台場町福本旅館	上海	疑為袁派密探
王漱生	27	安徽省警察廳長	1913.11.20 1913.12.15	四海樓	上海	柏文蔚的部下
趙小臣	30	安徽都督府內辦公報記者	1913.11.20 1913.12.15	四海樓	上海	
楊輝庭	40	不明	1913.11.20 1913.11.20		神戶	
黃筑瑞	27	不明	1913.11.20 1913.11.20	福島屋	新橋	流亡者■■，十二月廿八日再來，回去上海
李烈鈞	32	江西都督	1913.11.01 1913.12.04	上■屋	神戶	從新橋來
鄭　濤	33	江西省國民黨員	1913.11.21 1913.11.23	上■屋	上海	
楊伯資	32	不明	1913.11.17 1913.11.30	綺南樓	別府	疑為袁派密使
馮國圃	30	江西省行政官	1913.12.01 1913.12.07	ジヤパンホテル	新橋	李烈鈞的部下，二月四日在東京山手7號入住，一月二十七日前往上海
張漢臣	35	江西省行政官	1913.12.01 1913.12.04	ジヤパンホテル	新橋	李烈鈞的部下

姓名	年齡	前職	來去年月日	暫住地	去何地	備考
姚太玄	30	北京世界新聞記者	1913.12.01 1913.12.02	綺南樓	神戶	
瞿　鈞	32	江南軍陸軍少將	1913.12.1 1913.12.2	綺南樓	神戶	
李狂獅	25	原安徽師憲兵將校	1913.11.18 1913.12.01	小曾根町金田旅館	大連	從新橋來
陳祐時		南京八師長	1913.12.01 1913.12.03	道之尾古田旅館	別府	疑為袁派所收買
王孝鎮		南京第十六師長	1913.12.01 1913.12.03	道之尾古田旅館	別府	疑為袁派所收買
黃仲起	32	湖北第八師營長	1913.12.11 1914.02.06	南山手 22	東京	
陳蘭嘉	32	湖北第八師審判官	1913.12.11 1913.12.15	南山手 11	上海	
鄭　瑛	24	原安徽都督府官吏	1913.12.11 1913.12.11	四海樓	新橋	
黎蒹思	25	四川新中華報記者	1913.12.11 1914.01.08	浦上山里村 693	新橋	
王寶銓	27	四川新華印刷公司經理	1913.12.11 1914.01.08	浦上山里村 693	新橋	
張子剛	29	國民黨眾議院議員	1913.12.11 1913.12.15	小島 92	上海	與日本人大谷治三郎同行，從新橋來
凌鐵灣	29	國民黨眾議院議員	1913.12.11 1913.12.15	南山手 23	上海	
張琨伯	29	不明	1913.12.15 1913.12.26	四海樓	新橋	同行者五名[redacted]似乎為部下[redacted]不明
陳大伯	20	柏文蔚部下	1913.12.08 1913.12.16	十人町 6	新橋	
趙雄群	37	季雨霖部下	1913.12.18 1913.12.25	南山手 17	上海	從新橋來
李小南	28	安徽一師旅長少將	1913.12.19 1913.12.21	四海樓	新橋	
李幼卿	25	安徽一師旅長少將	1913.12.19 1913.12.21	四海樓	新橋	
薛子祥	30	安徽一師旅長陸軍上校	1913.12.19 1914.02.01	十人町 6	上海	柏文蔚的部下

姓名	年齡	前職	來去年月日	暫住地	去何地	備考
王慶餘	27	上海■記 洋行■ 經理	1913.12.29 1913.12.29	四海樓	新橋	據說是袁派 偵探次長
沈昭文	40	上海■記 洋行 ■■人	1913.12.29 1913.12.29	四海樓	新橋	據說是袁派 偵探次長
王元棠	32	上海■記 洋行社員	1913.12.29 1913.12.29	四海樓	新橋	據說是袁派 偵探次長
張甲年	28	安徽一師 付大隊長	1913.12.22 1913.12.28	小曾根町 金田旅館	新橋	
張劫民	30	柏文蔚部下	1913.12.28 1913.12.29	新地 10 番	上海	
洪　濤	29	安徽省 第一司令部 副官	1913.12.28 1913.12.29	四海樓	新橋	
伊志達	35	李烈鈞部下 參謀	1913.12.28 1913.12.30	ジヤパン ホテル	新橋	
胡　繼	33	李烈鈞部下 副官	1913.12.28 1913.12.30	ジヤパン ホテル	新橋	
劉　平	24	江西省 豫章報館 記者	1914.01.04 1914.01.06	四海樓	新橋	
郭森甲	30	江西省 豫章報館 記者	1914.01.04 1914.01.06	四海樓	新橋	
劉　英	32	湖北 眾議院議員 前湖北旅長	1914.01.04 1914.01.29	南山手 17	上海	
張堯卿	35	南京旅長	1914.01.04 1914.02.16	南山手 14	上海	
謝復初	23	南軍將校	1914.01.04 1914.02.16	南山手 14	上海	
譚人鳳	50	前哥老會 首領	1914.01.09 1914.01.12	西上町 32	二日 市	
張　繼	32	前眾議院 議長	1914.01.06 1914.01.06	ジヤパン ホテル	香港	詐稱為漢思 和李烈鈞一 起到上海
龐　應	32	安徽省 第一團 支隊長	1914.01.08 1914.02.16	新地 10	上海	
王海清	35	南京師 司令官少校	1914.01.12 1914.01.15	四海樓	上海	

姓名	年齡	前職	來去年月日	暫住地	去何地	備考
熊小山	20	李烈鈞一派 黃慎修部下	1914.01.12 1914.01.15	四海樓	上海	
周　浩	34	民權報 社長	1914.01.10 1914.01.12	四海樓	上海	
張　明	29	民權報 社員	1914.01.10 1914.01.11	四海樓	上海	
張　越	30	中報 總經理	1914.01.14 1914.01.15	四海樓	上海	
李海譚	36	安徽省 第十一師 旅長	1914.01.15 1914.03.09	十人町 6	上海	
李哲明	20	第一師 營副	1914.01.15 1914.04.12	十人町 6	上海	
許應于	33	安徽兵站 部長	1914.01.06 1914.01.09	新地 10	上海	
譚仲林	34	譚人鳳家屬	1914.01.21 1914.01.22	江戶町 吉川屋	二日市	有一名同伴隨行
雷　堃	34	眾議院 議員	1914.01.04 1914.01.05	ジヤパンホテル	上海	
梁仲英	30	自稱法政 學校學生	1914.01.21 1914.01.22	新地 10	上海	詐稱為王道早及梁冠祥■流亡■■
周　駿	24	湖南岳州 司令部 軍機課長	1914.01.26 1914.01.26	四海樓	新橋	
張惟聖	30	李烈鈞部下 團部中校	1914.01.26 1914.01.26	四海樓	新橋	
沈孟遠	30	安徽省 軍機局下士	1914.01.29 1914.02.26	南山手 22	上海	柏文蔚的部下
陳家棟	32	中國司法部 監獄司僉事	1914.01.31 1914.02.01	四海樓	上海	被認為是袁政府官吏
芹　節	24	蘇州軍隊 教官	1914.02.02 1914.02.08	坂東町 松尾屋	新橋	和小室友次郎同行
龔振鵬	23	蕪湖 司令官	1914.02.03 1914.02.05	新地町 10	神戶	從神戶來返回同地
錢瑞記	27	安徽 師大隊長	1914.02.03 1914.02.05	新地町 10	上海	
董仲抒	32	北京 內務省課員	1914.02.05 1914.02.05		上海	被認為是袁政府派遣的
武植法	30	原湖北 討袁軍 敢死隊代表	1914.02.06 1914.02.06	南山手 22	下關	從新橋來返回下關

姓名	年齡	前職	來去年月日	暫住地	去何地	備考
譚蓋材	30	譚人鳳近親	1914.02.07 1914.02.08	江戶町吉川屋	二日市	
朱春湖	40	安徽都督秘書文佐	1913.10.27 1914.02.27	十人町 6	新橋	
李潔如	24	安徽省行政科長	1914.02.23 1914.02.26	十人町 6	上海	
朱華賓	20	不明	1914.01.10 1914.02.26	大浦 14	上海	朱華賓與張堯卿■…■爆裂彈製造法
張吉人	24	東京同文書院學生	1914.02.11 1914.02.12	新地 10	上海	從東京來，被認為是流亡者
李如望	26	東京同文書院學生	1914.02.11 1914.02.12	新地 10	上海	從東京來，被認為是流亡者
鄭人康	27	國民黨眾議院議員	1914.02.11 1914.02.11	南山手 22	二日市	譚人鳳一派的流亡者
鐘　動	33	著述業	1914.02.13 1914.02.14	大浦 2	門司	
熊光山	28	自稱留學生	1914.02.10 1914.02.13	四海樓	門司	從新橋來
田子雄	37	湖北法政學堂	1914.03.12 1914.03.23	南山手 22	上海	從上海來，李烈鈞■…■
鄭亞青	30	南京都督秘書官	1914.02.19 1914.02.20	四海樓	新橋	同行者二名外，留學生十一名同船
葉天籟	28	原浙江省政事部部員	1914.02.19 1914.02.20	四海樓	新橋	同行者二名外，留學生十一名同船
唐　起	32	國民黨幹事	1914.02.19 1914.03.15	四海樓	上海	從東京來，化名陳友吉
范佛主	37	法科大學學生	1914.02.22 1914.02.23	四海樓	上海	被認為是流亡者，從下關來
張悅齡	34	原福建縣會議長	1914.02.17 1914.02.23	四海樓	大連	
魏國堂	36	譚人鳳部下	1914.03.18 1914.03.19	玉江町三木屋	二日市	由譚的二男迎接■■
譚德甲	20	湖南旅長譚人鳳次子	1914.03.19 1914.03.19		二日市	有從者四名

姓名	年齡	前職	來去年月日	暫住地	去何地	備考
朱利賓	40	奉天中國官吏 財務課員	1914.02. 日不詳 1914.03.08	四海樓	釜山	被認為是袁政府所派遣
陳紹段	30	中國海軍將校	1914.03.12 1914.03.12	四海樓	神戶	妻隨行
張　書	28	前某外交官	1914.03.12 1914.03.12	福島屋	新橋	
何仲良	35	南京都督參謀長兼衛戍總司令	1914.03.10 1914.03.16	綺南樓	上海	化名李仙和羅仙
李名揚	24	自稱學生	1914.03.15 1914.03.16	南山手 22	法國	李烈鈞一派
鄢准周	26	李烈鈞副官	1914.03.15 1914.03.16	南山手 22	法國	
石　如	32	身分不明	1914.03.02 1914.03.02		新橋	流亡者[redacted]有從者一名隨行
李樹人	50	不明	1914.03.08 1914.03.09	西上町 32	上海	從門司來，被認為是譚人鳳一派的流亡者
戴天仇	25	革命黨首領	1914.03.18 1914.04.06	今町綠屋	新橋	
何月妨	33	自稱東京駐中國公使館陸海軍監督公部員	1914.03.19 1914.03.19		新橋	袁政府的派遣員？
余司靖	21	原湖北軍隊連長	1914.03.21 1914.03.23	四海樓	上海	從東京來
胡　憲	30	中國宮省官吏	1914.03.20 1914.03.23	四海樓	上海	從東京來
陳隆恪	23	北京 財務部員	1914.04.02 1914.04.02		新橋	為了財務調查而來，但詳細情報尚不明
張　弦	22	原雲南 測地局課員	1914.04.02 1914.04.02	四海樓	新橋	被認為和李烈鈞是師弟關係

姓名	年齡	前職	來去年月日	暫住地	去何地	備考
闞　鈞	28	江蘇 第四師長	1914.04.05 1914.04.06	綺南樓	下關	有自稱為禁煙局長的幹部陪伴，但和前述是否為同一人尚不明
劉　鐵	25	第三一翰林團長	1914.03.29 1914.04.06	大浦 28	上海	妻子和熟人一行七名的流亡者
章制心	45	國光新聞記者	1914.03.29 1914.04.06	大浦 28	上海	從東京來
程明哉	35	原北京 警察署長	1914.03.29 1914.04.06	大浦 28	上海	從東京來
何　登	36	蘇州陸軍 參謀長	1914.04.05 1914.04.09	福島屋	新橋	
餘際唐	25	日本軍艦 津輕 乘組練習生	乘船日期不明 1914.04.10	津輕艦內	新橋	
易　坤	30	湖南第一 法政學堂 學生	1914.03.12 1914.03.22	綺南樓	新橋	
蔣可宗	31	浙江省 陸軍軍醫	1914.04.13 1914.04.14	本博多町 土佐屋	新橋	有學生二名陪伴
張榮菘	26	不明	1914.04.15 1914.04.16	淡路 丸船內	新橋	第二次革命關係■■不明，可能是袁派
吳子新	36	湖南中學 教師	1914.04.05 1914.04.16	西上町 32	上海	和陳陶溪的二名家屬同行，從上海來
彭銳公	43	上海東洋 汽船會社 社員	1914.04.06 1914.04.16	南山手 22	上海	從東京來，和白俞桓相識
鄭　榮	33	上海東洋 汽船會社 社員	1914.04.06 1914.04.16	南山手 22	上海	
孫多森			1914.04.20 1914.04.21	船內	神戶	一行八名
張　輝	39	前北京高等 ■■學院 教師	1914.04.23 1914.04.30	南山手 22	香港	劉建業外，有婦人一名隨行

姓名	年齡	前職	來去年月日	暫住地	去何地	備考
東　俠	27	湖北師團付營長	1914.04.27 1914.04.28	南山手 22	新橋	
段紹東	28	安徽國民黨支部長	1914.04.28 1914.04.30	綺南樓	上海	從東京來
李賓生	38	自稱學生	1914.04.30 1914.05.02	四海樓	新橋	似乎和白俞桓因某事相識，被認為是亡命者
朱起新	44	自稱學生	1914.04.30 1914.05.02	四海樓	新橋	似乎和白俞桓因某事相識，被認為是亡命者
槑尚祥	22	自稱學生	1914.04.30 1914.05.02	四海樓	新橋	似乎和白俞桓因某事相識，被認為是亡命者
龔維鑫	28	安徽省參謀長	1914.05.02 1914.05.04	十人町 6	新橋	柏文蔚的部下，從上海來
余一無	27	早稻田大學生	1914.04.23 1914.05.04	十人町 6	上海	被認為是柏文蔚一派

一、以上合計二百六十名（妻子及從者除外）。

二、當地現居者不記入。

三、為避免重複，同一人的再三往返不記入。

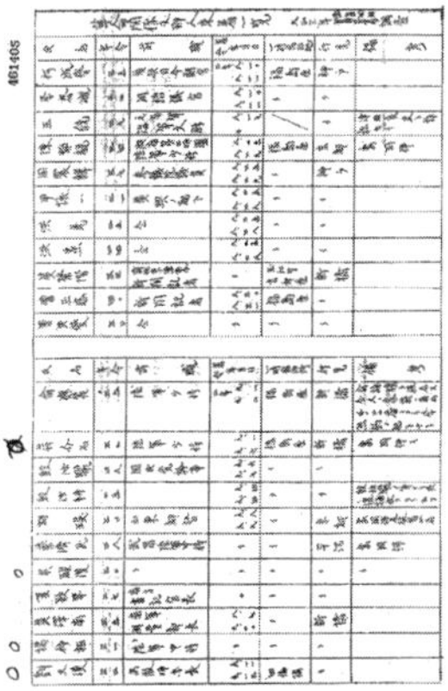

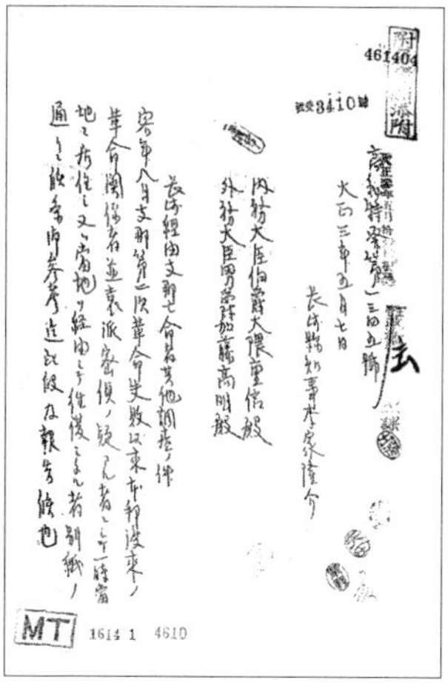
附 461404

秘受3410號

高秘特発第一三四五號

大正三年五月七日

長崎縣知事李家隆介

内務大臣伯爵大隈重信殿

外務大臣男爵加藤高明殿

長崎経由支那亡命者其他調査ノ件

客年八月支那第二次革命失敗以来本邦渡来ノ革命関係者並袁派密偵ノ疑アル者ニシテ一時當地ニ於テ又ハ當地ヲ経由シテ往復シタル者別紙ノ通ニ有之候條此段及報告候也

MT 1614 1 4610

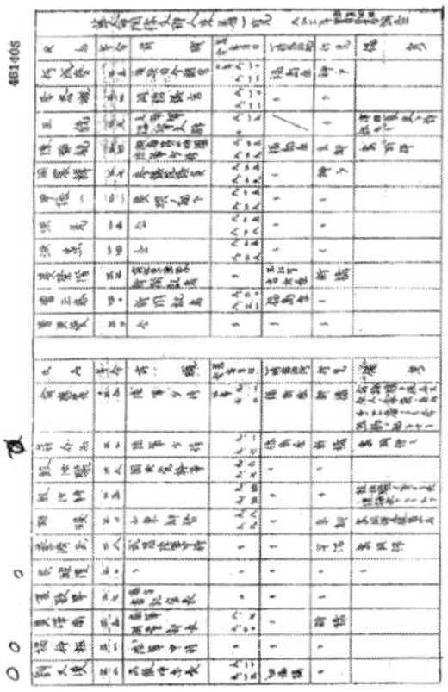

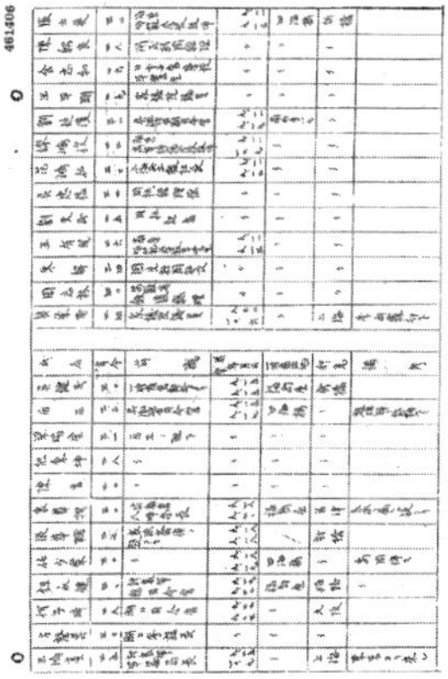

461407

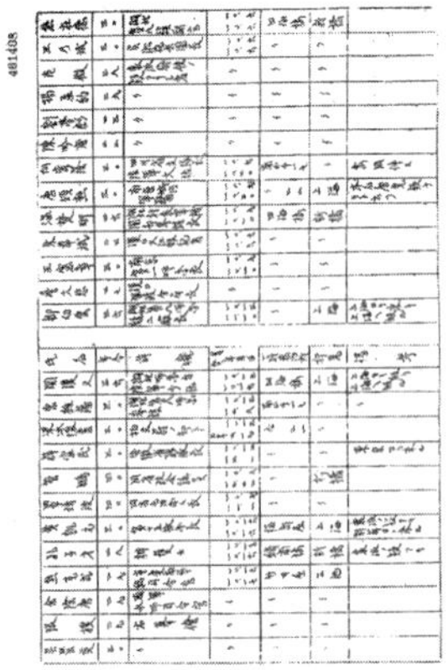
461408

461409

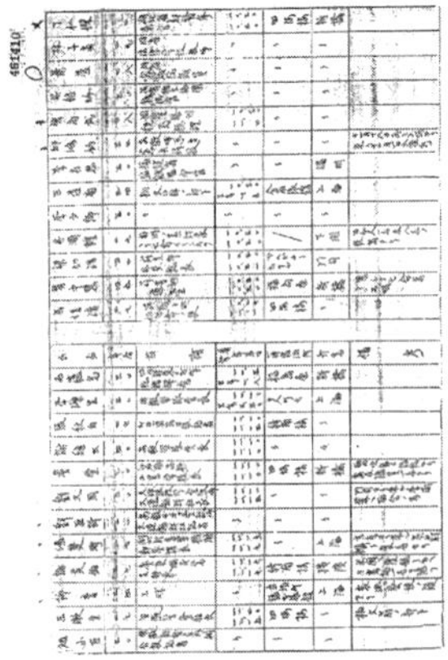
461410

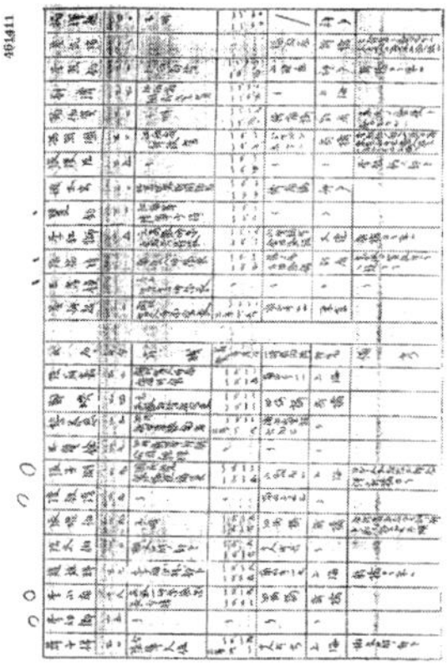
461411

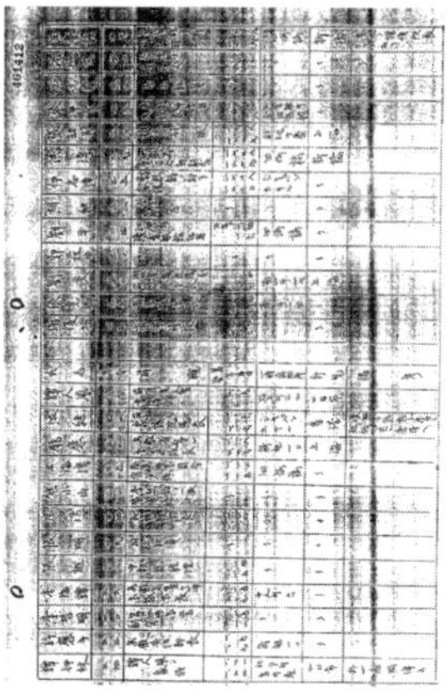
461412

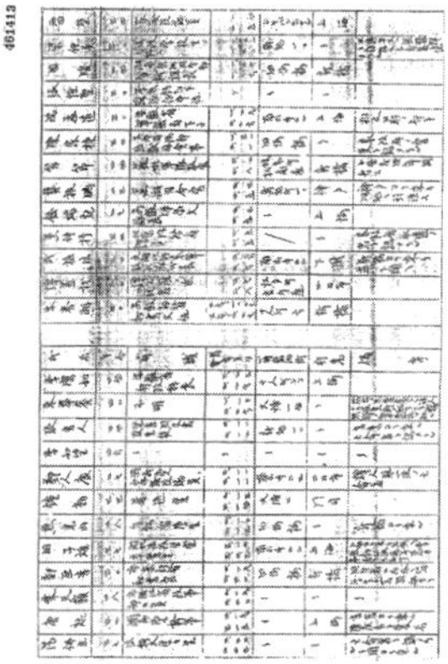
461413

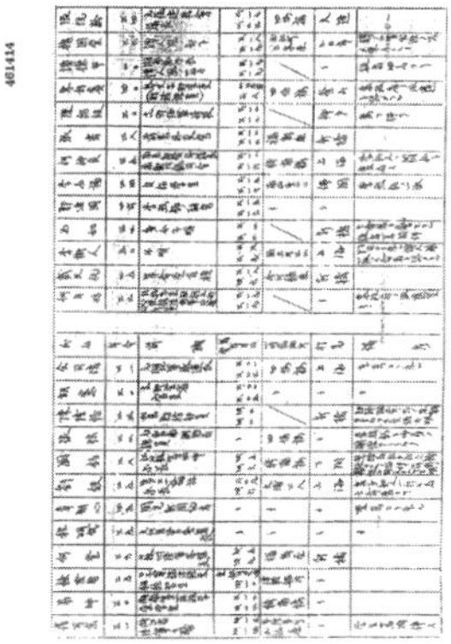
461414

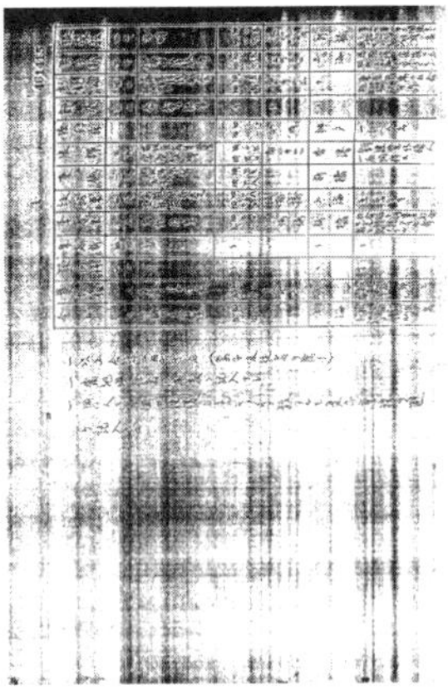

二、孫文與蔣介石會面紀錄

日本外務省外交史料館藏

1. 孫文的動向（1914.06.13）

乙秘第一一〇一號　六月十三日

孫文的動向

六月十二日

一、午前九時三十分蔣介石來訪，十時五分離去。

二、十時四十五分孫乘人力車外出到築地高橋牙科醫院就診，午後一時五分返寓。

三、午後三時五十五分葉夏聲、陳耿夫來訪，陳於五時四十分，葉於晚上七時三十五分先後離去。

四、午後四時三十分安健、蔡奎祥、張百麟來訪，七時二十分離去。

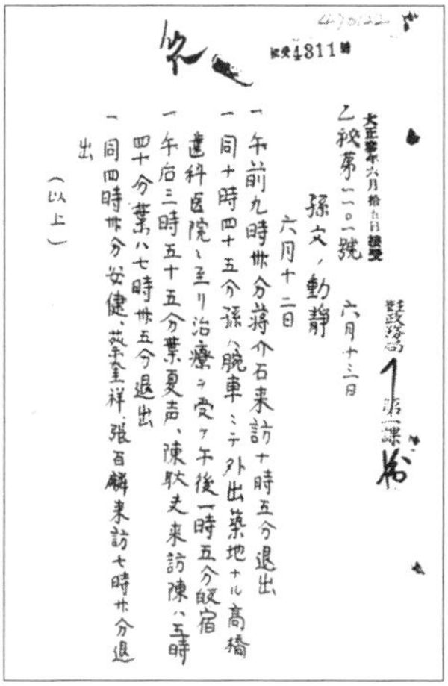

乙秘第一一〇一號

孫文ノ動靜　六月十三日

六月十二日

一 午前九時卅分蔣介石来訪十時五分退出

一 同十時四十五分孫ハ腕車ニテ外出築地ナル高橋歯科医院ヘ至リ治療ヲ受ケ午後一時五分歸宿

一 午后三時五十五分葉夏声、陳耿夫来訪陳ハ五時四十分葉ハ七時卅五分退出

一 同四時卅分安健、蔡奎祥、張百麟来訪七時卅分退出

（以上）

2. 孫文的動向（1914.06.26）

乙秘第一二五四號　六月二十六日

孫文的動向

一、昨日二十五日午前九時三十分凌鉞、黃太海、陳楷、孟光、陳彪五人來訪，會談後於十時離去。

午前十時十分陳楊鑣〔陳揚鑣〕、十時二十分居正、鄧家彥兩人，正午十二時三十分田桐、十二時四十分蕭宣〔蕭萱〕來訪，與孫會談後，陳於午前十一時十分，其他四人於午後一時十分一同離去。

午後三時二十分戴天仇〔即戴季陶、戴傳賢，下同〕、山田純三郎、原口聞一三人來訪，與孫會談後，於四時離去。

午後六時三十分孫徒步外出，到麴町區三年町二拜訪陳其美，與陳及在場的陸惠生、蔣介石、徐忍茹等對談，至七時五十分離去陳的住處，乘人力車至芝區南佐久間町一之三民國社，與二十多名同志會合，會談至九時二十分返家。

二、追記

午前九時五十分胡漢民寄來一封限時專送。

午後二時三十分橫濱正金銀行東京支店來電報通知有錢匯到（受款人名為頭山滿，金額二千元，寄件者為紐約「Simen」）。

以上。

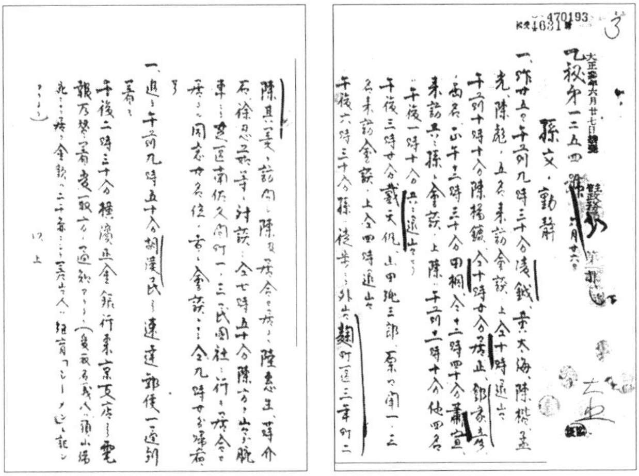
470193
K文4631
大正六年六月廿七日
乙秘第一二五四號 六月廿六日
孫文・動靜
一、昨廿五日午前九時三十分戴錢、黃大海、陳梅孟光、陳龍ノ五名來訪會談シ上仝十時退去
午前十時十分陳楊鑣、仝十時廿分孫正、鄒家彥ノ兩名、正午十二時三十分田桐、仝十二時四十分蕭宣來訪共ニ孫ト會談シ上陳ハ午前十一時十分他四名ハ午後一時十分共ニ退去セリ
午後三時廿分戴天仇、山田純三郎、萱野長知ノ三名來訪會談シ上仝四時退去
午後六時三十分孫ハ徒歩ニテ外出麹町區三年町二
陳其美ノ跡ニ陳及孫等ノ為ニ陸惠生、蔣介石、徐忍茹等ト対談シ仝七時五十分陳ト山田ハ自動車ニテ芝區南佐久間町一ノ三民國社ニ行キ孫等ト會談シ仝九時廿分帰宅セリ
一、本日午前九時五十分胡漢民ヨリ速達郵便一通到着ス
午後二時三十分橫濱正金銀行東京支店ヨリ電報為替[illegible]
[illegible]
以上

3. 孫文的動向（1914.06.28）

乙秘第一二六八號　六月二十八日

孫文的動向

一、昨日二十七日午前九時由哈爾濱道裡頭道街恍來東棧生之上田源之助寄來一封請頭山轉交給孫的信。

午前十一時派特使送一封信給宋愛林〔宋靄齡，下同〕。

午前十一時五十分宋愛林來訪，午後十二時五十分離去。

午後十二時五十分孫乘車外出到芝高輪的黃興家，與來訪的許多同志一同共餐，於四時三十分離去。和田桐、鄧家彥、萱野長知一同乘車，於五時十分返家（田桐、萱野於琴平町下車）。

午後三時五十分宋愛林來訪，等待孫返家會面後於六時離去。

午後六時十分，與孫一同回宅的鄧家彥離去。

午後五時三十分葉夏聲來訪，面談至五時五十分離去。

午後六時三十分孫徒步外出，至麴町區三年町拜訪陳其美，與徐蘇中、丁仁傑、肅萱〔蕭萱〕、蔣介石、曹亞伯、陸惠生等會談，並命徐蘇中發布數通暗號電報。至八時，孫在曹亞伯陪同下返回住處。

午後七時張肇基來訪，因孫不在隨即離去。

午後七時三十分胡仰、柳光亞、胡仙航來訪，因孫不在隨即離去。

午後八時三十分與孫一同回宅的曹亞伯離去。

午後八時五十分韓恢、伏龍來訪，面談後於十時二十分離去。

以上。

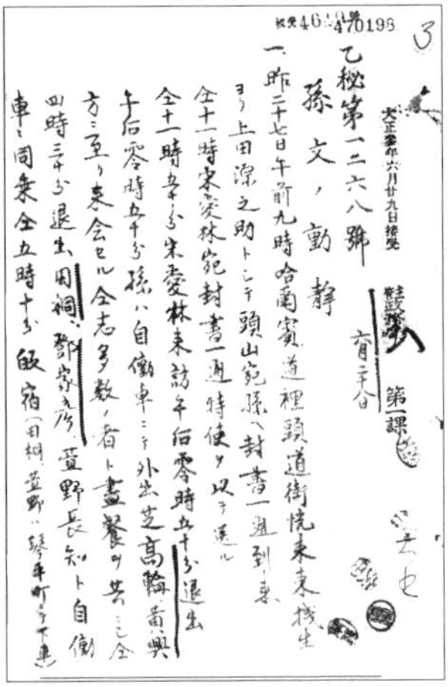
收受46-4 470198 3
大正二年六月廿九日接受
乙秘第一二六八號
孫文ノ動靜
一、昨二十七日午前九時哈爾賓道裡頭道街恍來東棧生ヨリ上田源之助トシテ頭山宛孫ヘ封書一通到来
仝十一時宋愛林宛封書一通特使ヲ以テ送ル
仝十一時五十分宋愛林来訪午后零時五十分退出
午后零時五十分孫ハ自働車ニテ外出芝高輪南町方ニ至リ来会セル仝志多數ノ者ト晝餐ヲ共ニシ仝四時三十分退出、田桐、鄧家彥、萱野長知ト自働車ニ同乘仝五時十分歸宿（田桐、萱野ハ琴平町ニテ下車）

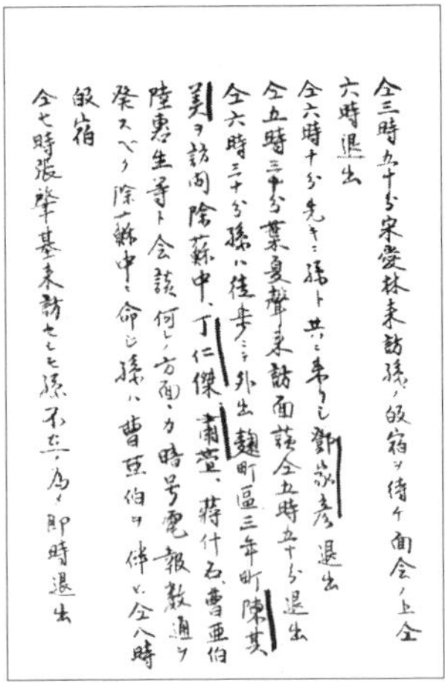
仝三時五十分宋愛林来訪孫ノ歸宿ヲ待チ面会ノ上仝六時退出
仝六時十分先キニ孫ト共ニ来リシ鄧家彥退出
仝五時三十分葉夏聲来訪面話仝五時五十分退出
仝六時三十分孫ハ徒歩ニテ外出麹町區三年町陳其美ヲ訪問陰蘇中、丁仁傑、蕭萱、蒋介石、曹亜伯陸惠生等ト会談何レノ方面ヘカ暗号電報數通ヲ發スベク陰蘇中ニ命シ孫ハ曹亜伯ヲ伴ヒ仝八時歸宿
仝七時張肇基来訪セシモ孫不在ノ為メ即時退出

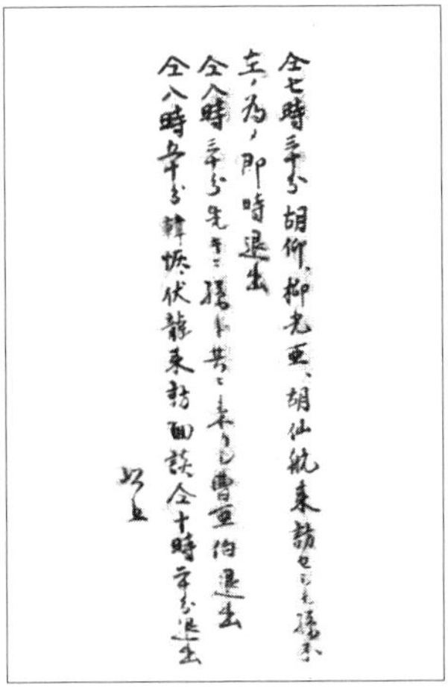
仝七時三十分胡仰、柳光亞、胡仙航来訪セシモ孫不在ノ為メ即時退出
仝八時三十分先キニ孫ト共ニ来リシ曹亞伯退出
仝八時五十分韓恢、伏龍来訪面談仝十時二十分退出
以上

4. 孫文的動向（1914.07.03）

乙秘第一三〇一號　七月三日

孫文的動向

一、昨二日午前九時十五分熊克武來訪，會談至十時四十五分離去。

午後十二時五十分田桐、張雁滔、鄭贊三人來訪，會談至午後二時三十七分離去。

午後一時陳其美、王統一、蔣介石、山田純三郎四人來訪，會談後王於一時三十分離去，山田、蔣兩人於一時四十分離去，陳於三時四十分離去。

午後二時陳養初來訪，謝絕會面。

午後二時五十分胡漢民來訪，會談中三時三十分李及來訪，參與會談，李於四時十分，胡於六時二十五分離去。

午後五時二十五分夏之麒〔夏之麟〕來訪，會談至六時離去。

午後八時三十五分閻崇義、趙佩典兩人來訪，會談至九時離去。

午後九時十分伏龍、陳志成兩人來訪，會談至九時二十分離去。

以上。

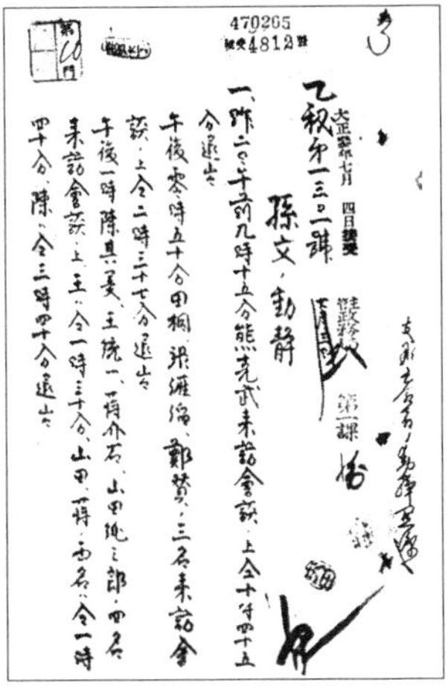
470265
秘受4812号
乙秘第一三〇一號　大正三年七月四日接受
孫文ノ動靜
一、昨二日午前九時十五分熊克武來訪會談シ仝十時四十五分退去ス
午後零時五十分田桐、張維倫、鄭贊ノ三名來訪會談シ仝二時三十七分退去ス
午後一時陳其美、王統一、蔣介石、山田純三郎ノ四名來訪會談シ王ハ仝一時三十分、山田、蔣ノ両名ハ仝一時四十分、陳ハ仝三時四十分退去ス

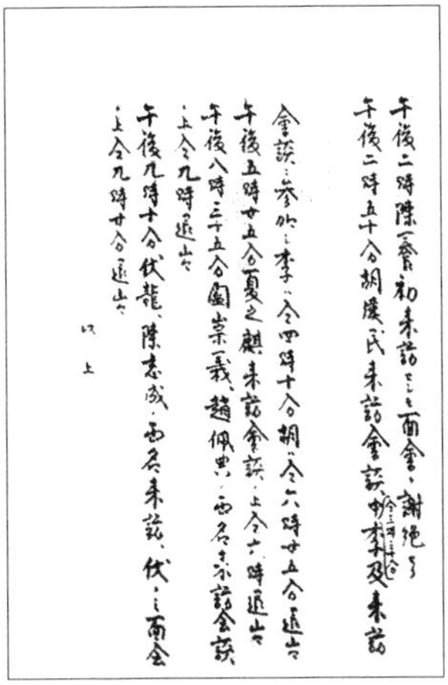
午後二時陳齊初來訪セシモ面會ヲ謝絶ス
午後二時五十分胡漢民來訪會談ス外ニ李烈鈞來訪會談ニ參加ス李ハ仝四時十分胡ハ仝六時廿五分退去ス
午後五時廿五分夏之麒來訪會談シ仝六時退去ス
午後八時二十五分周宗義、趙佩忠ノ両名來訪會談シ仝九時退去ス
午後九時十分伏龍、陳志成ノ両名來訪シ伏ハ面会シ仝九時廿分退去ス
以上

5. 孫文的動向（1914.07.06）

乙秘第一三〇八號　七月六日

孫文的動向

一、昨五日午前八時二十分陳揚鑣來訪，會談至八時四十分離去。

午後一時三十五分丁仁傑、蔣介石來訪，會談至二時五十分離去。

午後三時五十分向舊金山某處發兩封西文電報，給神田宋愛林發一西文電報。

午後四時十分鄧恢宇來訪（本人昨日由上海來東京，係宮崎寅藏介紹），會談至五時十分離去。

午後六時十分鄧文輝、徐蘇中來訪，會談至六時五十分離去。

午後六時三十分葉夏聲來訪（參與會談），至八時十分離去。

午後六時五十分劉本、呂子入二人來訪（參與會談），至八時十分離去。

以上。

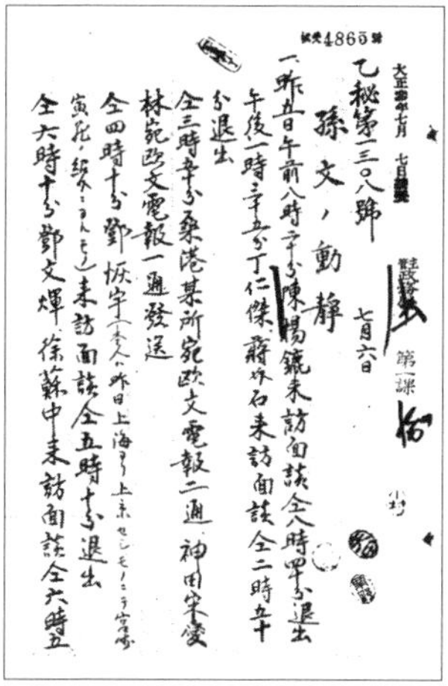
大正四年七月 七日接受
第一課
秘受4865號
乙秘第一三〇八號
孫文ノ動靜 七月六日
一、昨五日午前八時二十分陳暘鏡來訪面談仝八時四十分退出
午後一時二十五分丁仁傑、蔣介石來訪面談仝二時五十分退出
仝三時五十分桑港某所宛歐文電報二通、神田宋愛林宛歐文電報一通發送
仝四時十分鄧恢宇（本人ハ昨日上海ヨリ上京セシモノニテ宗林寅花ノ紹介ニヨル）來訪面談仝五時十分退出
仝六時十分鄧文煇、徐蘇中來訪面談仝六時五十分退出

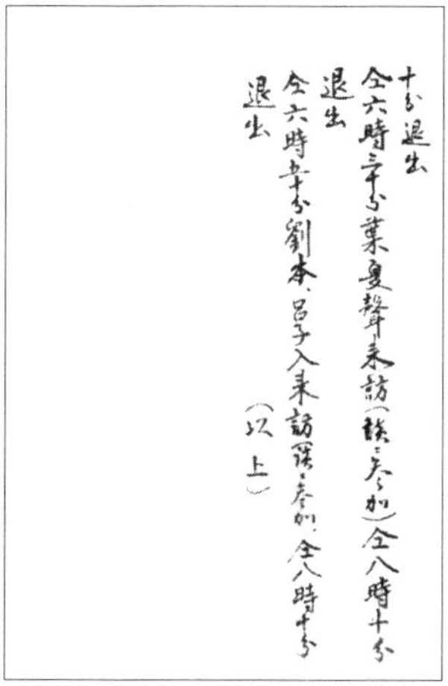
仝六時二十分葉夏聲來訪（談話ニ參加）仝八時十分退出
仝六時五十分劉本、呂子人來訪（談話ニ參加）仝八時十分退出
（以上）

6. 孫文的動向（1914.07.07）

乙秘第一三一三號　七月七日

孫文的動向

一、昨日六日午前八時二十分宋愛林來訪，十一時三十分離去。

午前九時十分，孫派特使至麴町區三年町二號交給陳其美一封書信。特使在十一時拿到回信後返回。

午前九時五十分宋愛林來訪，正午十二時五十分離去。

正午十二時四十分周應時來訪，會談至一時四十五分離去。

午後三時五十五分孫派特使交給宋愛林一封書信。

午後四時宋愛林再度來訪，五時二十五分離去。

午後五時夏重民來訪，會談至五時十分離去。

午後六時丁仁傑來訪，會談至六時四十分離去。

午後六時五十分蔣介石來訪，會談至七時五分離去。

午後七時宋愛林再度來訪，十時離去。

午後七時三十分淩鉞、王介凡、陳楷、潘敬賢、宋拼三五人來訪，孫謝絕會面。

午後九時三十分韓恢來訪，孫約其明日見面後，隨即離去。

以上。

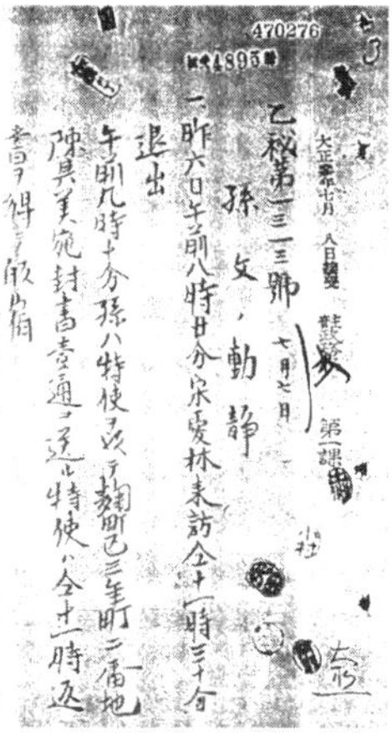
470276
秘受4895號
大正二年十二月八日發受
乙秘第一三一三號 七月七日
孫文ノ動靜
一 昨六日午前八時廿分宋愛林來訪仝十一時三十分退出
午前九時十分孫ハ特使ヲ以テ麹町區三年町二番地陳其美宛封書壹通ヲ送ル特使ハ仝十一時迄
面會ヲ得ス歸所
午前九時五十分宋愛林來訪正午十二時五十分退出

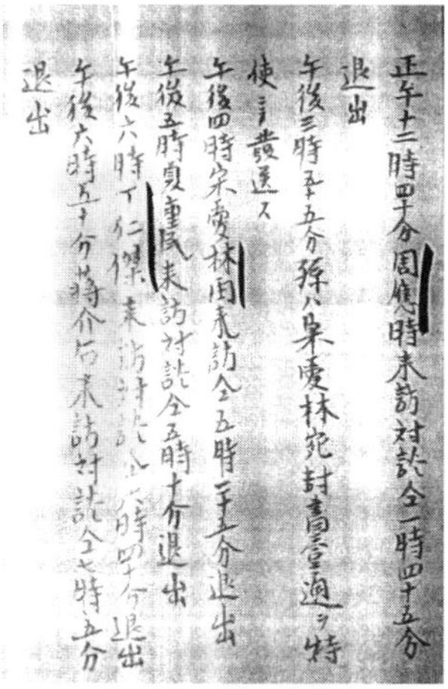
正午十二時四十分周應時來訪対談仝一時四十五分退出
午後三時五十五分孫ハ宋愛林宛封書壹通ヲ特使ヲ以テ發送ス
午後四時宋愛林再來訪仝五時五十五分退出
午後五時郭重民來訪対談仝五時十分退出
午後六時丁仁傑來訪対談仝六時四十分退出
午後六時五十分蔣介石來訪対談仝七時五分退出

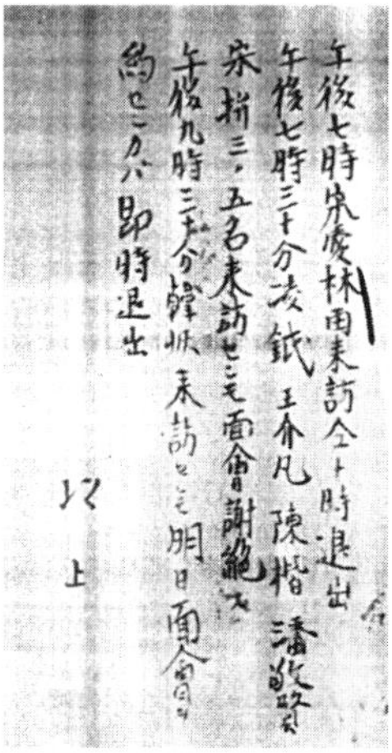
午後七時宋愛林再來訪仝十時退出
午後七時三十分凌鉞 王介凡 陳楷 潘敬 宋指三ノ五名來訪セシモ面會謝絶ス
午後九時三十五分韓恢來訪セシモ明日面會ノ約セシカハ即時退出
12
上

7. 孫文的動向（1914.08.17）

乙秘第一二一〇號　八月十七日

孫文的動向

一、昨十六日午前八時三十分陳其美、王統一、山田純三郎、蔣介石四人來訪會談。山田、蔣介石於十時二十分離去，其他人於十一時二十分離去。

午前八時三十五分菊地良一來訪，參與會談，於十一時二十分離去。

午前九時朱超來訪，參與會談，於十時二十分離去。

午前九時四十分萱野長知來訪，參與會談，於十一時五十分離去。

午前九時五十分周應時、吳藻華兩人來訪，參與會談，於十一時離去。

午前十時和田瑞來訪，參與會談，於十一時五十分離去。

午前十時十分凌鉞來訪，參與會談，於十一時離去。

午前十時二十分凌昭、翟鈞兩人來訪，於別室與周應時會談，至十時五十分離去。

午前十一時十分王靜一來訪，參與會談，於午後一時十分離去。

午前十一時五十分楊庶堪來訪，參與會談，於午後一時十分離去。

午後三時五分田桐來訪，會談至四時離去。

午後三時十分洪兆麟、李元著、龍俠夫三人來訪，參與會談，於四時十分離去。

午後三時十二分宮崎虎藏〔即宮崎滔天、宮崎寅藏，下同〕來訪，參與會談，於三時五十分離去。

午後七時十分岑樓來訪，會談至七時三十分離去。

午後七時十五分殷文海、花從先、盧永祺三人來訪，參與會談，於七時三十五分離去。

午後七時三十分鄧鏗來訪，參與會談，於九時二十分離去。

午後七時五十分蔣介石再度來訪，參與會談至十一時二十分離去。

午後八時十分陳家鼎來訪，參與會談，於八時五十分離去。

午後八時二十分朱超再度來訪，參與會談至十一時二十分離去。

午後十時十分來一西文電報，不知來自何地、何人。

以上。

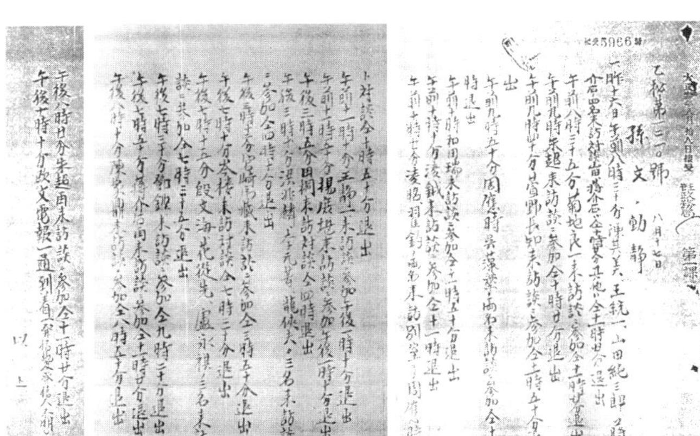

8. 孫文的動向（1914.08.19）

乙秘第一五二六號　八月十九日

孫文的動向

一、昨十八日午前七時二十分韓恢來訪，面談至九時二十五分離去。

午前八時五十分王統一、楊誠來訪（加入談話），九時三十分離去。

午前八時五十分宋嘉樹〔宋嘉澍，下同〕來訪，面談至十一時五十五分離去。

午前九時五十分王榮光、劉壽仁、黃展雲來訪，面談至十時離去。

午前九時五十分金佐之來訪（加入談話），十一時五十五分離去。

午前十時熊尚父、畢煒、夏興夏來訪（加入談話），十一時二十分離去。

午前十時三十分袁澤氏、林伯軒、胡翃、陳家鼎來訪（加入談話），十一點三十分離去。

午前十時三十五分凌鉞、王介凡來訪（加入談話），十一時二十五分離去。

午前十時四十分夏重民、陸任宇、伍修來訪（加入談話），中午十二時二十分去。

午前十一時三十分陳其美來訪（加入談話），午後一時十五分離去。

正午黃復生、楊庶堪來訪（加入談話），午後一時十五分離去。

午後十二時五十分萱野長知來訪（加入談話），午後一時十五分離去。

午後一時二十分蔣介石來訪，面談至一時三十分離去。

午後二時王統一、黃承義來訪，面談至二時十五分離去。

午後三時五十分金清一來訪，面談至四時三十分離去。

午後五時孫搭人力車外出，至麴町區三年町陳其美處拜訪，與陳及戴天仇、蔣介石會談片刻後轉往神田區仲猿樂町宋嘉樹家，八時十分離去。

午後六時五分陳廷楷、周知禮來訪，因孫不在隨即離去。

午後八時二十分田桐、丁仁傑來訪，面談至九時離去。

午後八時三十分韓恢來訪（加入談話），九時離去。

大正二年八月廿日 接受

秘受6056號

乙秘第一五二六號

八月十九日

孫文ノ動静

一、昨十八日午前七時二十分韓恢来訪面談仝九時二十五分退出
仝八時二十分王統一、楊誠来訪（談話参加）仝九時三十分退出
仝八時五十分宋嘉樹来訪面談仝十一時五十五分退出
仝九時二十分王棠光、劉壽仁、黄展雲来訪面談仝十時退出
仝九時二十分金佐之来訪（談話参加）仝十一時二十五分退出
仝十時熊尚父、畢煒、夏興旻来訪（談話参加）仝十一時二十分退出
仝十時二十分袁華氏、林伯軒、胡燗、陳永鼎来訪（談話参加）仝十一時二十分退出
仝十時三十五分凌鉞、王竹民来訪（談話参加）仝十二時二十五分退出
仝十時四十分夏重民、陸任宇、伍修来訪（談話参加）午後零時二十分退出
仝十一時三十分陳其美来訪（談話参加）午後一時十五分退出
正午黄復生、楊庶堪来訪（談話参加）午後一時十五分退出
午後零時五十分萱野長知来訪（談話参加）午後一時十五分退出
午後一時二十分蒋介石来訪面談仝一時三十分退出

470519

仝二時王統一、黄承義来訪面談仝二時十五分退出
仝三時二十分金清一来訪面談仝四時五十分退出
仝五時孫ハ腕車ニテ外出麹町區三年町陳其美方ヲ訪問陳及戴天仇、蒋介石ト会談暫時ニシテ退去夫ヨリ神田區仲猿楽町宋嘉樹方ニ立寄リ仝八時十分退出
仝六時二十分陳廷楷、周知禮来訪セシモ孫不在ノ為即時退出
仝八時二十分田桐、丁仁傑来訪面談仝九時退出
仝八時三十分韓恢来訪（談話参加）仝九時退出
（以上）

9. 孫文的動向（1914.08.20）

乙秘第一五四二號　八月二十日

孫文的動向

一、昨十九日午前八時二十五分陳家鼒〔陳家鼎，下同〕、劉佐成兩人來訪，面談至九時十二分離去。

午前八時四十分陳揚鑣來訪，加入談話至九時十分離去。

午前九時十二分殷文海來訪，面談至九時四十五分離去。

午前九時五十五分胡漢民來訪，面談至午後二時五十分離去。

午前十時五分金佐治來訪，加入談話至午後三時三分離去。

午前十一時十分和田瑞來訪，加入談話至正午十二時三十分離去。

午後十二時二十分發一封西文電報給 Fukuleyo Ho Tenekimaye。

午後一時二十分陳其美來訪，加入談話至午後六時離去。

午後一時二十二分吳忠信來訪，加入談話至一時四十分離去。

午後一時五十五分王統一、周應時來訪，加入談話，王於二時五十五分，周於三時三十五分離去。

午後二時韓恢來訪，加入談話至二時四十分離去。

午後二時五分林來、胡壯飛、曾子乙三人來訪，加入談話至三時四分離去。

午後三時十分胡翃來訪，加入談話至四時三分離去。

午後三時三十分胡漢民再度來訪，加入談話至四時五十五分離去。

午後三時五十分余嗣靖來訪，孫謝絕會面。

午後四時蔣介石來訪，加入談話至四時五十三分離去。

午後四時十五分戴天仇、宮崎民藏兩人來訪，加入談話，宮崎於四時三十五分，戴於四時五十三分離去。

午後四時五十分楊益謙、唐君勉兩人來訪，加入談話至六時二十五分離去。

午後六時十分韓恢再度來訪，加入談話，七時三十五分離去。

午後六時十三分蔡銳霆來訪，加入談話，六時四十五分離去。

午後六時五十分金一清來訪，面談至七時六分離去。

午後七時五分凌鉞來訪，加入談話至九時十分離去。

午後八時居正、邵元沖來訪，加入談話至九時離去。

以上。

470521

大正五年八月廿一日接受

乙秘第一五四二號

八月廿日

孫文ノ動靜

昨十九日午前八時廿五分陳家鼐、劉佑成ノ兩名來訪
對談全九時十二分退出
午前八時四十分陳揚鑣來訪談ニ參加全九時十分退出
午前九時十六分殷文海來訪對談全九時四十五分退出
午前九時五十五分胡漢民來訪對談午後二時五十分退出
午前十時五分金佐治來訪談ニ參加午後三時三分退出
午前十一時十分和田瑞來訪談ニ參加正午十二時三十分退出
午後零時廿分歐文電報一通發ス宛名ハ
Tuhlago Ho Canelmage
午後一時廿分陳其美來訪談ニ參加午後六時退出

午後一時廿六分吳忠信來訪談ニ參加全二時四十分退出
午後一時五十五分王統一、周應時來訪談ニ參加王ハ全二時五
十五分周ハ全三時三十五分退出
午後二時韓恢、來訪談ニ參加全二時四十分退出
午後二時五分林森、胡壯飛、曾子乙ノ三名來訪談ニ參
加全三時四分退出
午後三時十分胡翔、來訪談ニ參加全四時三分退出
午後三時三十八分胡漢民再來談ニ參加全四時五十五分退出
午後三時五十分余嗣靖來訪セシモ孫ハ面會ヲ謝絶ス
午後四時蔣介石來訪談ニ參加全四時五十三分退出
午後四時十五分戴天仇、宮崎民藏兩名來訪談ニ參加、宮
崎ハ全四時三十五分戴ハ全四時五十三分退出
午後四時五十分楊益謙、唐君勉兩名來訪談ニ參加全六時

470522

二十五分退出
午後六時十分韓恢兩名來談ニ參加全七時二十五分退出
午後六時十三分蔡鋭霆來訪談ニ參加全六時四十五分退出
午後六時五十分金一清來訪對談全七時六分退出
午後七時五分凌鉞來訪談ニ參加全九時十分退出
午後八時居正、邵元沖ノ兩名來訪談ニ參加全九時退出

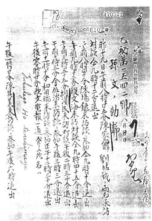

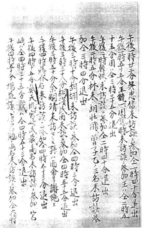

以上

10. 孫文的動向（1914.08.21）

乙秘第一五五八號　八月二十一日

孫文的動向

一、昨二十日午前八時五十分陳家鼐、謝彬、王辰、余嗣靖四人來訪，面談至十時離去。

午前十時十分萱野長知來訪，面談至十一時二十分離去。

午前十時十五分金佐治來訪，參加會談至十一時二十分離去。

午前十時五十分劉佐成、鄧俊、羅偉三人來訪，參加會談至十一時三十分離去。

午後三時五十分寄一封掛號信到美國某處。

午後四時三十分田桐來訪，面談至四時五十分離去。

午後四時五十分蔣介石來訪，面談至五時三十分離去。

午後五時二十五分張匯滔來訪，參加會談至六時三十分離去。

午後六時三十分與來訪中的張匯滔結伴乘車外出（張於途中下車），至本鄉順天堂醫院探望住院的鄭芳孫，約十五分鐘後離去醫院。之後到麴町三年町陳其美住處，與陳、蔣介石及其他兩人面談，至九時離去，徒步返家。

以上。

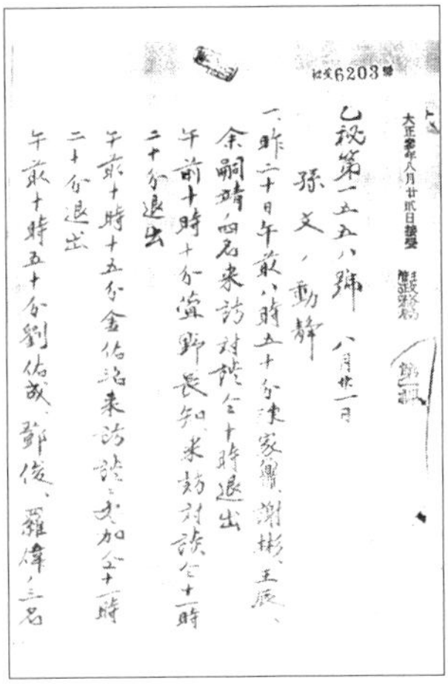
大正參年八月廿八日發受　秘受6203號

乙秘第一五五八號　八月廿一日

孫文ノ動靜

一、昨二十日午前八時五十分陳家鼎、謝彬、王辰、余嗣靖四名來訪対談シ十時退出
午前十時十分萱野長知、来訪対談シ十一時二十分退出
午前十時十五分金佑治来訪談ニ参加シ十一時二十分退出
午前十時五十分劉佑誠、鄧俊、羅偉ノ三名

来訪談ニ参加シ十一時三十分退出
午後三時五十分来國恭所ヘ青留郵便一通発送
午後四時三十分田桐、来訪対談シ四時五十分退出
午後四時五十分蔣介石来訪対談シ五時廿分退出
午後五時廿五分張繼溜来訪談ニ参加シ六時廿分退出
午後六時三十分来訪中ノ張繼溜ハ全体自動車ニテ外出（張ハ途中ニテ下車）本郷順天堂病院入院中ノ鄭芳孫ヲ往訪約十五分ニシテ仝所ヲ出テ麹町三年町陳其美方ニ至リ陳及蔣介石外二名ト面談シ九時二十分退出徒歩ニテ帰宿
（以上）

11. 孫文的動向（1914.08.23）

乙秘第一五九八號　八月二十三日

孫文的動向

一、昨二十二日午前九時十分夏重民、雲初、楊漢魂來訪，面談至十一時離去。

午前九時五十分陳家鼐來訪，參與會談至十時四十分離去。

午前十時五分陳揚鑣來訪，參與會談至十時五十分離去。

午前十時十分譚蒙來訪，參與會談至十時四十分離去。

午前十時四十分鐘士林、楊中流來訪，參與會談至十時五十分離去。

午前十時四十三分田桐、譚人鳳來訪，參與會談至午後一時二十分離去。

午前十時四十五分居正、劉文錦來訪，參與會談至午後一時二十分離去。

午前十一時二十分王敬祥來訪，但孫謝絕會面，隨即離去。

午後一時十分和田瑞來訪，參與會談至二時二十分離去。

午後二時五分蔣介石來訪，參與會談至二時三十分離去。

午後二時三十分寄一封信給犬養毅。

午後五時十分橫濱山下町林某來一函。

午後五時二十分王統一來訪，會談至六時三十分離去。

午後五時五十分戴天仇來訪，參與會談至七時離去。

午後七時十分田桐來訪，參與會談至八時四十分離去。

午後七時十五分金一清來訪，參與會談至九時三十分離去。

午後七時二十分凌鉞來訪，參與會談至八時五十五分離去。

午後七時五十分鄧鏗來訪，參與會談至十時五十分離去。

附記

一、致犬養毅的信似是要求會見。預計二十三日犬養毅可能來訪，或者孫　前往犬養毅住處。

二、原定二十二日午後六時宮崎虎藏、王統一、孫文會見頭山，但宮崎未來，因此未去會見，所要談的內容不詳。

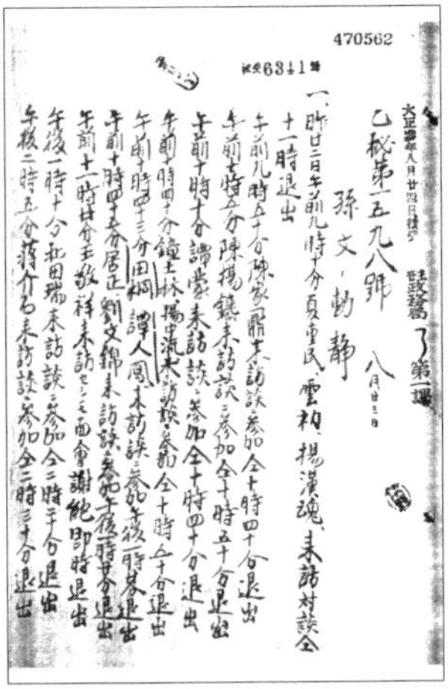

470562

秘受6341號

乙秘第一五九八號

孫文ノ動靜

一、昨廿二日午前九時十分夏重民、雲柯、楊漢魂、來訪対談全十一時退出

午前九時五十分陳家鼎来訪談ニ參加仝十時四十分退出

午前十時五分陳揚鑣来訪談ニ參加仝十時五十分退出

午前十時十分譚豪来訪談ニ參加仝十時四十分退出

午前十時四十分鍾士林、楊中流来訪談ニ參加仝十時五十分退出

午前十時四十三分田桐、譚人鳳来訪談ニ參加午後一時退出

午前十時四十五分居正、劉文錦来訪談ニ參加午後一時廿分退出

午前十一時廿分王敬祥来訪セシモ面會謝絶即時退出

午後一時十分和田瑞来訪談ニ參加仝二時五十分退出

午後二時五分蔣介石来訪談ニ參加仝三時三十分退出

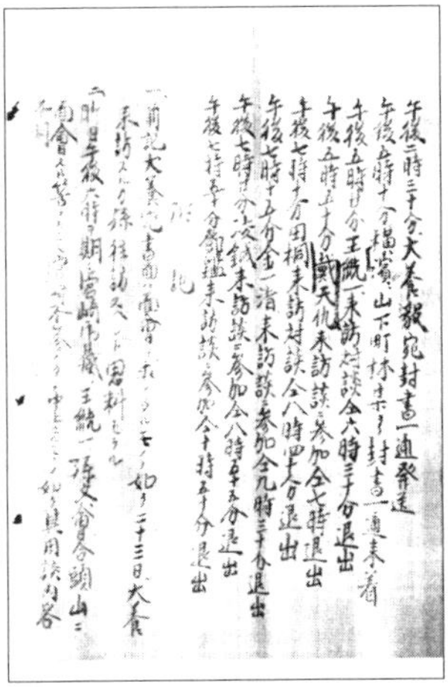

午後二時三十分犬養毅宛封書一通發送

午後五時十分福田ヨリ封書一通来着

午後五時廿分王統一来訪対談仝六時三十分退出

午後五時五十分戴天仇来訪談ニ參加仝七時退出

午後七時十分田桐来訪対談仝八時四十分退出

午後七時十五分金一清来訪談ニ參加仝九時三十分退出

午後七時廿分凌鉞来訪談ニ參加仝八時五十五分退出

午後七時五十分鄧鏗来訪談ニ參加仝十時五十分退出

附記

一、前記犬養宛書面ハ面會ヲ求メタルモノヽ如ク二十三日犬養来訪スルカ孫往訪スルカ

12. 孫文的動向（1914.08.24）

乙秘第一六一三號　八月二十四日

孫文的動向

一、昨二十三日午前七時三十五分宋嘉樹來訪，面談至九時六分離去。

午前七時五十分張匯滔、方健飛二人來訪，參與會談至十時二十五分離去。

午前八時十分劉佐成來訪，因有訪客孫謝絕會面。

午前八時三十分王敬祥、劉佐成二人來訪，會談至九時五十分離去。

午前八時三十分曹亞伯來訪，參與會談至午後十二時三分離去。

午前八時五十分周應時來訪，參與會談至九時五十分離去。

午前九時五分蔣介石、倪德董二人來訪，參與會談至十時二分離去。

午前九時六分楊益謙來訪，參加會談至十時離去。

午前九時四十五分胡漢民來訪，參與會談至中午十二時十五分離去。

午前十時二分陳家鼎、周詩、范忠三人來訪，參與會談至十一時五十分離去。

午前十時十五分萱野長知來訪，參與會談至十時二十五分離去。

午前十時四十分萱野長知、金佐治二人來訪，參與會談至十一時五十八分離去。

午前十時四十二分王靜一、楊庶堪二人來訪，參與會談至午後十二時二十分離去。

午前十一時五十五分夏重民、雲初、楊漢魂三人來訪，參與會談至午後二時十五分離去。

午後三時十七分宋嘉樹再次來訪，會談至四時三十分離去。

午後四時五十五分劉佐成再次來訪，會談至五時十分離去。

午後六時四十分曹亞伯、蔡濟民、吳醒漢三人來訪，參與會談至八時二十分離去。

午後七時三十五分田桐、蕭萱、丁仁傑三人來訪，參與會談，蕭、丁二人於八時五十分、田於九時五十五分離去。

午後九時二十五分孫人不舒服，請神田區美土代町板垣醫師來診，醫師於九時五十分離去。

午後十時五十分收到一封西文電報。

以上。

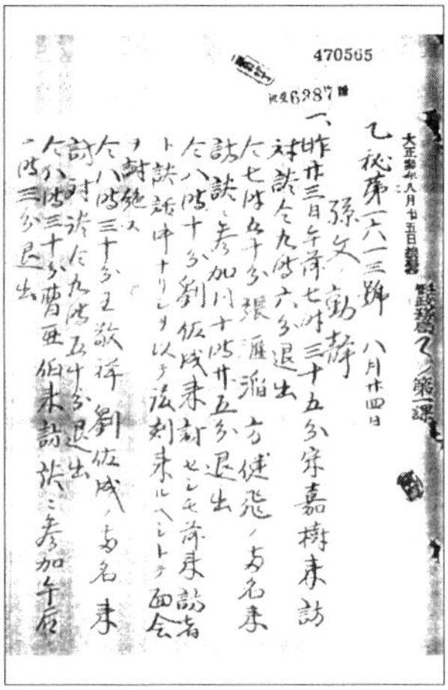

470565

乙秘第一六一三號　八月廿四日

孫文ノ動靜

一、昨廿三日午前七時三十五分宋嘉樹来訪
対談午前九時六分退出
午前七時五十分張通海方健飛ノ両名来
訪対談ニ参加シ十時廿五分退出
午前八時十分劉佐成来訪セシモ前来訪者
ト対談中ナリシヲ以テ[illegible]面会
ヲ謝絶ス
午前八時三十分王敬祥劉佐成ノ両名来
訪対談ニ午前九時五十分退出
午前八時三十分曹亜伯来訪対談ニ参加午前
十時三分退出

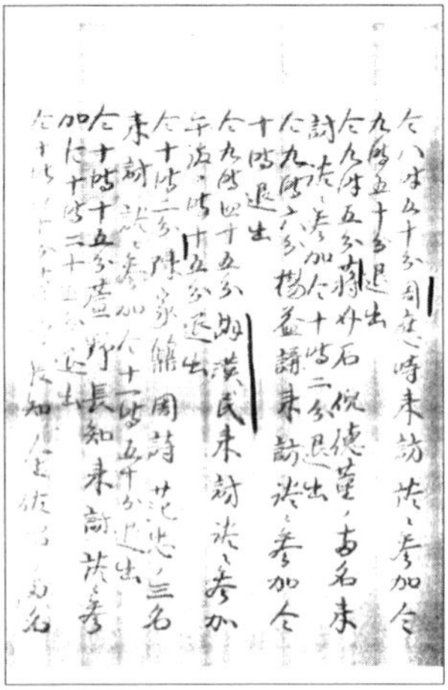

午前八時五十分同氏ノ時来訪対談ニ参加午前
九時五十分退出
午前九時五分蔣介石戴德堂ノ両名来
訪対談ニ参加午前十時二分退出
午前九時六分楊益謙来訪対談ニ参加午前
十時退出
午前九時四十五分姚漢民来訪対談ニ参加
午後一時十五分退出
午前十時二分陳家鼐周詩[illegible]ノ三名
来訪対談ニ参加午前十一時五十分退出
午前十時十五分[illegible]長知来訪対談ニ参
加午前十時二十[illegible]
[illegible]

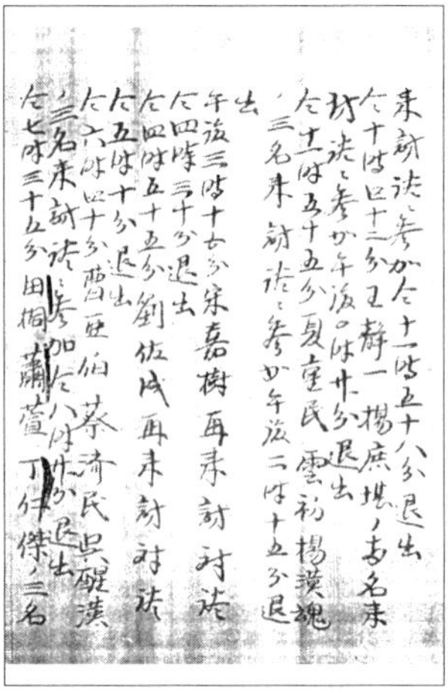

来訪対談ニ参加午前十一時五十八分退出
午前十時四十二分王靜一楊庶堪ノ両名来
訪対談ニ参加午後四時廿分退出
午前十一時五十五分夏重民雲初楊漢魂
ノ三名来訪対談ニ参加午後二時十五分退
出
午後三時十七分宋嘉樹再来訪対談
午後四時五十五分劉佐成再来訪対談
午後五時十分退出
午後六時四十分曹亜伯蔡濟民呉醒漢
ノ三名来訪対談ニ参加午後八時廿分退出
午後七時三十五分田桐蕭萱丁仲傑ノ三名

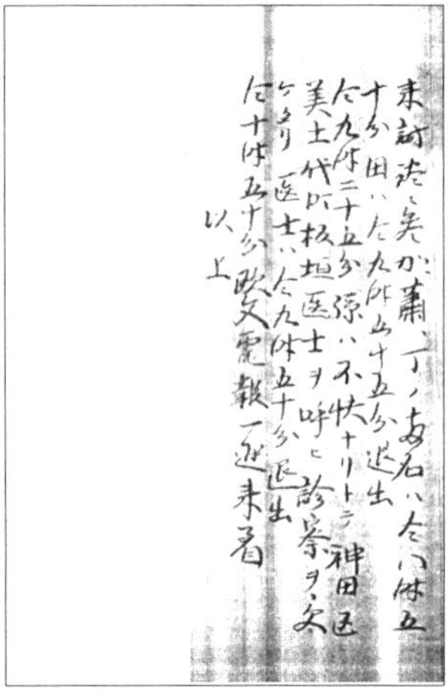

来訪対談ニ参加[illegible]ノ両名ハ午後八時五
十分田ハ午後九時四十五分退出
午後九時二十五分孫ハ不快ナリトテ神田区
美土代町松垣医士ヲ呼ヒ診察ヲ受ク
医士ハ午後九時五十分退出
午後十時五十分孫文電報一通来着
以上

13. 孫文的動向（1914.08.25）

乙秘第一六二八號　八月二十五日

孫文的動向

一、二十四日午前九時五十分蔣介石來訪，面談至十時離去。

午前九時五十分金佐治來訪，參與會談至午後一時三十分離去。

午前十時唐支廈、喻焜彰、道庸來訪，孫謝絕會面。

午前十時犬養毅來電稱將於午後三時來訪。

午前十時五分致電青山南町五丁目四號戴天仇，請他午後二時來。

午前十時十五分田桐、張孟介、蕭草茹來訪，參與會談至十一時五十分離去。

午前十時三十分張百麟來訪，參與會談至十一時五十分離去。

午前十一時二十分向美國某處發一西文電報。

午前十一時二十分宮崎虎藏來訪，參與會談至午後一時二十分離去。

午前十一時二十五分萱野長知來訪，參與會談至午後十二時三十分離去。

午前十一時三十分鄧鏗來訪，參與會談至午後一時三十分離去。

午後一時四十分致電給舊金山中華青年會（見昨二十四日乙秘第一六一七號報告）。

午後一時五十分戴天仇來訪，七時五十分離去。

午後二時蔣介石再次來訪，參與會談至二時五十分離去。

午後二時十分韓恢來訪，和蔣介石會談至二時二十分離去。

午後二時五十分劉佐成、黃伯群來訪，和戴天仇會談至三時五分離去。

午後三時犬養毅來訪，在另一室和孫、戴天仇密談，於四時三十分離去，歸途在頭山家和二、三人下棋，至六時三十分離去。

午後四時十分吳藻華來訪，戴天仇代孫與之會談，於四時五十分離去。

午後四時三十分曹亞伯和十一年前在香港深交的中田重治來訪，會談至四時五十五分離去。

午後四時三十分劉佐成再次來訪，和戴天仇會談，至四時五十五分離去。

午後五時板垣醫師來為孫診療，於五時二十分離去。

午後六時五十分蔣介石再次來訪，參與會談至七時十分離去。

午後七時五分田桐來訪，參與會談至十時二十分離去。

午後七時二十分王統一來訪，參與會談至七時三十分離去。

午後七時三十分張百麟、陳家鼐、譚蒙來訪，參與會談，譚於七時五十分，其他人於八時十分離去。

午後七時五十五分丁仁傑、蕭萓、居正來訪，參與會談至十時二十分離去。

午後八時淩鉞、陳楷來訪，參與會談至九時三十分離去。

午後八時三十分和田瑞來訪，參與會談至八時三十分離去。

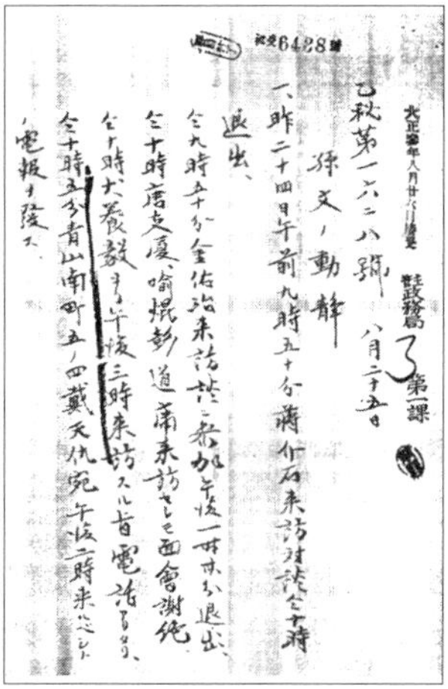
大正五年八月廿六日接受 警視廳 秘受6428號

乙秘第一六二八號 八月二十五日 第一課

孫文ノ動靜

一、昨二十四日午前九時五十分蔣介石来訪対談仝十時退出、

仝九時五十分仝佐治来訪談ニ參加午後一時十分退出、

仝十時唐支厦、喩挺彰、道甫来訪セシモ面會謝絶

仝十時犬養毅ヨリ午後三時来訪スル旨電話アリ、

仝十時五分青山南町五ノ四戴天仇宛午後二時来ル[illegible]電報ヲ發ス

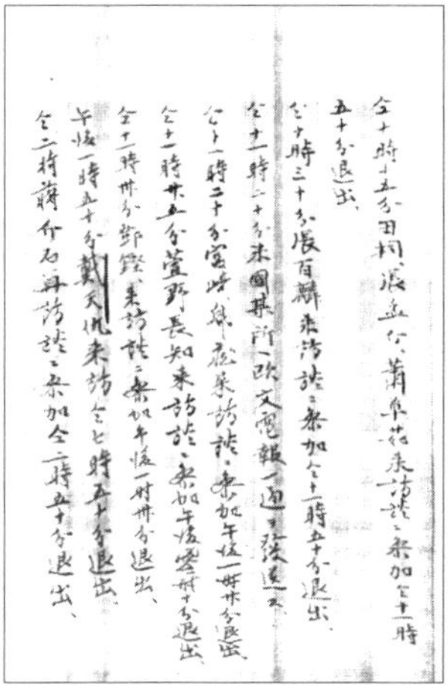
仝十時十五分田桐、張孟介、[illegible]来訪談ニ參加仝十一時五十分退出

仝十時三十分張百麟来訪談ニ參加仝十一時五十分退出

仝十一時二十分米國林所[illegible]欧文電報一通ヲ發送ス

仝十一時二十分富永[illegible]来訪談ニ參加午後一時十分退出

仝十一時廿五分萱野長知来訪談ニ參加午後零時十分退出

仝十一時卅分鄧鏗来訪談ニ參加午後一時卅分退出、

午後一時五十分戴天仇来訪仝七時五十分退出、

仝二時蔣介石再訪談ニ參加仝二時五十分退出、

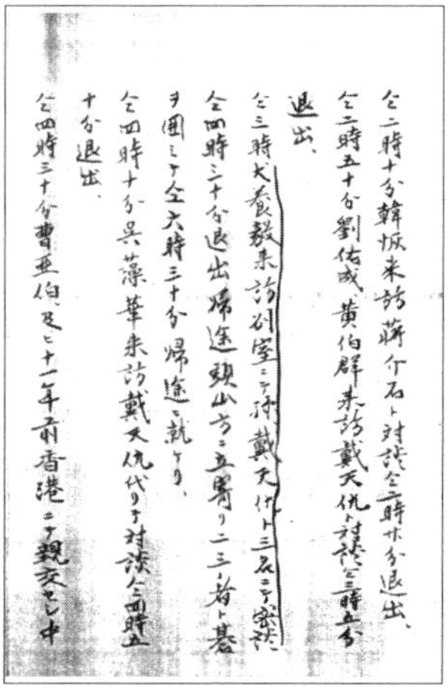
仝二時十分韓恢来訪蔣介石ト対談仝二時卅分退出、

仝二時五十分劉佐成、黄伯群来訪戴天仇ト対談仝三時五分退出、

仝三時犬養毅来訪別室ニテ戴天仇ト三辰ヲ密談

仝四時三十分退出帰途頭山方ニ立寄リ二三者ト甚ヲ囲ミテ仝六時三十分帰途ニ就ケリ

仝四時十分呉藻華来訪戴天仇代リテ対談仝四時五十分退出

仝四時三十分曹亜伯ヨリ七十一年前香港ニテ親交セシ中

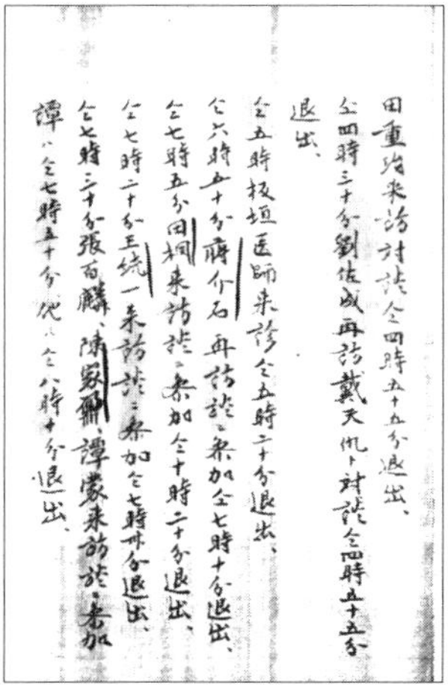
田重瑞来訪対談仝四時五十五分退出、

仝四時三十分劉佐成再訪戴天仇ト対談仝四時五十五分退出、

仝五時桜垣医師来診仝五時二十分退出、

仝六時五十分蔣介石再訪談ニ參加仝七時十分退出、

仝七時五分田桐来訪談ニ參加仝十時二十分退出、

仝七時二十分王統一来訪談ニ參加仝七時卅分退出、

仝七時二十分張百麟、陳家鼐、譚馥来訪談ニ參加

譚ハ仝七時五十分、他ハ仝八時十分退出、

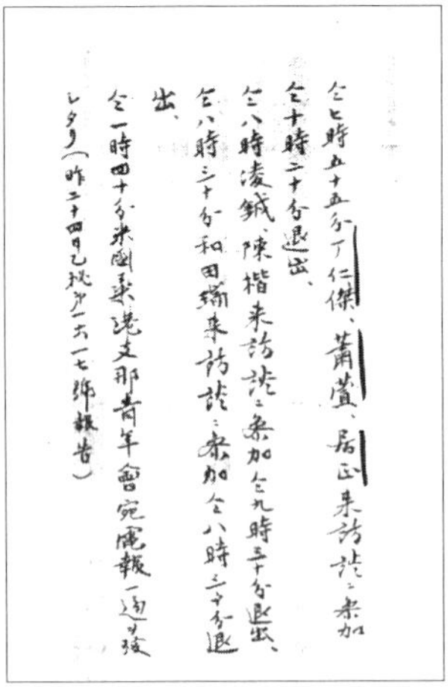

仝七時五十五分丁仁傑、蕭萱、居正来訪談ニ参加
仝十時二十分退出、
仝八時凌鉞、陳楷来訪談ニ参加仝九時三十分退出、
仝八時三十分和田瑞来訪談ニ参加仝八時三十分退出、
仝一時四十分米國桑港支那青年會宛電報一通ヲ發シタリ（昨二十四日乙秘第一六一七號報告）

14. 孫文的動向（1914.08.26）

乙秘第一六四一號　八月二十六日

孫文的動向

一、昨二十五日午前八時五分，鄧鏗來訪，會談至九時三十三分離去。

午前八時十五分，丁士杰、季雨霖兩人來訪，會談至九時十分離去。

午前八時十七分，劉佐成來訪，參與會談至八時五十分離去。

午前九時二分，胡漢民來訪，參與會談至午後二時五分離去。

午前十時二十分萱野長知、的野某兩人來訪，參與會談至十時五十五分離去。

午前十一時十七分收到一封電報。

午前十一時四十分陳揚鑣來訪，參與會談至十一時五十分離去。

午後十二時五十分徐朗西來訪，參與會談至二時十分離去。

午後二時十分吳藻華來訪，面談至三時八分離去。

午後三時八分，丁士杰再度來訪，會談至三時十五分離去。

午後三時二十五分宋嘉樹來訪，面談至四時三十五分離去。

午後五時五分，蔣介石再度來訪，面談至五時十五分離去。

午後五時十五分與來訪的蔣介石一同徒步到赤坂區

溜池町三十九號的高橋醫院，探望住院的陳其美，與在場的戴天仇、周應時兩人會談至七時三十分返回住處。

午後五時四十分，伍雲眉、陳卓人兩人來訪，但因孫不在隨即離去。

午後五時四十五分，王道來訪，但因孫不在隨即離去。

午後六時二十五分，黃展雲來訪，但因孫不在隨即離去。

午後六時四十分，朱璋、朱龍楹、馮湛霖三人來訪，但因孫不在隨即離去。

午後六時四十五分，居正、丁仁傑、蕭萱三人來訪，待孫回寓後，面談至午後八時五分離去。

午後七時孫伯平來訪，待孫回寓面談至午後八時十分離去。

午後七時三分陳揚鑣來訪，待孫回寓面談至午後七時四十五分離去。

午後八時五分黃展雲再次來訪，面談至午後八時十二分離去。

午後八時十八分鄧鏗再次來訪，面談至午後十時五十五分離去。

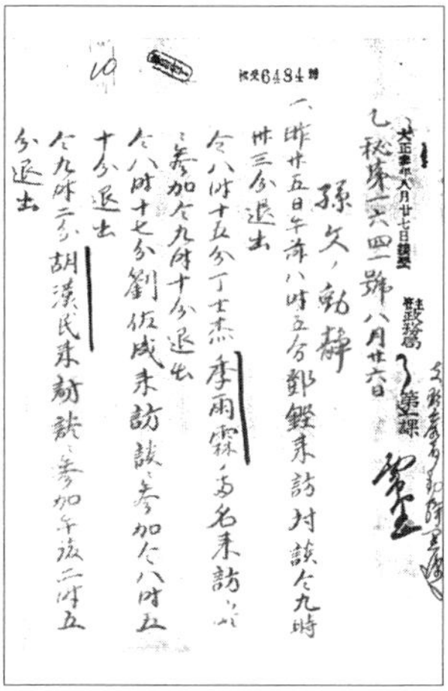
10
秘受6484號
乙秘第一六四一號 八月廿六日
孫文ノ動靜
一、昨廿五日午前八時五分鄧鏗來訪對談同九時
卅三分退出
同八時十五分丁士杰、李雨霖ノ両名來訪ニテ
ニ参加同九時十分退出
同八時十七分劉佐成來訪談ニ参加同八時五
十分退出
同九時三十分胡漢民來訪談ニ参加午後二時五
分退出

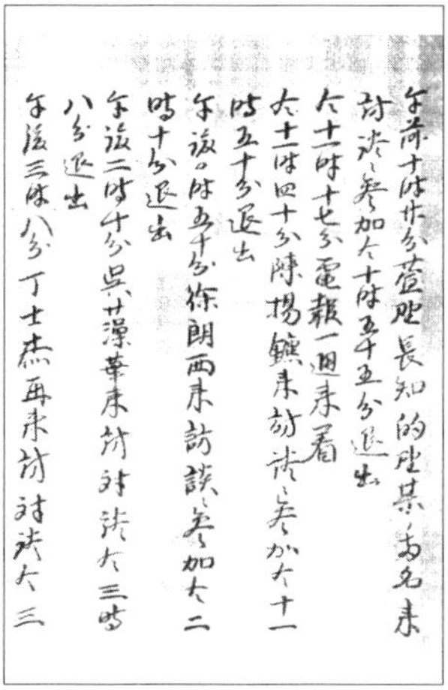
午前十時廿分萱野長知的理某ノ両名來
訪談ニ参加同十時五十五分退出
同十一時十七分電報一通來着
同十一時四十分陳揚鑣來訪談ニ参加同十一
時五十分退出
午後四時五十分徐朗西來訪談ニ参加同二
時十分退出
午後二時十分呉藻華來訪對談同三時
八分退出
午後三時八分丁士杰再來訪對談同三

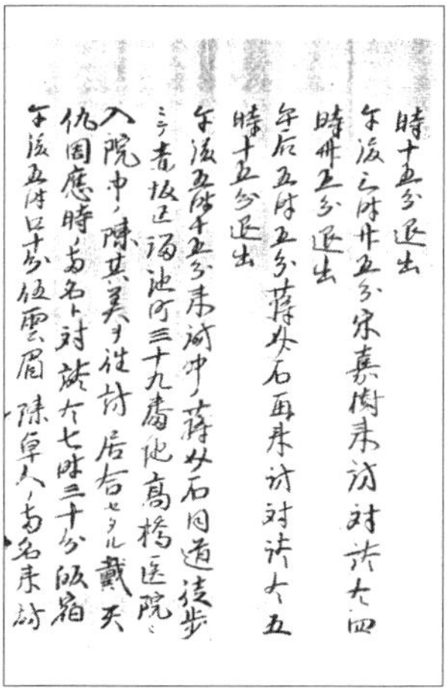
時十五分退出
午後二時廿五分宋嘉樹來訪對談同四
時卅五分退出
午后五時五分蔣介石再來訪對談同五
時十五分退出
午後五時十五分來訪中ノ蔣介石同道徒歩
ニテ青山南町三十九番地高橋醫院ニ
入院中ノ陳其美ヲ往訪 居合セタル戴天
仇固應時ノ両名ト對談同七時三十分帰宿
午後五時四十分伍雲眉、陳卓人ノ両名來訪

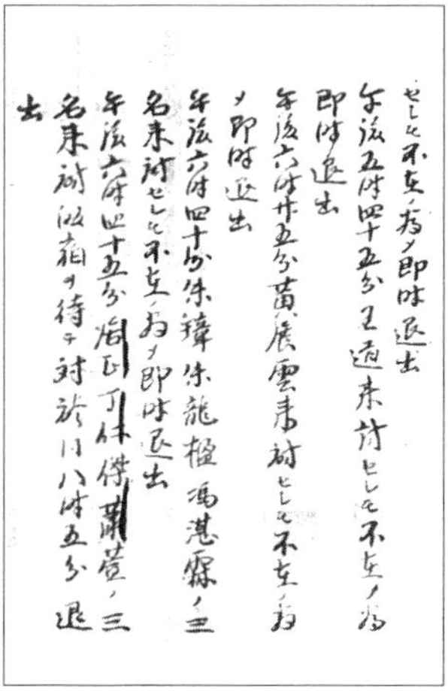
セシモ不在ノ為メ即時退出
午後五時四十五分王通來訪セシモ不在ノ為
メ即時退出
午後六時廿五分黃展雲來訪セシモ不在ノ為
メ即時退出
午後六時四十分朱鐸朱能梃馮湛霖ノ三
名來訪セシモ不在ノ為メ即時退出
午後六時四十五分蔣介石、萱野ノ三
名來訪帰宿ヲ待チ對談同八時五分退
出

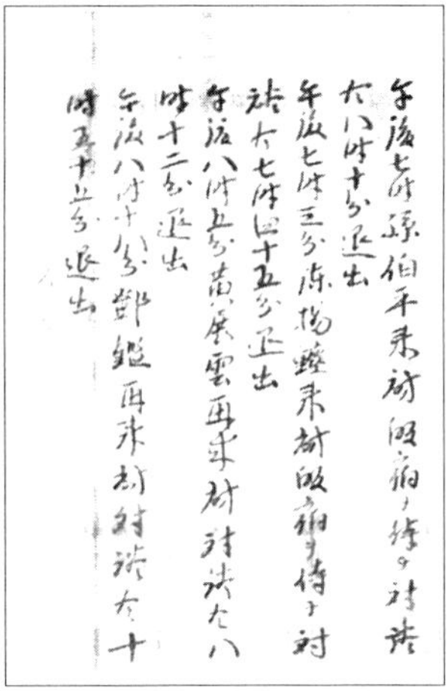

午後七時孫伯平來訪孫文ニ接シ對話
同八時十分退出
午後七時三分陳揚鑣來訪孫文ニ接シ對
話同七時四十五分退出
午後八時五分黃展雲再來訪對話同八
時十二分退出
午後八時十八分鄧鏗再來訪對話同十
時五十五分退出

15. 孫文的動向（1914.08.27）

乙秘第一六五〇號　八月二十七日

孫文的動向

一、昨二十六日午前八時三十分和田瑞來訪，會談至十時離去。

二、午前八時三十五分，蔣介石來訪（參與會談）至九時離去。

三、午前八時五十分伍雲眉、陳模兩人來訪（參與會談）至九時三十分離去。

四、午前九時陳揚鑣來訪（參與會談）至九時十分離去。

五、午前九時三十分徐蘇中、陳師兩人來訪（參與會談）至十時十五分離去。

六、午前十時十分鄧鏗來訪（參與會談）至十一時十分離去。

七、午前十時二十分金佐之來訪（參與會談）至午後三時離去。

八、午前十時五十分楊庶堪、王靜一兩人來訪（參與會談）至中午十二時五十分離去。

九、午後一時二十五分犬養毅來訪，於別室與孫及金佐之會談，一時三十分戴天仇來訪，參加會談後與犬養毅於二時二十分離去。

十、午後三時十分張肇基來訪，會談至五時二十分離去。

十一、午後三時二十分田桐、蕭萱、張匯滔三人來訪（參與會談）至五時三十分離去。

十二、午後三時五十分劉佐成來訪（參與會談）至三時五 十五分離去。

十三、午後三時五十分和田瑞電孫文。

十四、午後四時三十分曹亞伯來訪（參與會談）至六時三十分離去。

十五、午後四時五十分王統一來訪（參與會談）至六時二十分離去。

十六、午後六時五十分，與來訪的戴天仇一同到赤坂區溜池町的高橋醫院探望陳其美至八時離去。然後乘人力車繞日比谷公園，九時三十分返家。

十七、午後七時三十分金一清來訪，因孫不在即刻離去。

十八、午後八時十分居正來訪，因孫不在即刻離去。

十九、午後九時四十五分給檀香山中國人俱樂部發一西文電報，電文為「極盼匯款」。

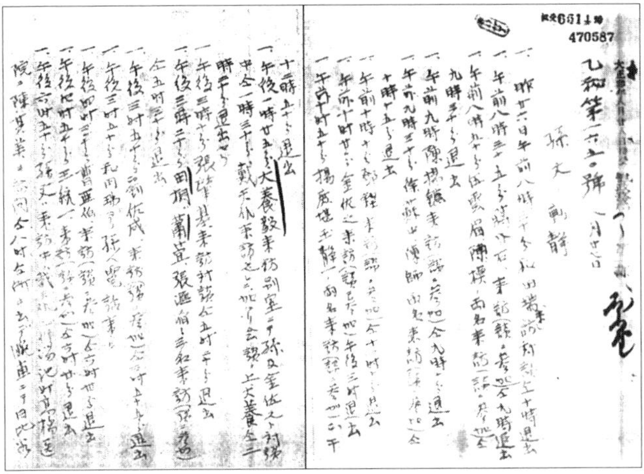

470587

乙秘第一六三〇號

孫文動靜

16. 孫文的動向（1914.08.28）

乙秘第一六六九號　八月二十八日

孫文的動向

一、昨二十七日午前九時十七分吳忠信來訪，會談至正午十二時離去。

午前九時五十分萱野長知來訪，參與會談至十時三十分離去。

午前十時十八分周詩來訪，參與會談至正午十二時離去。

午前十時四十五分和田瑞來訪，參與會談至十一時離去。

午後一時寄信給仰光唐人街廣安祥、陳警天以及在金山的林森各一函。

午後一時五十分潘鼎新來訪，孫謝絕會面。

午後二時十分陳家鼎來訪，會談至二時五十分離去。

午後三時戴天仇來訪，在另一室會談。三時二十分戴去頭山家議事，三時三十分戴和孫一起到頭山家，在二樓房間和頭山滿會談，四時十分兩人返寓，孫和戴繼續議事，戴於午後六時十五分離去。

午後三時二十分劉佐成來訪，因孫繁忙即刻離去。

午後三時三十二分曹亞伯來訪，待孫回寓，會談至六時十五分離去。

午後四時二十五分楊益謙來訪，參與會談至五時二十七分離去。

午後四時三十分蔣介石來訪，參與會談至五時二十分離去。

午後四時三十一分田桐、張匯滔、方健飛三人來訪，參與會談，田、張於五時三十五分，方於六時五分離去。

午後五時二十五分劉佐成再次來訪，參與會談至五時三十分離去。

午後七時孫到溜池町高橋醫院探望陳其美，於十時返回住處。

午後七時十五分凌鉞來訪，會談至七時二十分離去。

午後八時十五分黃申薌來訪，因孫不在即刻離去。

午後八時二十五分曹亞伯再次來訪，因孫不在即刻離去。

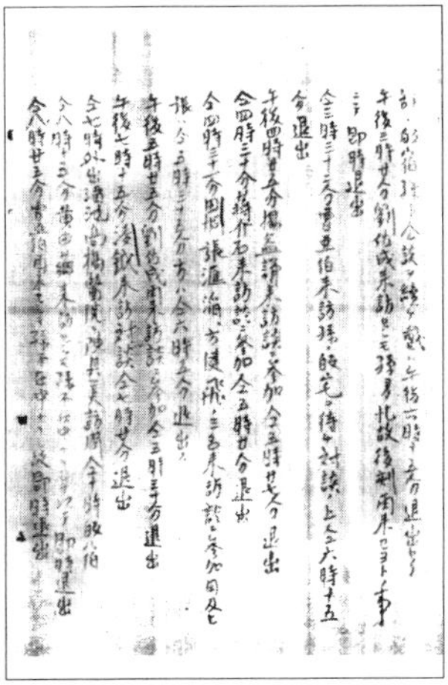

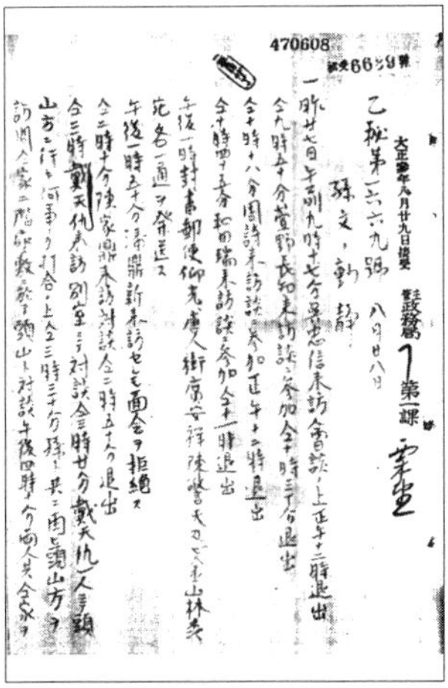

17. 中國亡命者的聚集（1914.08.29）

乙秘第一六七五號　八月二十九日

中國亡命者的聚集

昨二十八日午後四時三十分左右，孫文、蔣介石、陸惠生及其他五、六人在赤坂區溜池町高橋醫院陳其美處聚集，此外，菊地良一、山田純三郎兩人也參加。在聚會處，孫文還刻意避開隨行護衛的警官，與出席者秘密商議，至七時才散會。聚會的內容不詳，目前正在調查中，不過依羅或郭之言，蔣介石、陸惠生本預定今天由東京出發回國，但因前述會議的結果而暫時延期。

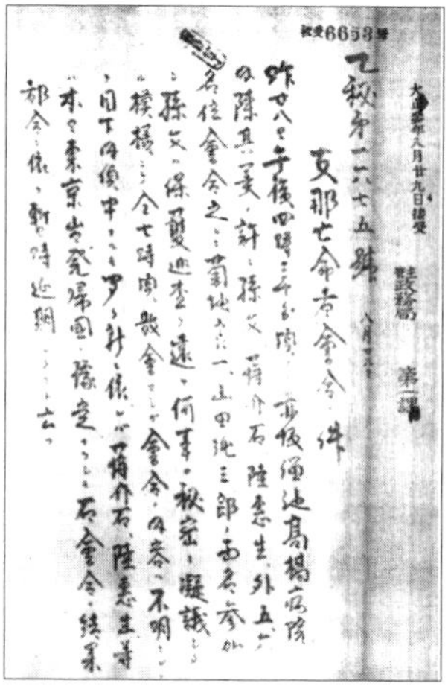
秘受6653號
大正三年八月廿九日接受
乙秘第一六七五號　八月二十九日
支那亡命者會合ノ件
昨二十八日午後四時三十分頃赤坂區溜池高橋病院ノ陳其美方ニ於テ孫文、蔣介石、陸惠生外五、六名會合シ之ニ菊池良一、山田純三郎ノ両名参加シ孫文ハ保護巡査ヲ遠ケ何事カ秘密ニ凝議シ樣子ニテ全七時頃散會シタルカ會合ノ内容ハ不明ナルモ目下内偵中ナルカ羅、郭ノ言ニ依レハ蔣介石、陸惠生等ハ本日東京出發帰國ノ豫定ナリシモ右會合ノ結果都合ニ依リ暫時延期シタリト云フ

18. 中國亡命者聚集的內容（1914.08.29）

乙秘第一六七八號　八月二十九日

中國亡命者聚集的內容

昨二十八日在赤坂區溜池町高橋醫院陳其美處亡命者集會之事，已於今日乙密第一六七五號通報，其內容與聚集的人，除了陳其美之外，還包括孫文、戴天仇、蔣介石、陸惠生、丁仁傑、周應時，另外還加上山田純三郎、菊地良一兩人。這次係針對即將發起的第三次革命進行商議，並決定先將革命軍總部設於上海。為了準備，派蔣介石及陸惠生兩人於今日午前八時由新橋出發前往上海，與該地的同志會合。至於所需的費用是仰仗日前由美國匯給孫文的二萬美金。不過，到今晨八時止因無法兌換現金，蔣、陸兩人一度決定延期出發，但由於在今早又得順利換成現金，兩人遂於今日午後三時五十分由新橋出發前往上海。

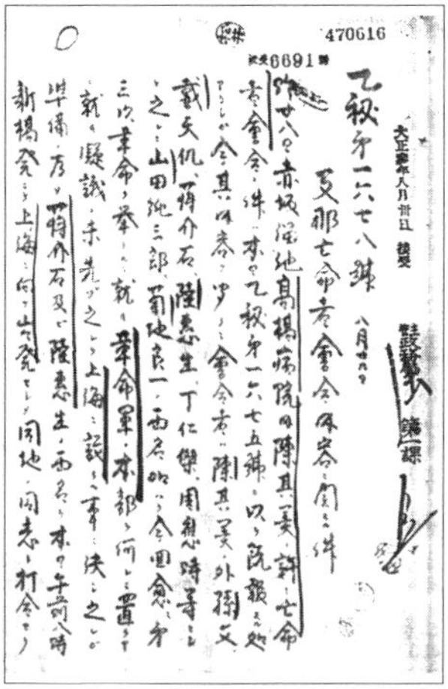
大正三年八月廿九日 接受 第一課
470616
秘受6691號
乙秘第一六七八號　八月廿九日
支那亡命者會合内容ニ関スル件
昨廿八日赤坂溜池高橋病院内陳其美方ニ於テ亡命者會合ノ件ハ本日乙秘第一六七五號ヲ以テ既報ノ処
今其ノ内容ヲ聞クニ會合者ハ陳其美ノ外孫文
戴天仇、蔣介石、陸惠生、丁仁傑、周應時等ニシテ
之ニ山田純三郎、菊地良一ノ両名加ハリ今回愈々第
三次革命ヲ挙クルニ就テハ革命軍ノ本部ヲ何レニ置クヤ
ノ疑議ニ就テ先ツ之ヲ上海ニ設クル事ニ決シ之カ
準備ノ為メ蔣介石及ヒ陸惠生ノ両名ハ本日午前八時
新橋発ニテ上海ニ向ケ出発セシメ同地ノ同志ト打合セシ

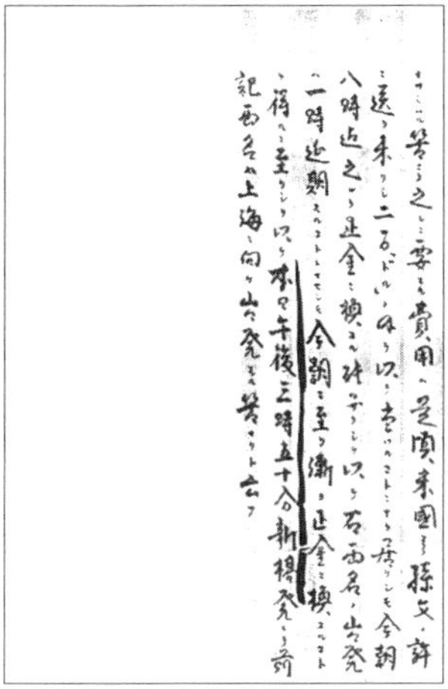
ムルコトヽシ之ニ要スル費用ハ先頃米国ヨリ孫文ノ許
ニ送リ来リシ二万ドルヲ以テ之ニ充ツルコトニナリシモ今朝
八時迄之ヲ正金ニ換フルヲ得ザリシヲ以テ右両名ノ出発
ハ一時延期スルコトヽナリシモ今朝ニ至リ漸ク正金ニ換フルコト
ヲ得ルニ至リシヲ以テ本日午後三時五十分新橋発ニテ前
記両名ハ上海ニ向ケ出発セリト云フ

19. 孫文的動向（1914.08.29）

乙秘第一六八二號　八月二十九日

孫文的動向

一、昨二十八日午前八時五十分韓恢來訪，面談至十一時二十分離去。

午前九時蔣介石來訪，參與會談至十一時五分離去。

午前九時三十分胡漢民來訪，參與會談至午後二時三十分離去。

午前十時居正來訪，參與會談至十時三十分離去。

午前十時十五分潘鼎新、朱鏡清兩人來訪，要求會面，但被孫拒絕。

午前十時五十分金佐之來訪，參與會談至午後十二時三十分離去。

午前十時五十五分田桐、張匯滔兩人來訪，參與會談至午後十二時三十分離去。

午前十一時四十分居正、許崇智、宋振三人來訪，參與會談至午後十二時三十分離去。

午前十一時五十分山田純三郎來訪，參與會談至午後十二時三十分離去。

午後一時二十五分菊地良一來訪，參與會談至午後二時十分離去。

午後三時五十分向美國加州國民黨支部及加州地區的鄧家彥、馮自由、何利，檀香山的楊廣達、謝芭原，橫濱山下町八十號譚發西服店的林來等各發一函。

午後三時五十分孫文外出到麴町區三年町陳其美的

住處拜訪蔣介石，至四時三十分離去。然後到赤坂區溜池町高橋醫院探望陳其美，與山田純三郎、菊地良一及其他六、七人會談，至七時四十分搭人力車返回住處。

午後七時五十分蔣介石來訪，面談至八時十分離去。

午後八時五十分蔣介石再度來訪，面談至九時三十分離去。

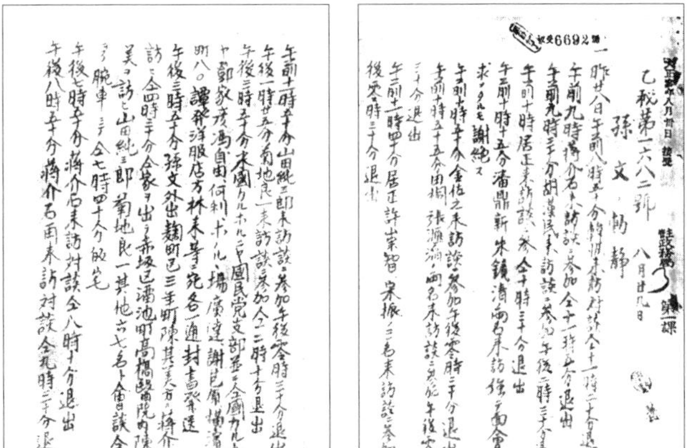

乙秘第一六八二號

孫文ノ動靜　八月廿九日

一　昨廿八日午前八時五十分胡漢民来訪対談シ十一時二十分退出
午前九時蒋介石ハ来訪談ニ参加シ十一時五十分退出
午前九時三十分胡漢民来訪談ニ参加午後二時三十分退出
午前十時居正来訪談ニ参加シ十時三十分退出
午前十時十五分潘鼎新 朱鏡清両名来訪孫ニ面會ヲ求メタルモ謝絶ス
午前十時五十分金佐之来訪談ニ参加午後零時二十分退出
午前十時五十五分田桐 張溥泉両名来訪談ニ参加午後零時三十分退出
午前十一時四十分居正 許崇智 宋振ノ三名来訪談ニ参加午後零時三十分退出

午前十一時五十分山田純三郎来訪談ニ参加午後零時三十分退出
午後一時廿五分菊地良一来訪談ニ参加全二時十分退出
午後三時五十分米國カルホルニヤ國民党支部ヨリ全國カルホルニヤ鄭家彦 馮自由 何利 ホノルル 楊廣達 謝己甫 楊壽山下明八ノ譚発洋服店方林来等ニ宛各一通封書発送
午後三時五十分孫文外出麹町区三年町陳其美方ニ蒋介石ヲ訪ヒ全四時三十分全家ヲ出テ赤坂区溜池町高橋醫院内陳其美ヲ訪ヒ山田純三郎 菊地良一其他六七名ト會談全所ヨリ腕車ニテ全七時四十分歸宅
午後七時五十分蒋介石来訪対談全八時十分退出
午後八時五十分蒋介石再来訪対談全九時三十分退出

20. 孫文的動向（1914.08.30）

乙秘第一六九一號　八月三十日

孫文的動向

八月二十九日

一、午前九時二十分陳揚鑣來訪，和孫會談至九時四十分離去。

二、午前十時四十五分謝彬、謝錫福、谷聲震、朱紹誠、歐陽西五人來訪，孫請他們去民國社，五人隨即離去。

三、午後十二時五分林來來訪，午後一時二十五分蔣介石，三時五分丁任傑〔仁傑〕來訪，與孫會談，林於一時二十三分、蔣於一時三十五分、丁於五時先後離去。（以上）

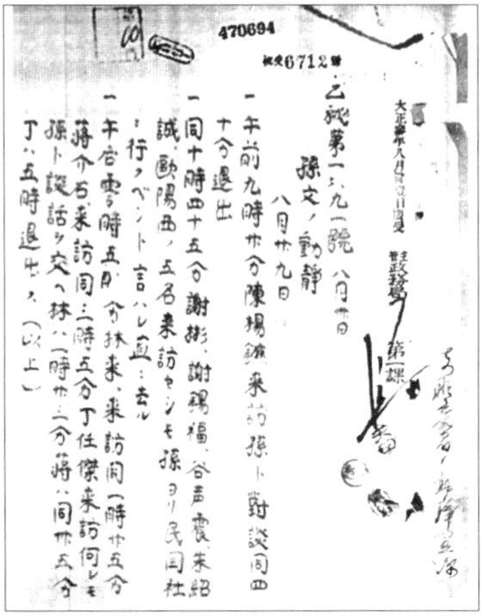
470694
秘受6712號
乙秘第一六九一號　八月卅日
孫文ノ動靜
八月廿九日
一 午前九時廿分陳揚鑣来訪孫ト對談同四十分退出
一 同十時四十五分謝彬、謝錫福、谷声震、朱紹誠、歐陽西ノ五名来訪セシモ孫ヨリ民国社ニ行クベシト言ハレ直ニ去ル
一 午后零時五分林来、来訪同一時廿五分蒋介石来訪同三時五分丁任傑来訪何レモ孫ト談話ヲ交ヘ林ハ一時廿三分蒋ハ同卅五分丁ハ五時退出ス（以上）

21. 孫文的動向（1914.08.31）

乙秘第一六九五號　八月三十一日

孫文的動向

一、昨三十日午前九時十分韓恢來訪，會談至午後十二時五十分離去。

午前九時五十分淩鉞來訪，參與會談至十一時二十分離去。

午前十時五分王統一來訪，參與會談至十一時五分離去。

午前十一時張匯滔來訪，參與會談至十一時二十分離去。

午前十一時五分金佐之來訪，參與會談至午後十二時五十分離去。

午前十一時二十分楊益謙、莊德恭兩人來訪，參與會談至午後十二時三十分離去。

午前十一時三十分王道、黃本漢兩人來訪，參與會談至十一時五十分離去。

午後一時十分丁仁傑來訪，參與會談至二時二十分離去。

午後一時十五分余祥輝、杜去恨、蔡奎祥三人來訪，參與會談至二時十分離去。

午後二時五十分外出，到赤坂區溜池町高橋醫院探望陳其美，與在場的戴天仇、居正、田桐、陸惠生、蔣介石以及另外二人會談，至六時五十分與戴天仇結伴返回住處，戴於七時二十分離去。

午後三時二十分陳耿夫、六時二十分和田瑞、六時三十分陳家鼎來訪，但因孫外出不在，皆相繼離去。

午後七時十分陳耿夫、陳揚鑣兩人來訪，會談至七時五十分離去。

午後七時三十分楊春輝來訪，孫謝絕會面。

午後七時四十分凌鉞再次來訪，參與會談至八時十分離去。

午後八時十分蔣介石來訪，參與會談至八時三十分離去。

午後九時十分田桐來訪，參與會談至十時五分離去。

追記

之前報告過陸惠生、蔣介石歸國之事，此二人於昨二十九日到橫濱搭船，但因海上風暴而回京〔東京〕，預定本日再出發。

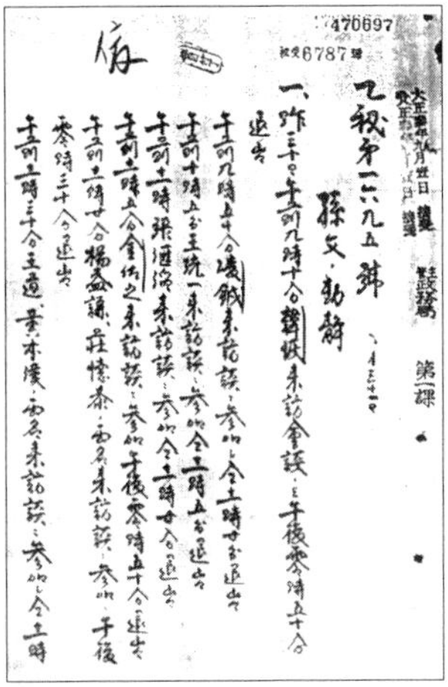

470697

秘受6787號

大正二年九月廿日

第一課

乙秘第一六九五號

孫文ノ動靜

一、昨三十日午前九時十分戴天仇來訪會談シ午後零時五十分退出ス

午前九時五十分凌鉞來訪談ニ參加シ仝十一時廿分退出ス

午前十時五十分王統一來訪談ニ參加仝十一時五十分退出ス

午前十一時張繼來訪談ニ參加仝十一時廿分退出ス

午前十一時五十分金佑之來訪談ニ參加午後零時五十分退出ス

午前十一時廿分楊益謙、莊懷桊両名來訪談ニ參加午後零時三十分退出ス

午前十一時三十分王道、黄本懷両名來訪談ニ參加シ仝十二時

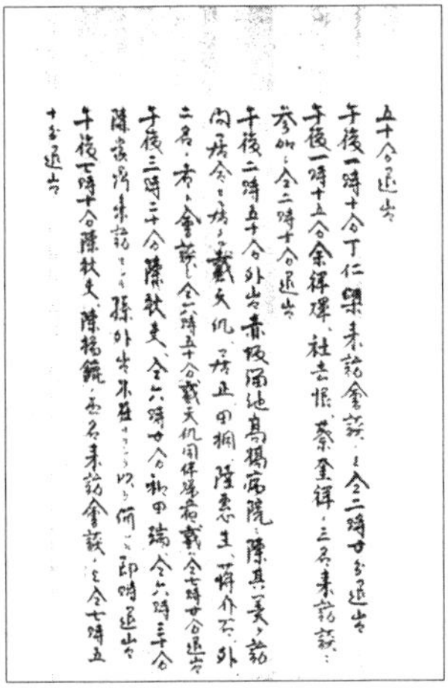

五十分退出ス

午後一時十分丁仁傑來訪會談シ仝二時廿分退出ス

午後一時十五分余祥輝、杜吉根、蔡金祥ノ三名來訪談ニ參加シ仝二時十分退出ス

午後二時五十分外出ス赤坂區溜池高揚病院ニ陳其美ヲ訪問シ病室ニ於テ戴天仇、程正明、田桐、陸惠生、蔣介石外二名ト共ニ會談シ仝六時五十分戴天仇同伴帰宅戴ハ仝七時廿分退出ス

午後三時三十分陳秋文、仝六時廿分秋田瑞、仝六時三十分陳家鼐來訪セシモ孫外出不在ナリシヲ以テ何レモ即時退出ス

午後七時十分陳秋文、陳揚鏕両名來訪會談シ仝七時五十分退出ス

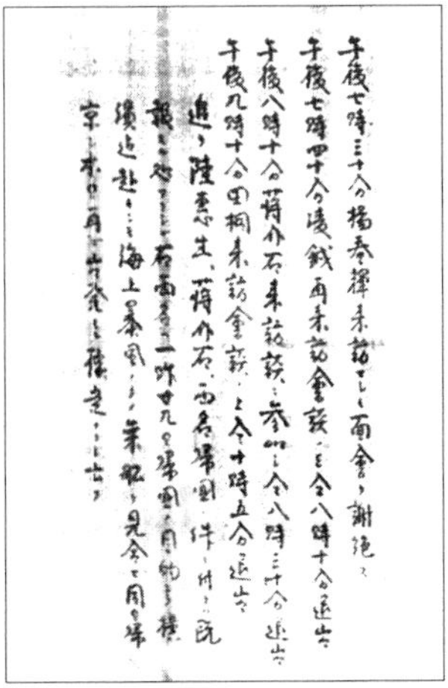

午後七時三十分楊泰祥來訪セシモ面會ヲ謝絶ス

午後七時四十分凌鉞再來訪會談シ仝八時十分退出ス

午後八時十分蔣介石來訪談ニ參加シ仝八時三十分退出ス

午後九時十分田桐來訪會談シ仝十時五分退出ス

進ノ陸惠生、蔣介石両名帰國ノ件ニ付テハ既報ノ如クナルモ右両名ハ一昨廿九日帰國ノ目的ヲ以テ横濱ヨリ乗船セシニ海上暴風ニテ乗船ヲ見合セ同日帰京シ本日再ビ出発ノ筈ナリト云フ

22. 孫文的動向（1915.03.07）

乙秘第四九一號　三月七日

孫文的動向

昨六日午前九時四十分居正來訪，會談至午後十二時五十分離去。

午前十時五分胡漢民來訪，參與會談，至午後十二時四十分離去。

午前十時十五分許崇智、蔡中和兩人來訪，許於十一時五十分，蔡於午後十二時四十五分離去。

午前十時二十五分葉夏聲來訪，參與會談至午後十二時四十分離去。

午前十時二十七分金佐治來訪，參與會談至午後一時五十五分離去。

午前十時三十分王靜一來訪，參與會談，午後十二時四十五分離去。

午前十一時十分林德軒來訪，參與會談，午後十二時五十分離去。

午前十一時十五分陳其美來訪，加入談話至午後四時三十五分離去。

午前十一時四十五分田桐來訪，參與會談，午後十二時五十分離去。

午前十一時五十分丁仁傑來訪，參與會談，午後十二時四十五分離去。

午後一時五十五分何天炯來訪，參與談話，午後三時三十分離去。

午後三時萱野長知來訪，參與會談至三時三十分離去。

午後三時十分王統一、蔣介石來訪，王於三時五十五分，蔣於四時三十五分離去。

午後三時二十五分韋玉來訪，加入談話至六時二十分離去。

午後三時三十分丁仁傑來訪，參與會談至三時五十五分離去。

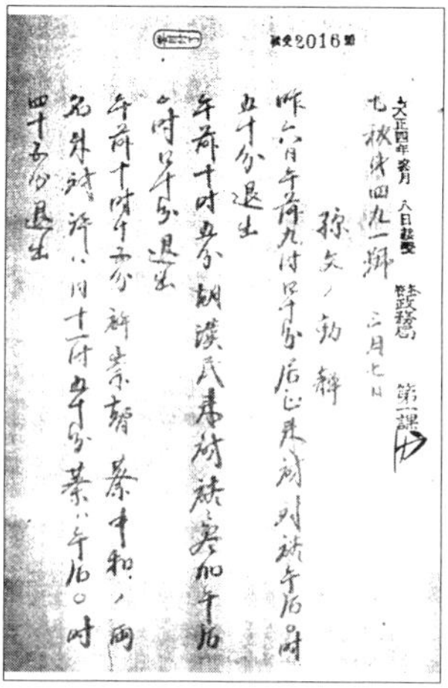

2016
大正四年三月八日接受
乙秘第四九一號　三月七日
孫文ノ動靜
昨六日午前九時四十分居正來訪同談午後0時五十分退出
午前十時五分胡漢民來訪談話ニ参加午後0時四十分退出
午前十時十五分許崇智蔡李和ノ両名來訪許ハ同十一時五十分蔡ハ午後0時四十五分退出

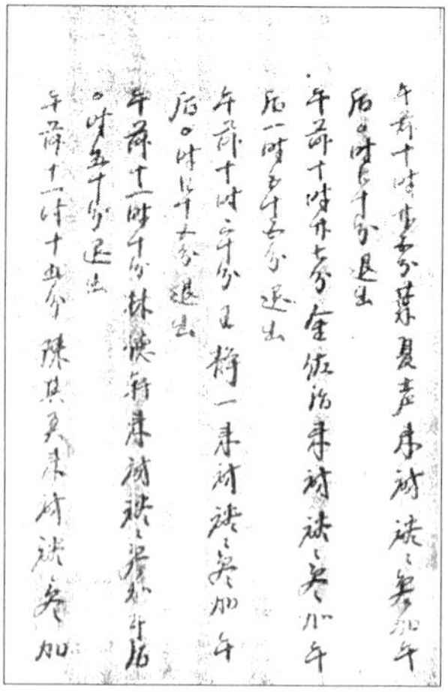

午前十時五分葉夏聲來訪談話ニ参加午後0時五十分退出
午前十時卅五分金佐治來訪談話ニ参加午後一時五十五分退出
午前十時三十分王統一來訪談話ニ参加午後0時四十五分退出
午前十一時十分林德軒來訪談話ニ参加午後0時五十分退出
午前十一時十五分陳其美來訪談話ニ参加

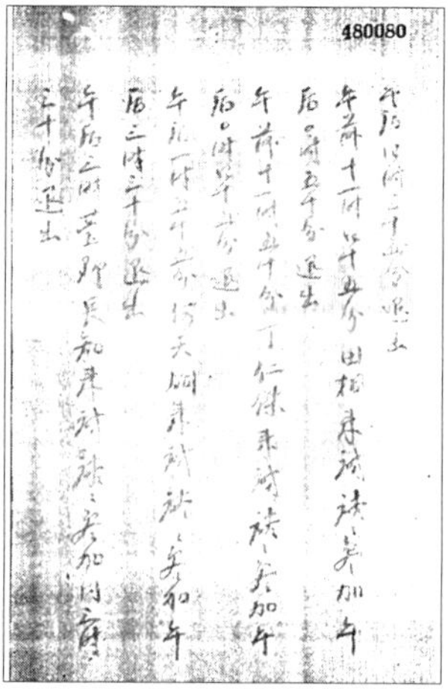

480080
午後0時二十五分退出
午前十一時四十五分田桐來訪談話ニ参加午後0時五十分退出
午前十一時五十分丁仁傑來訪談話ニ参加午後0時四十五分退出
午後一時三十分戴天仇來訪談話ニ参加午後二時三十分退出
午後二時萱野長知來訪談話ニ参加同[illegible]二十分退出

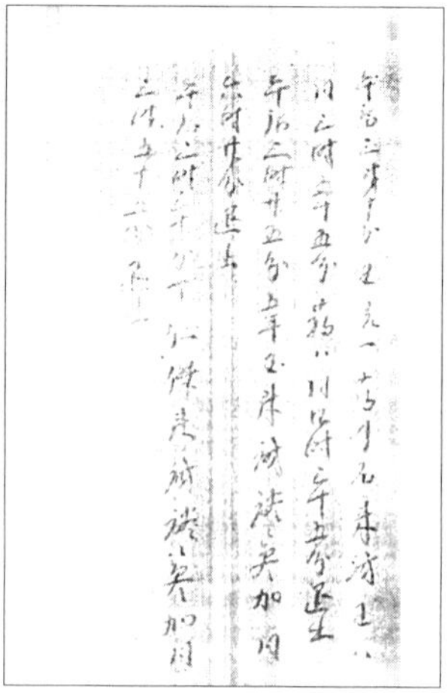

午後二時十分王統一[illegible]來訪[illegible]
同二時二十五分蔣ハ同時二十五分退出
午後二時廿五分[illegible]來訪談話ニ参加同[illegible]時廿分退出
午後二時二十分丁仁傑來訪談話ニ参加同二時五十[illegible]

23. 孫文的動向（1915.04.22）

乙秘第七四一號　四月二十二日

昨日午前八時宋嘉樹來訪，會談至八時二十分離去。

午前九時四十五分，戴天仇來訪，會談至午後十二時離去。

〔原件不清未譯〕

午前九時五十分，宋嘉樹、宋愛林兩人來訪，參與會談。午後四時四十五分離開。

〔原件不清未譯〕

午前十一時三十分，金佐治來訪，會談至十一時四十分離去。

午前十一時五十五分，金佐治再次來訪，十二時十五分離去。

午後一時五十分，金佐治來訪，一時五十五分離去。

午後二時十五分，戴天仇再次來訪，會談至二時三十分離去。

午後四時，蔣介石來訪，會談至四時十五分離去。

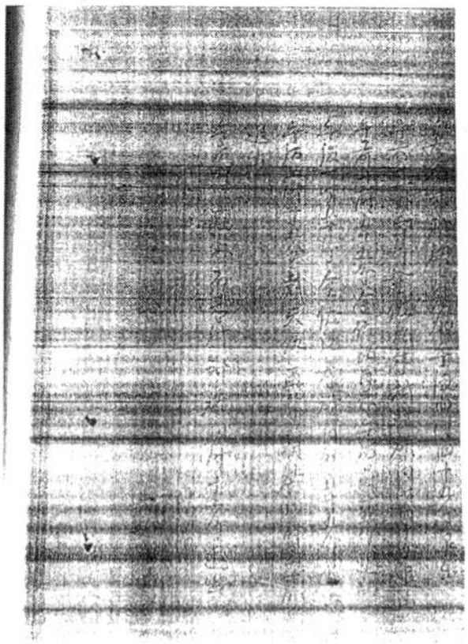

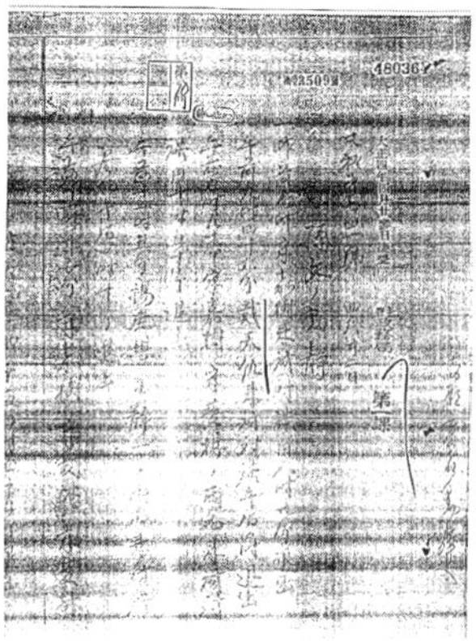

24. 孫文的動向（1915.04.29）

乙秘第七八五號　四月二十九日

孫文的動向

一、昨二十八日午前十時五十二分蔡中和來訪，於午後十二時二十分離去。

午前十一時三十分王統一來訪，參與會談至午後十二時四十分離去。

午前十一時五十三分王靜一來訪，參與會談至午後一時五分離去。

午後八時二十分蔣介石來訪，於八時五十分離去。

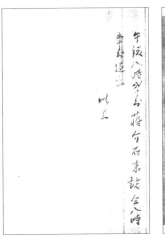

以上。

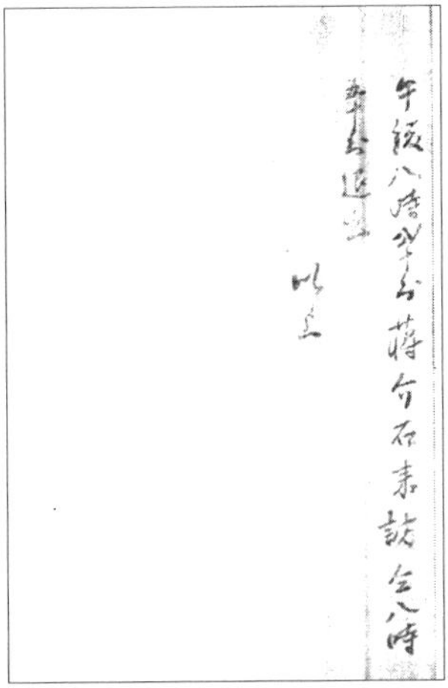

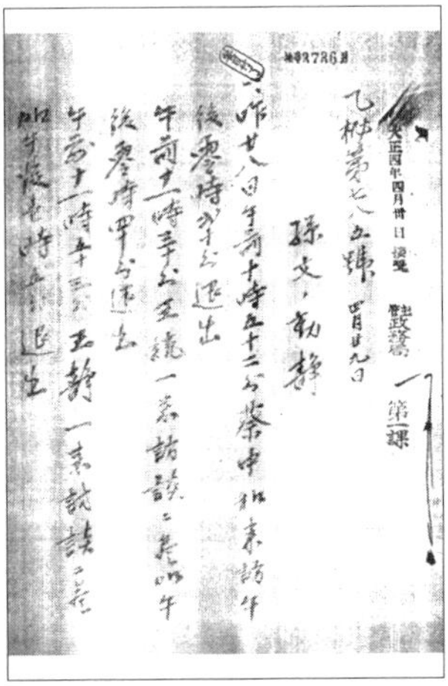

25. 孫文的動向（1915.05.08）

乙秘第八八六號　七〔五〕月八日

孫文的動向

一、昨七日午前八時四十分劉佐成來訪，孫謝絕會面。

二、午前九時葛龐來訪，孫謝絕會面。

三、午前九時二十五分葛龐再次來訪，和孫會談至九時四十五分離去。

四、午前九時三十分蔡中和來訪，參與會談至十一時十五分離去。

五、午前九時五十五分鐘昆、劉兆銘、朱鏡清、丁造、劉雍、李郭、徐劍秋、莊懷恭等八人來訪，參與會談至十一時五分離去。

六、午前十時安健來訪，參與會談至十時十分離去。

七、午前十時十五分居正來訪，參與會談至十一時二十分離去。

八、午前十時四十五分梅屋庄吉來訪，十一時十分離去。

九、中午十二時三十分金佐治來訪，一時二十分離去。

十、午後一時二十分蔣介石來訪，二時十五分離去。

十一、午後五時十五分田桐來訪，會談至五時五十分離去。

十二、午後七時十五分王靜一來訪，七時二十分離去。

十三、午後七時三十分孫乘人力車到神田區北神保町中華基督教青年會館，探訪宋嘉樹。宋不在遂即刻返回，於九時回寓。

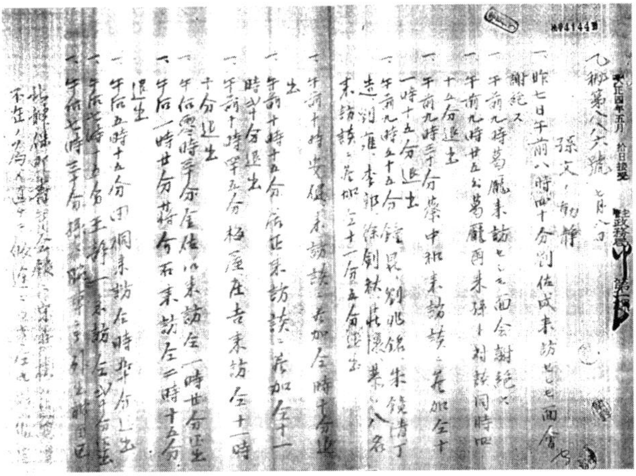
大正四年五月 拾日接受
政務局 第一課
乙秘第八八六號 七月八日
孫文ノ動靜
一 昨七日午前八時四十分劉佐成來訪セシモ面會謝絶ス
一 午前九時葛麗來訪セシモ面會謝絶ス
一 午前九時廿五分葛麗再來拜十村談同時四十五分退去
一 午前九時三十分蔡中和來訪談話ニ參加仝十一時十五分退出
一 午前九時五十五分鐘晁、劉兆銘、朱鏡清、丁達、劉雍、李郁、孫劍秋、莊懷業ノ八名來訪談話ニ參加仝十一時五分退出
一 午前十時安健來訪談話ニ參加仝時十分退出
一 午前十時十五分居正來訪談話ニ參加仝十一時三十分退出
一 午前十時四十五分梅屋庄吉來訪仝十一時十分退出
一 午后零時三十分屋住ハ來訪仝一時廿分退出
一 午后一時廿分蔣介石來訪仝二時十五分退出
一 午后五時十五分田桐來訪仝時四十分退出
一 午后六時十五分王靜一來訪仝三十分退出
一 午后七時三十分[illegible]
[illegible]
不在ノ為メ退去[illegible]

26. 孫文的動向（1915.05.13）

乙秘第九五三號　五月十三日

孫文的動向

一、昨十二日午前九時二十分金佐治來訪，於十時五分離去。

午前九時二十五分劉德澤、劉玉山兩人來訪，參與會談至十時二十分離去。

午前九時三十分田桐、居正兩人來訪，參與面談，居於十一時四十分、田於十二時三十分相繼離去。

午前十時八分王靜一來訪，參與會談至十一時離去。

午前十時二十分蔡中和、王華國兩人來訪，參與會談至十一時四十分離去。

午前十時二十五分鄧鏗來訪，參與會談至午後十二時十五分離去。

午前十時四十分楊庶堪來訪，參與會談至午後一時五十分離去。

午前十一時三十分周知禮來訪，參與會談至午後十二時二十五分離去。

午前十一時五十分徐忍如、徐蘇中兩人來訪，參與會談至午後十二時三十分離去。

午後二時四十分孫步行至麻布區市兵衛町二丁目十二號的民國社，和在那裡的黃實、劉大同、蕭萱、居正、鄧鏗、楊庶堪、王靜一、蔡中和、金佐治、蔣介石、宋滌塵等面談。五時十五分告辭，

〔以下原件缺〕

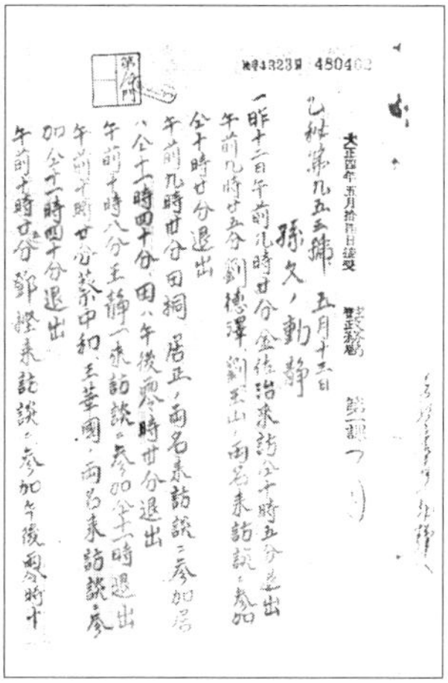
大正四年五月拾四日接受

乙秘第九五五號

孫文ノ動靜

五月十五日

一昨十三日午前九時廿分金佐治來訪仝十時五分退出
午前九時廿五分劉德澤、劉玉山ノ両名來訪談ニ參加
仝十時廿分退出
午前九時卅分田桐、居正ノ両名來訪談ニ參加居
ハ仝十一時四十分、田ハ午後零時廿分退出
午前十時八分王靜一來訪談ニ參加仝十一時退出
午前十時廿分蔡中和、王華國ノ両名來訪談ニ參
加仝十一時四十分退出
午前十時廿分鄧鏗來訪談ニ參加午後零時十

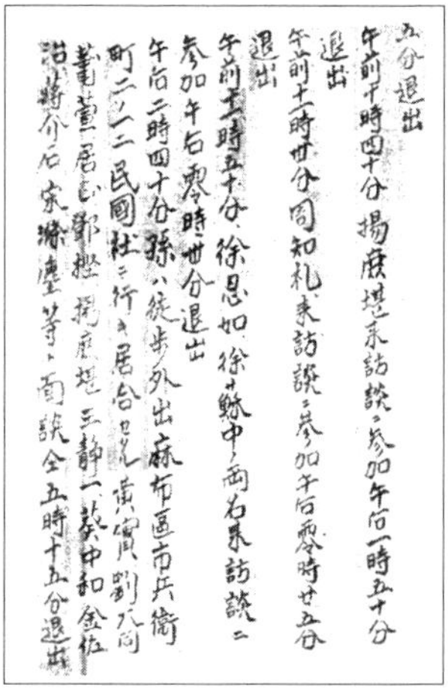
五分退出
午前十一時四十分楊庶堪來訪談ニ參加午后一時五十分
退出
午前十一時廿分周知札、來訪談ニ參加午后零時廿五分
退出
午前十一時五十分、徐忠如、徐ト蘇中ノ両名來訪談ニ
參加午后零時卅分退出
午后二時四十分孫ハ徒歩外出麻布區市兵衛
町二ノ二民國社ニ行キ居合セタル黃實、劉大同
萱[illegible]、居正、鄧鏗、楊庶堪、王靜一、蔡中和、金佐
治、蔣介石、宋嘉樹等ト面談仝五時十五分退出

27. 孫文的動向（1915.05.20）

乙秘第一〇五三號　五月二十日

孫文的動向

一、昨十九日午前九時十分，蕭萱來訪，九時十五分離去。

午前九時三十五分，胡漢民來訪，午後二時二十五分離去。

午前十時五十分，萱野長知來訪，午後十二時十分離去。

午前十時五十三分，楊庶堪來訪，午後一時三十分離去。

午前十時五十五分，王靜一、陳中孚二人來訪，十二時十五分離去。

午前十一時十分，金佐治來訪，午後一時三十分離去。

午前十一時三十分，居正來訪，午後十二時三十五分離去。

午後一時十五分，徐蘇中來訪，一時二十五分離去。

午後二時三十分，韋玉來訪，三時五分離去。

午後二時四十五分，陳中孚再次來訪，四時二十分離去。

午後二時四十七分，金佐治再次來訪，三時五分離去。

午後三時許，收到不知來源何處的電報匯款。

午後四時，金佐治三度來訪，四時二十分離去。

午後四時四十五分，蕭萱再次來訪，五時二十分離去。

午後五時三十分，蔣介石來訪，五時五十五分離去。

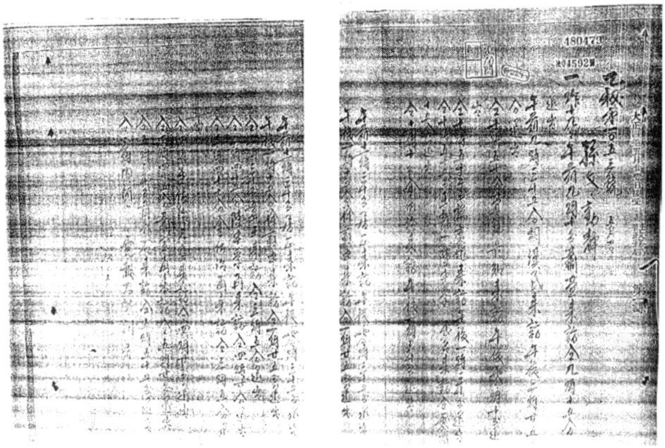

28. 孫文的動向（1915.06.14）

乙秘第一三二六號　六月十四日

孫文的動向

一、昨十三日午前八時三十五分孫文派人到麻布區市兵衛町民國社，請陳中孚速來。

午前九時二十五分林德軒、王占鰲、張少元三人來訪，於十時四十分離去。

午前九時三十分王靜一來訪，於十時四十分離去。

午前九時四十分陳中孚來訪，於九時四十五分離去。

午前十時五十分蔣介石、小室敬二郎兩人來訪，於十一時十分離去。

午後一時韋玉來訪，於一時五十五分離去。

午後一時三十五分居正來訪，於三時五十分離去。

午後十時三十分橫濱山下町華僑學校的陳樹人寄來一包裹。

以上。

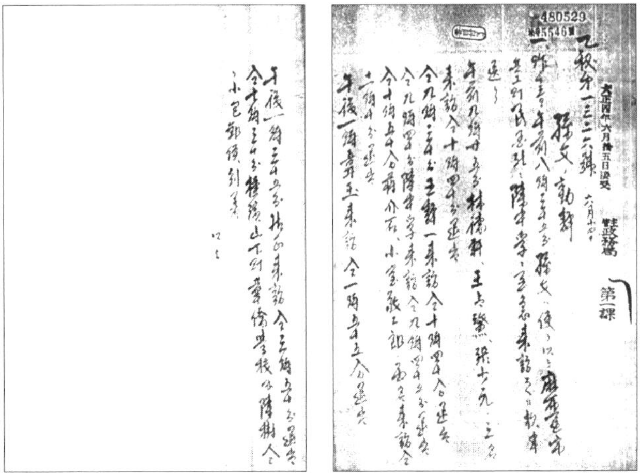

29. 孫文的動向（1915.07.05）

乙秘第一四四六號　七月五日

孫文的動向

一、昨四日午前九時二十分給在上海的某人發一電報。

午前九時五十分蔣介石來訪，於十時三十分離去。

午前十時十分王靜一來訪，於十一時離去。

午前十一時三十分金佐治來訪，於午後六時離去。

午前十一時四十分發一電報到國外，不知到何處。

午後一時梅屋庄吉來電，商談某事。

午後一時二十五分發一電報到國外，不知到何處。

午後一時三十分，孫乘車外出訪大久保百人町梅屋庄吉家，與梅屋夫婦以及先他而來訪的印度人 ARUSHIN 等人議事。爾後又參觀「月岡一座」戲劇的拍攝，並接受晚餐的招待。晚上七時四十分離去，八時回寓。

午後三時五分自國外來一電報。

午後三時十分戴天仇來訪，與金佐治會談至三時五十分時，代議士菊地良一來訪，參與會談，四時三十分時兩人才一同離去。

午後八時居正、曾尚武、熊秉坤三人來訪，於九時離去。

以上。

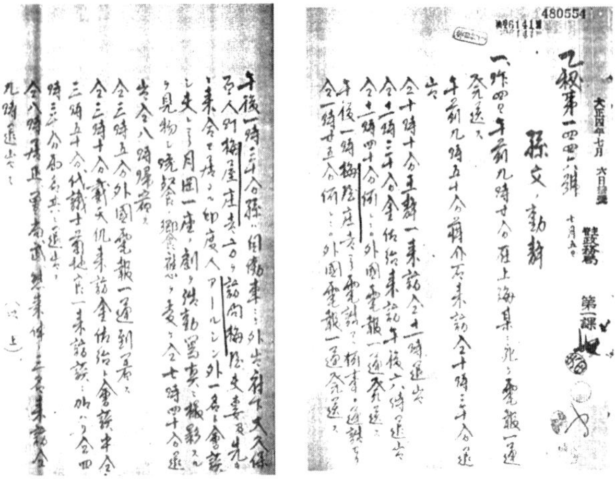
480554
大正四年七月 六日接受
乙秘第一四四八號 七月五日
第一課

孫文ノ動静

一、昨四日午前九時廿分在上海某ニ宛テ電報一通發送ス
午前九時五十分蔣介石来訪、仝十時三十分ノ退出ス
仝十時十分王静一来訪、仝十一時退出ス
仝十一時三十分金佐治来訪、午後六時ノ退出ス
仝十二時四十分彼ヨリ外国電報一通發送ス
午後一時梅屋庄吉ヨリ電話ニテ[illegible]通話アリ
仝一時廿五分彼ヨリ外国電報一通發送ス
午後一時三十分孫ハ自働車ニテ外出、府下大久保百人町梅屋庄吉方ヲ訪問、梅屋夫妻及先キニ来合セ居リシ印度人アールレン外一名ト會談シ、夫ヨリ月園一座ノ劇ヲ洪勤写真ニ撮影スルヲ見物シ、晩餐ノ饗應ヲ受ケ、仝七時四十分退出、仝八時帰宅ス
仝三時五分外国電報一通到着ス
仝三時十分戴天仇来訪、金佐治ト會談中、仝三時五十分代議士[illegible]一来訪談ニ加ハリ、仝四時三十分両名共ニ退出ス
仝八時[illegible]来訪、仝九時退出セリ
（以上）

30. 孫文的動向（1915.07.23）

乙秘第一五三五號　七月二十三日

孫文的動向

一、昨二十二日午前八時五十分本鄉區菊坂町九四號春陽館的陳某（疑為陳家鼎）寄來一封信。

午前十一時十分蔣介石來訪，於十一時四十分離去。

午前十一時二十分劉佐成、林相寺兩人來訪，約五分鐘後離去。

午前十一時十七分王靜一來訪，午後十二時十分離去。

午後十二時八分金佐治來訪，於四時十分離去。

午後一時五分戴天仇來訪，於三時離去。

午後三時四十分居正來訪，於五時五分離去。

午後五時十五分孫乘車外出訪大九保百人町梅屋庄吉，於八時五十分離去，九時十分回寓。

追記

孫文明日二十四日與胡漢民、戴天仇兩人一起到箱根，預計停留約一星期左右。

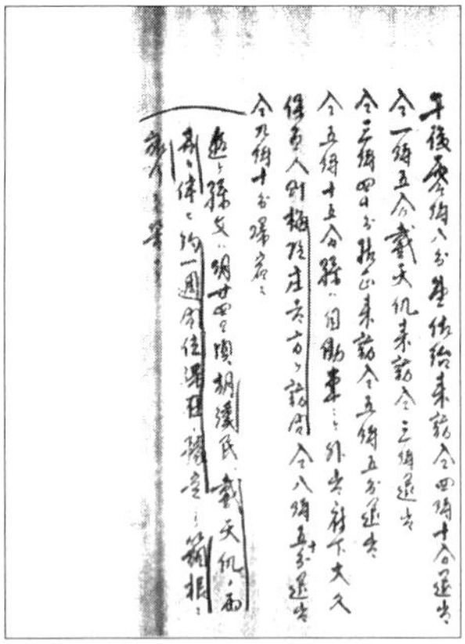

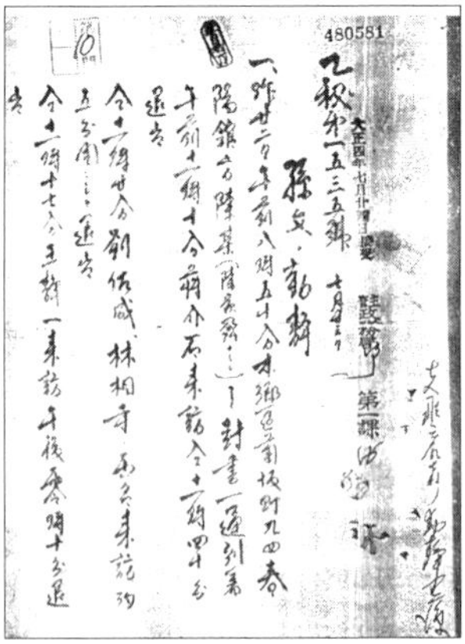

31. 孫文的動向（1915.08.11）

乙秘第一六三九號　八月十一日

孫文的動向

一、昨十日正午十二時金佐治來訪，午後二時奉孫之命，乘人力車到三菱銀行。於二時五十分回來覆命，三時再度乘人力車到某處去。

午後一時五分自國外來一電報。

午後五時十五分蔣介石來訪，於五時三十分離去。

午後六時十分發一電報給舊金山某人。

午後七時五十分王靜一來訪，於八時五十五分離去。

以上。

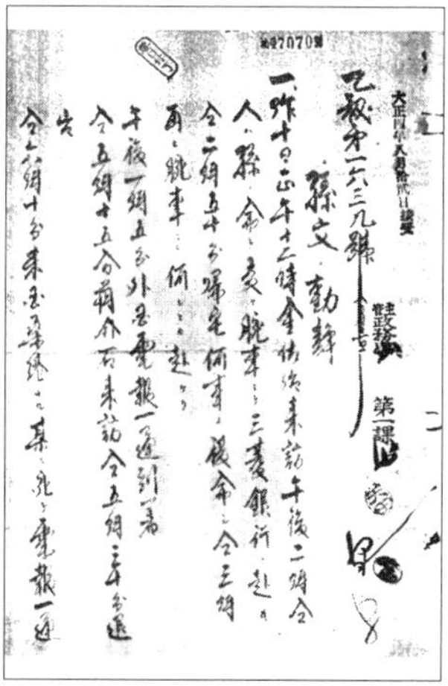

大正四年八月十一日接受

乙秘第一六三九號

孫文ノ動静

一、昨十日正午十二時金佐治来訪午後二時同人ハ孫ノ命ヲ受ケ腕車ニテ三菱銀行ニ赴キ同二時五十分帰宅何事カ復命シ同三時再ヒ腕車ニテ何レヘカ赴ケリ

午後一時五分外国電報一通到着

同五時十五分蒋介石来訪同五時三十分退去

同六時十分米国桑港在ル某ニ宛テ電報一通

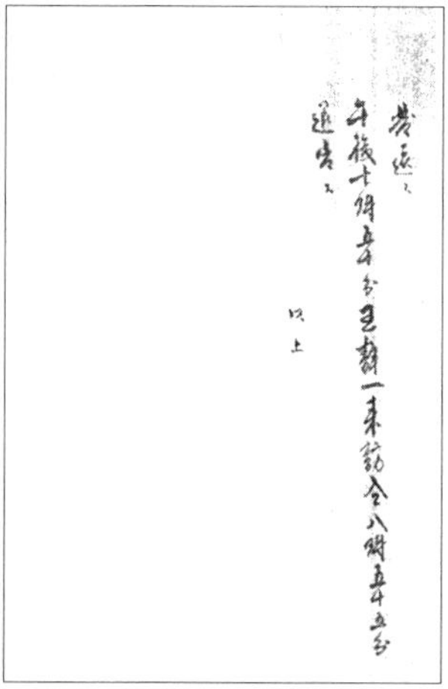

発送ス

午後七時五十分王静一来訪同八時五十五分退去ス

以上

32. 孫文的動向（1915.08.17）

乙秘第一六七九號　八月十七日

孫文的動向

一、昨十六日午前九時五十五分錢通來訪，謝絕會面。錢通遞交一封書面，請求會面後，面談至十時五分離去。

午前十時十分胡漢民來訪，會談至午後八時離去。

午前十時十五分自上海某處寄來一封信。

午前十一時十分蘇無涯來訪，參與會談，至十一時四十分離去。

午前十一時二十分王統一來訪，參與會談，至十一時四十五分離去。

午前十一時四十分陳慶雲來訪，參與會談，至十一時五十五分離去。

午前十一時寄一封掛號信到上海。

午後一時五十分居正、田桐來訪，居於五時二十分，田於八時三十分相繼離去。

午後二時四十分金佐治來訪，參與會談，至三時離去。

午後三時二十分孫偕居正乘人力車至赤坂區冰川町及檜町看租屋，於四時三十分返回。

午後四時三十五分自國外來一電報。

午後四時四十分議員古島一雄來訪，會談至四時五十五分離去。

午後四時五十分蔣介石來訪，參與會談，至五時十分離去。

午後七時二十分王靜一來訪，參與會談，至八時三十分離去。

午後十時向上海發電報。

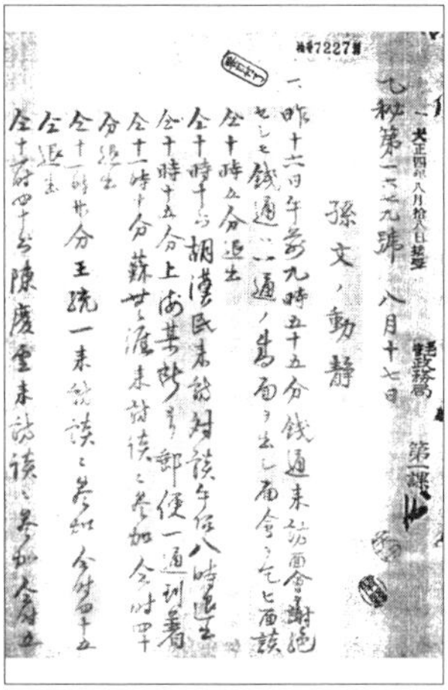

乙秘第一二七九號 八月十七日

大正四年八月拾八日接受 政務局 第一課

孫文ノ動靜

一、昨十六日午前九時五十五分錢通來訪面會謝絶セシモ錢通ハ二通ノ書面ヲ出シ面會ヲ乞ヒ面談

仝十時五分退去

仝十時十分胡漢民來訪對談午後八時退去

仝十時十五分上海某ヨリ郵便一通到着

仝十一時十分蘇世[illegible]來訪談ニ參加仝時四十分退去

仝十一時卅分王統一來訪談ニ參加仝時四十五分退去

仝十一時四十分陳慶雲來訪談ニ參加仝[illegible]

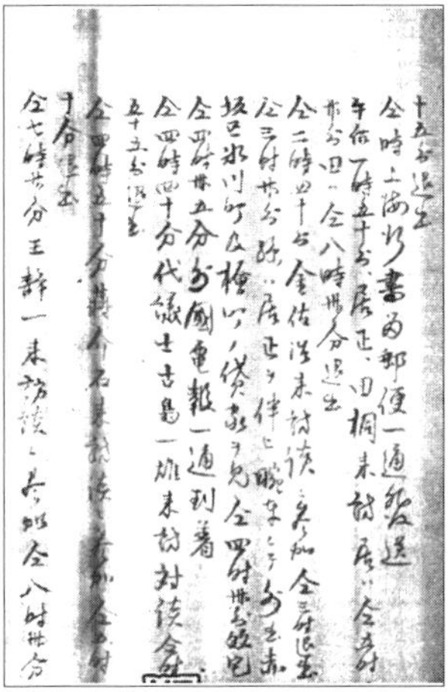

十五分退去

仝時上海ノ[illegible]書面郵便一通發送

午前十一時五十分居正、田桐來訪居ル 仝[illegible]卅分田ハ仝八時卅分退去

仝二時四十分金佐治來訪談ニ參加仝三時退去

仝三時廿分許[illegible]居正ヲ伴ヒ[illegible]

[illegible]

仝四時卅五分[illegible]電報一通到着

仝四時四十分代議士吉島一雄來訪對談仝[illegible]五十五分退去

仝四時五十分[illegible]來訪談ニ參加仝[illegible]十分退去

仝七時廿分王靜一來訪談ニ參加仝八時卅分

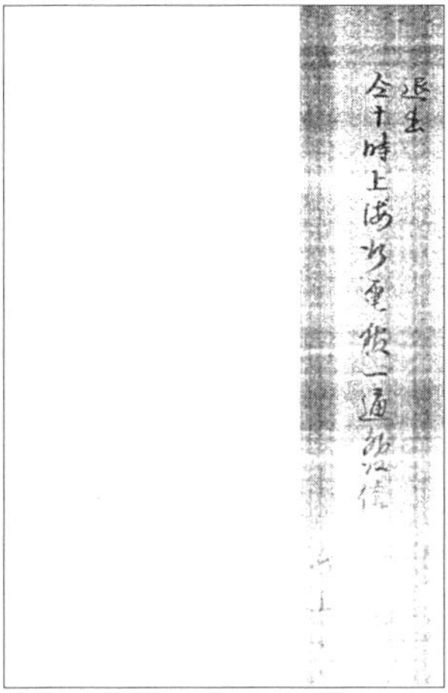

退去

仝十時上海ニ向ケ電報一通發送[illegible]

33. 孫文的動向（1915.08.28）

乙秘第一七四三號　八月二十八日

孫文的動向

昨二十七日午前九時三十分陳慶雲來訪，十時二十分離去。

午後一時四十五分蔣介石來訪，二時十分離去。

午後二時三十分孫乘人力車去即將遷居的千駄谷町字原宿一百零八號，並要在那裡會合的郭雲樓購置數件家具，並指點安裝瓦斯燈的方法，四時四十分回寓。

午後四時三十分再乘人力車到麻布區市兵衛町民國社，和在那裡的數人面談，五時三十分回寓。

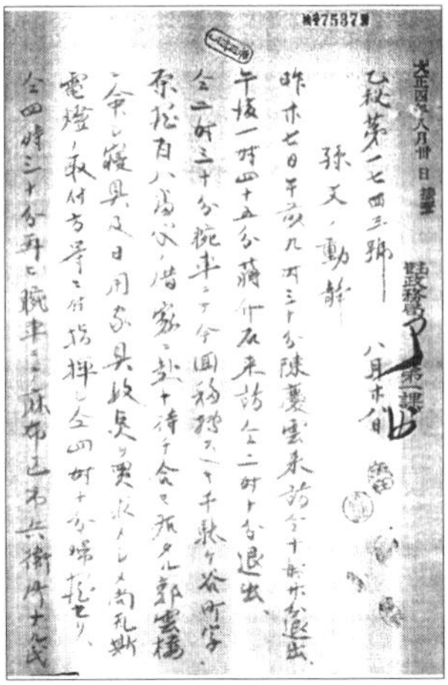

34. 有關中國革命黨員之事（1915.09.05）

乙秘第一七八六號　九月五日

有關中國革命黨員之事

在中國上海方面的中國革命黨員陳其美與紐永健〔鈕永建，下同〕昨四日突然在東京出現，陳是投宿在孫文家，鈕住在居正家。今日午後一時三十分鈕卻自稱姓黃，與居正一同拜訪孫文，和孫文、陳其美、楊庶堪、胡漢民、黃復生、金佐治、蔣介石、鄧鏗、田桐、宮崎寅藏、朱超等人一起會談。

480657
7710
政務局　第一課
大正四年九月六日接受
乙秘第一七八六號　九月五日
支那革命党員ニ関スル件
支那上海方面ニ在リシ支那革命党員陳其美及ヒ紐永建ハ昨四日突然東京ニ現ハレ陳ハ孫文宅ニ一泊シ紐ハ居正方ニ泊リタリ而シテ本日午後一時三十分紐ハ黄ト自稱シ居正ト共ニ孫文ヲ訪ヒ居合ハセタル陳其美、楊庶堪、胡漢民、黄復生、金佐治、蒋介石、鄧鏗、田桐、宮崎寅藏、朱超等ト會談セリ

35. 孫文的動向（1915.09.06）

乙秘第一七九〇號　九月六日

孫文的動向

九月五日

本月五日夜零時十五分陳其美來訪並留宿一晚，同日午後七時三十分離去。

午前十時五十分蔣介石來訪，午後三時十五分離去。

午前十一時十分鄧鏗來訪，午後三時十五分離去。

正午十二時金佐治來訪，午後七時三十分離去。

午後二時譚平來訪，二時十五分離去。

午後二時二十分居正、鈕永健來訪，午後七時三十分離去。

午後二時二十分宮崎寅藏來訪，二時四十五分離去。

午後四時三十分王靜一來訪，午後七時三十分離去。

午後四時四十分陳中孚來訪，六時五分離去。

朱超還借宿在孫文家。

附記

孫文遷居原宿以來，同志們的行動不像平素那麼平靜，正在秘密而敏捷的東奔西走，似在策劃著什麼事。而且近來萱野長知、宮崎寅藏、和田瑞等這些早和革命黨有關的日本人，與孫書信往來頻繁，時常應約前來。昨日來訪者多屬黨內負責人，特別是譚平和孫在別室密談約十五鐘。其他來訪者均參加會議，似在商量某事。

另外據陳中孚說，陳其美至東京不是偶然的，似有計畫。

以上。

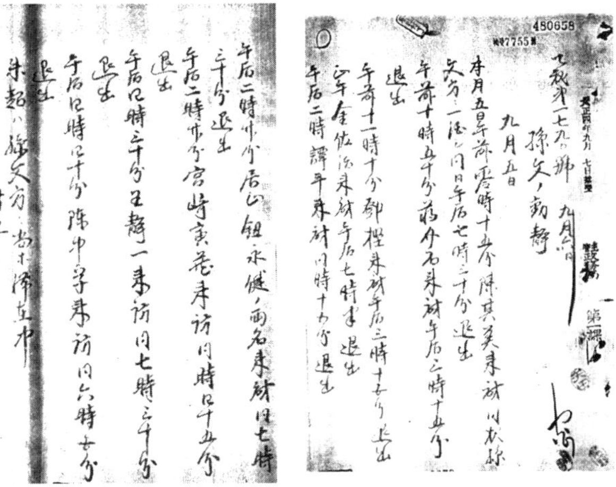

480658

乙秘第一七九〇號 九月六日

孫文ノ動靜

九月五日

本月五日午前零時十五分陳其美來訪同夜孫文方ニ一泊シ同日午後七時二十分退出

午前十時五十分蔣介石來訪午後二時十五分退出

午前十一時十分鄧?來訪午後三時十五分退出

正午金佐治來訪午後七時半退出

午後二時譚平來訪同時十四分退出

午後二時廿分居正鈕永健ノ兩名來訪同七時三十分退出

午後二時卅分宮崎寅藏來訪同時四十五分退出

午後四時三十分王靜一來訪同七時三十分退出

午後四時四十分陳中孚來訪同六時廿分退出

朱超ハ孫文方ニ寄宿滯在中

附記

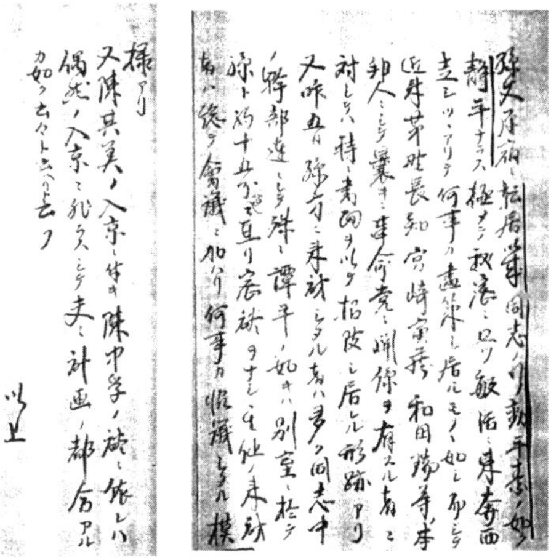

孫文ノ府ニ転居後同志ノ動静ノ如キ靜平ナラス極メテ秘密ニ又ツ敏活ニ專ラ奔西走シツヽアリテ何事カ畫策シ居ルモノヽ如シ即チ近来萱野長知宮崎寅藏和田瑞等ノ本邦人ニシテ最モ革命党ニ關係ヲ有スル者ニ対シテハ特ニ書面ヲ以テ招致シ居ル形跡アリ又昨五日孫方ニ来訪シタル者ハ多クノ同志中ノ將部連ニシテ殊ニ譚平ノ如キハ別室ニ於テ孫ト約十五分ニ亘リ密談ヲナシ其他ノ来訪者ハ後ヲ會議ニ加ハリ何事カ協議シタル模様アリ

又陳其美ノ入京ニ付キ陳中孚ノ談ニ依レハ偶然ノ入京ニ非スシテ夫ニ計画ノ都合アルカ如クナルトモ云ヘリ

以上

36. 孫文的動向（1915.09.24）

乙秘第一八八一號　九月二十四日

孫文的動向

一、昨二十三日午前七時孫偕妻盧夫人，女侍和朱超乘車至東京車站。朱超陪盧夫人和女侍（阿春順）乘七時三十分車赴橫濱，孫七時五十分返寓。

午前七時十分陳其美外出至青山郵局，給戴天仇、胡漢民、金佐治三人發電報，請他們午前十時來孫寓，八時三十分返回孫寓。

午前八時五十五分徐蘇中來訪，九時四十分離去。

午前九時二十分楊庶堪來訪，午後一時十分離去。

午前九時三十分田桐來訪，午後一時二十五分離去。

午前九時五十五分王統一來訪，午後二時二十五分離去。

午前十時胡漢民、許崇智、宋振三人來訪，宋於十時二十分，胡、許於午後二時二十分離去。

午前十時四十分戴天仇來訪，午後三時四十分離去。

午前十一時居正、安健來訪，安於午後一時十分，居於二時十分相繼離去。

午前十一時四十分王靜一來訪，午後一時十分離去。

午後一時三十分宋振三人來訪，二時二十分離去。

午後二時二十分陳其美來訪，未回。

午後二時二十五分蔣介石來訪，三時四十分離去。

午後三時五分朱超回孫寓。

午後三時四十分朱超外出，午後五時二十分回孫寓。

午後四時廓雲樓〔郭雲樓，下同〕來訪，午後四時二十五分離去。

午後七時朱超外出，午後十一時回孫寓。

追記

本月十九日午後三時，曾召集黨內幹部商議事情。然後，參與會議的幹部又把自己的部下分別叫來，研究今後應採取的分針，並且將此決議會報給孫。孫以多數人的意向為基礎，再三同幹部商議，終於確定方針。二十二日以陳其美的名義發出書信，二十三日，又致電胡漢民、戴天仇等人，通知他們今天午前十時以前來孫處聚會。來的有胡漢民、田桐、居正、楊庶堪、許崇智、安健、徐蘇中、戴天仇、宋振、王統一、王靜一。大家會集在孫的內室，首先由孫和陳向眾人解釋，復次，孫又單獨說明了一小時左右，後眾人發表自己的意見，並從午後二時二十分至三時三十分之間，先後離去趕到青山七丁目民國社，接著午後四時（二十三日）民國社的事務員廓雲樓乘人力車來訪。據偵查郭帶來了之前說的二十份委任狀（也叫命令書），請求中華民國革命黨總理孫文在委任狀上簽字。孫逐一查閱文字和姓名，然後簽字交給廓雲樓。郭於四時二十五分離去，回到民國社。藉此這幾日所商議的事項，以及部下任命等事宜皆得以確定，爾後就是委任狀發放。委任狀具體數目尚不清楚，可能一部分發給了前來聚會的一些人，其餘也許還要帶回中國國內發放。總之，委任狀已在民國社發給一些人，廓雲樓正為此而奔忙，對此今後還需嚴密進行秘密偵查。

以上。

大正四年九月廿五日接受

8262

乙秘第一八八一號

孫文ノ動静　九月廿四日

一 昨廿三日午前七時孫ハ妻盧及下婢一名並ニ朱超ヲ伴ヒ自働車ニテ外出東京驛ヨリ仝七時三十分仝驛發汽車ニテ盧及下婢（阿東嗄）朱超横濱迄附添ヒトシテ出發シ孫ハ單獨仝七時五十五分歸宅セリ
仝七時十分陳其美外出青山郵便局ニ至リ戴天仇、胡漢民、金佐治ノ三名ニ宛本日午前十時迄ニ孫方ニ来ルヘシトノ意味ノ電報ヲ發シ仝八時三十分歸宅セリ
仝八時五十五分徐蘇中来訪仝九時四十分退出
仝九時廿分揚庶堪来訪午後一時十分退出

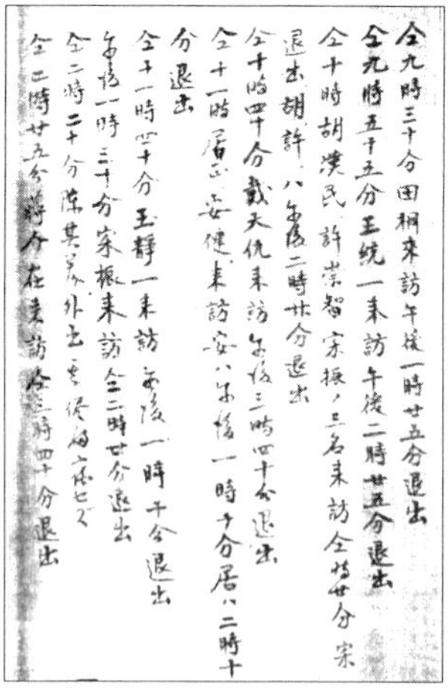

仝九時三十分田桐来訪午後一時廿五分退出
仝九時五十五分王統一来訪午後二時廿五分退出
仝十時胡漢民、許崇智、宋振ノ三名来訪仝時廿分宋退出胡、許ハ午後二時卅分退出
仝十時四十分戴天仇来訪午後三時四十分退出
仝十一時居正、安健来訪安ハ午後一時十分居ハ二時十分退出
仝十一時四十分王静一来訪午後一時十分退出
午後一時三十分宋振来訪仝二時廿分退出
仝二時二十分陳其美外出未タ歸宅セス
仝二時廿五分蔣介石来訪仝三時四十分退出

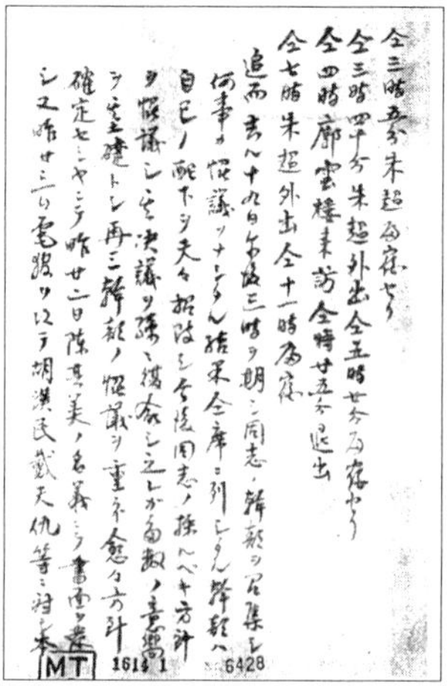

仝三時五分朱超歸宅セリ
仝三時四十分朱超外出仝五時廿分歸宅セリ
仝四時廖雲樓来訪仝時廿五分退出
仝七時朱超外出仝十一時歸宅
追而去ル十九日午後三時ヨリ朝ニ同志ノ幹部ヲ召集シ何事カ協議シナシタル結果會席ニ列シタル幹部ハ自己ノ配下ヲ夫々招致シテ今後同志ノ採ルヘキ方針ヲ協議シテ決議ヲ孫ニ提出シ之レカ當局ノ意嚮ヲ定建トシ再三幹部ノ協議ヲ重ネ愈々方針確定セシヤニテ昨廿二日陳其美ノ名義ニテ書面ヲ發シ又昨廿三日電報ヲ以テ胡漢民戴天仇等ニ對シ本

MT 1614 1 6428

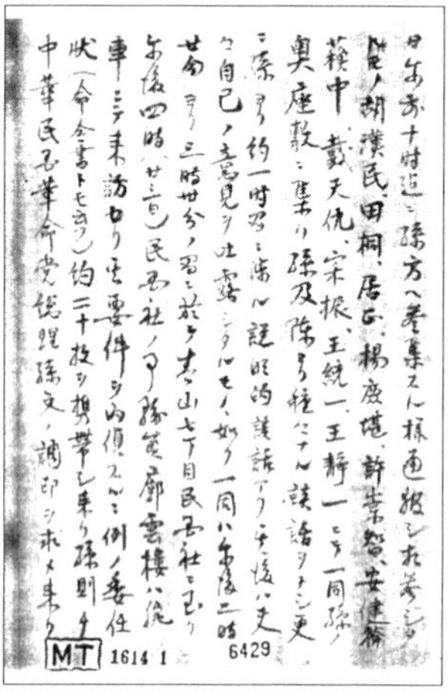

日午前十時迄ニ孫方ヘ参集スヘキ旨通報シ尤参ニ応ジ胡漢民、田桐、居正、楊庶堪、許崇智、安健、蔣中、戴天仇、宋振、王統一、王静一ニテ一同孫ノ奥座敷ニ集リ孫及陳ヨリ種々ナル談話ヲナシ更ニ孫ヨリ約一時間ニ渉ル説明的談話アリテ後ハ夫々自己ノ意見ヲ吐露シタルモノノ如ク一同ハ午後二時廿分ヨリ三時廿分ノ間ニ於テ青山七丁目民国社ニ至リ午後四時（廿三日）民国社ノ門孫宅廖雲樓ハ俥車ニテ来訪セリ其要件ヲ内偵スルニ例ノ委任状（命令書トモ云フ）約二十枚ヲ携帯シ来リ孫則チ中華民国革命党総理孫文ノ調印ヲ求メ来リ

MT 1614 1 6429

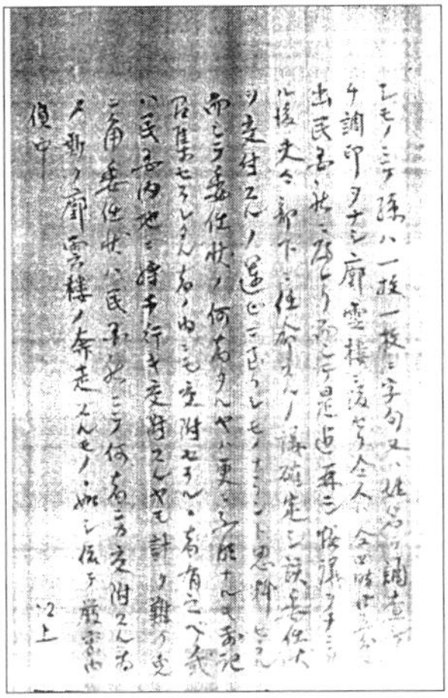

ニモノニテ孫ハ一枝一枝ニ字句又ハ姓名ヲ調査シ
テ調印ヲナシ廓雲樓ニ渡セシ全人ハ今日[illegible]
出民君ニ於テ[illegible]而シテ是迄再三[illegible]
ル陳夫ハ部下ニ任命スルノ確定シ談委任状
ヲ交付スルノ運ビニ至ラシモノナリト思料セラル
而シテ委任状ノ何者タルヤハ更ニ了解ナル[illegible]
召集セラレタル者ノ内ニモ交附セラル、者有之ベク[illegible]
ハ民君内地ニ持チ行キ交付スルヤモ計リ難ク[illegible]
ニ而委任状ハ民君ニ於テ何者ニカ交附スルモ
ノ新ノ廓雲樓ノ奔走スルモノ、如シ依テ[illegible]
候也
以上

37. 孫文的動向（1915.09.27）

乙秘第一八九二號　九月二十七日

孫文的動向

一、昨二十六日五前六時五分不知從何處寄來一封外國郵件。

二、午前六時陳其美外出，午後五時四十分返寓。

三、午前八時三十分不知從何處寄來一封郵件，葵町郵局寄來一封有關通信事宜之信。

四、午前十時十五分仇鰲（法政學校的學生，屬黃派的革命黨員）前來探訪陳其美，因告知陳外出不在，遂要求見孫，孫認為其為袁探，謝絕會面。

五、午前十時五十分發一電報不知到何處。

六、午前十時五十六分居正、覃振兩人來訪，十一時四十分離去。

七、午後十二時五分金佐治來訪，十二時三十分離去。

八、午後二時五分不知從何處來一電報。午後二時十分收到兩封上海來的信。

九、午後二時十二分田桐來訪，三時四十五分離去。

十、午後二時四十五分寄一外國掛號信件不知到何處。

十一、午後三時三十五分和田瑞來訪，四時四十七分離去。

十二、午後四時四十分安健、徐昌候兩人來訪，孫願與安會面，但懷疑徐為袁探，不見。請安明日再來，對兩人謝絕會面。

十三、午後七時五十五分陳其美外出，未回。

十四、午後五時四十分蔣介石來訪，六時離去。

十五、午後六時五分余祥輝來訪，六時二十分離去。

十六、午後六時十五分不知從何處寄來一封國外電報。

以上。

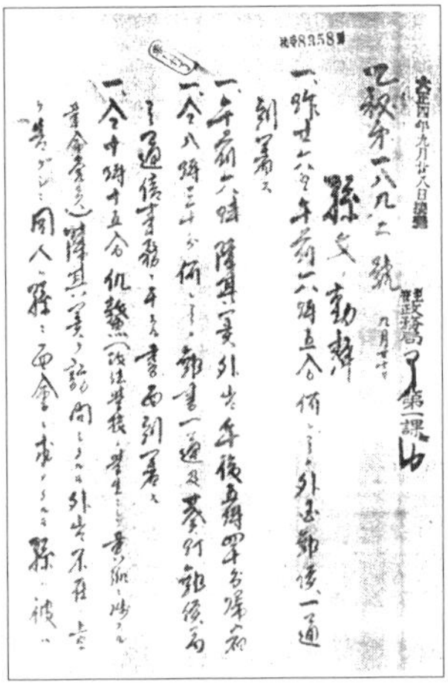

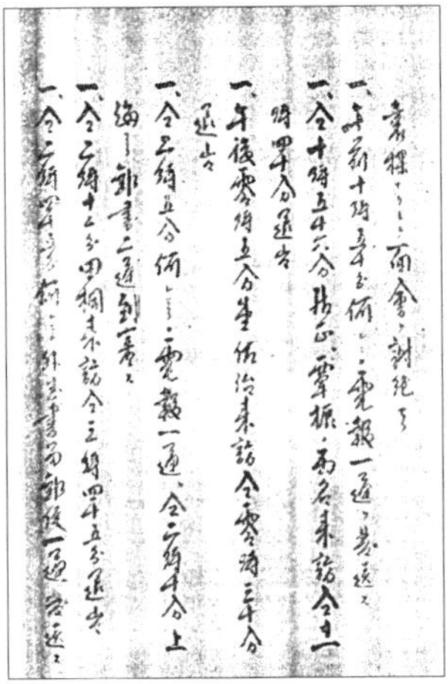

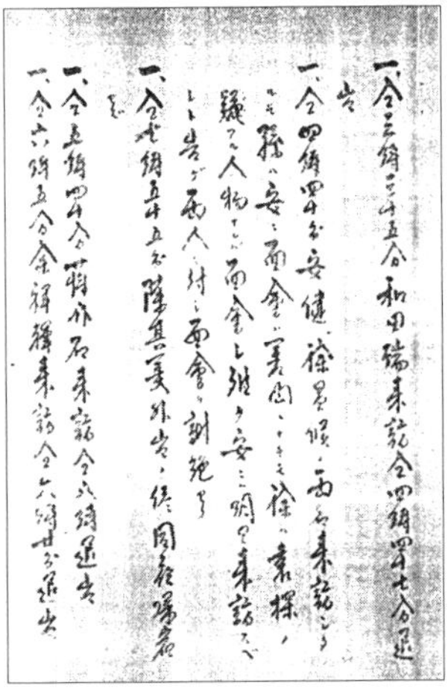

38. 孫文的動向（1915.10.05）

乙秘第一九三八號　十月五日

孫文的動向

一、昨四日午前九時二十分張方井（居橫濱市山下町八十號洋服商）來訪，九時五十分離去。

二、午前九時四十五分劉德澤來訪，九時五十五分離去。

三、午前十時孫偕朱超至青山北町七丁目一號民國社，和在那裡的二十多人議事，午後一時十分告辭回寓。

四、午後一時十分胡漢民、金佐治、鄧鏗、吳伯等四人來訪，金、鄧、吳三人二時三十五分，胡九時十分離去。

五、午後一時十分不知從何處來一國外電報。

六、午後二時五十分許崇智來訪，四時五分離去。

七、午後三時十分萱野長知來訪，四時四十分離去。

八、午後四時十分蔣介石來訪，四時二十五分離去。

九、午後四時三十分居橫濱的周之貞、謝心準來訪，八時十五分離去。

十、午後六時十分金佐治再次來訪，八時十五分離去。

十一、午後八時三十分、九時二十五分不知從何處來三封國外電報。

以上。

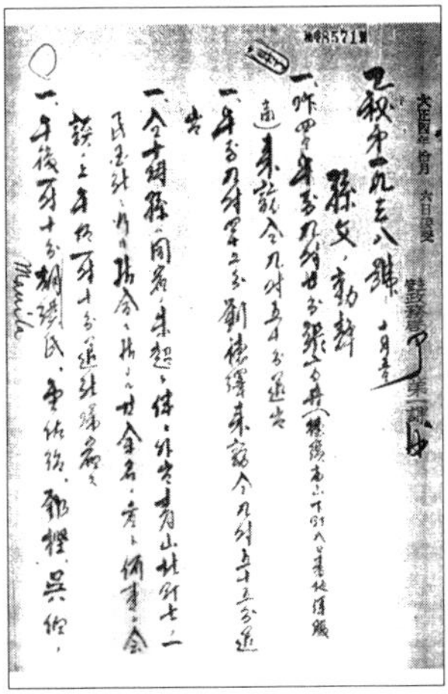

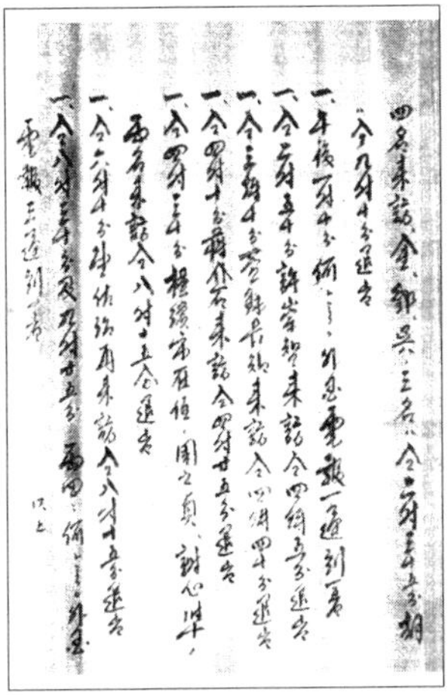

39. 孫文的動向（1915.10.22）

乙秘第二〇五九號　十月二十二日

孫文的動向

一、昨二十一日午前八時十五分自國外來一郵件。

二、午前十時十五分孫去民國社，十二時二十五分離去回寓。

三、午後一時金佐治、吳伯兩人來訪，金一時五十分，吳二時相繼離去。

四、午後一時五十分蔣介石來訪，二時離去。

五、午後二時三十五分萱野長知、田桐、余祥煒〔余祥輝〕三人來訪，余於二時四十分、萱野二時四十五分、田三時十五分相繼離去。

六、午後二時四十八分伍供培來訪，三時五分離去。

七、午後三時三十分吳大洲來訪，四時三十分離去。

八、午後六時五十分居正來訪，八時十分離去。

以上。

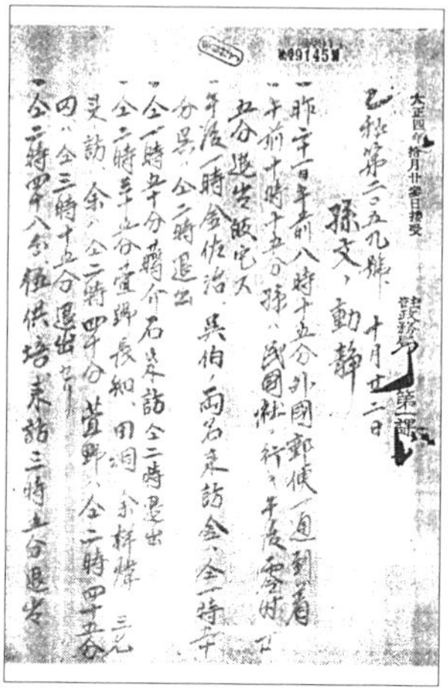
乙秘第二〇五九號　十月廿二日
孫文ノ動靜
一 昨廿一日午前八時十五分外國郵便一通到着
一 午前十時十五分孫ハ民國社ヘ行キ午後零時二十五分退出歸宅ス
一 午後一時金佐治、呉伯ノ兩名來訪金ハ一時五十分呉ハ二時退出
一 仝一時五十分蔣介石來訪仝二時退出
一 仝二時三十五分萱野長知、田桐、余祥煒ノ三名來訪余ハ仝二時四十分萱野ハ仝二時四十五分田ハ仝三時十五分退出セリ
一 仝二時四十八分伍供培來訪三時五分退出

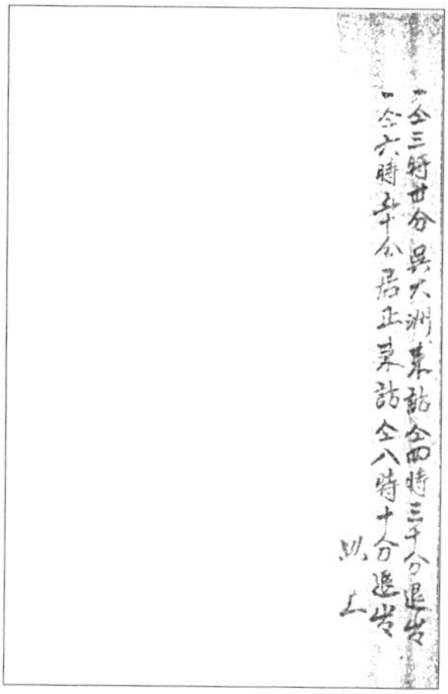
一 仝三時卅分呉大洲來訪仝四時三十分退出
一 仝六時五十分居正來訪仝八時十分退出
以上

40. 孫文的動向（1915.11.04）

乙秘第三〇一八號　十一月四日

孫文的動向

一、昨三日午前九時二十分自國外來一郵件，內地來兩郵件（其中一件自橫濱市上洲旅館朱某寄來）。

二、午前十時三十分胡漢民、王子明兩人來訪，午後三時十分離去。

三、午前十一時五十八分給橫濱市上洲旅館朱卓文（疑為住在孫家，並於二日前離京歸國的朱超之化名）發一電報。

四、午後十二時三十分不知從何處來一西文電報。

五、午後十二時三十五分本鄉區菊坂町十九號松籟館某人寄來一郵件。

六、午後二時十分蔡中和、居正、田桐三人來訪，三時五十分離去。

七、午後二時四十分自國外來一郵件和一電報。

八、午後二時四十五分金佐治、丁仁傑、王靜一三人來訪，四時三十五分離去。

九、午後三時七分蔣介石來訪，三時十五分離去。

十、午後三時十二分杜去恨、殷覺真兩人來訪，四時四分離去。

十一、午後四時五十分楊庶堪來訪，五時三十五分離去。

十二、午後七時八分心準來訪，七時五十八分離去。

十三、午後八時四十分自國外寄來一掛號郵件。

十四、午後九時十五分朱超、黃玉珍兩人自橫濱來訪，十時五分離去。

以上。

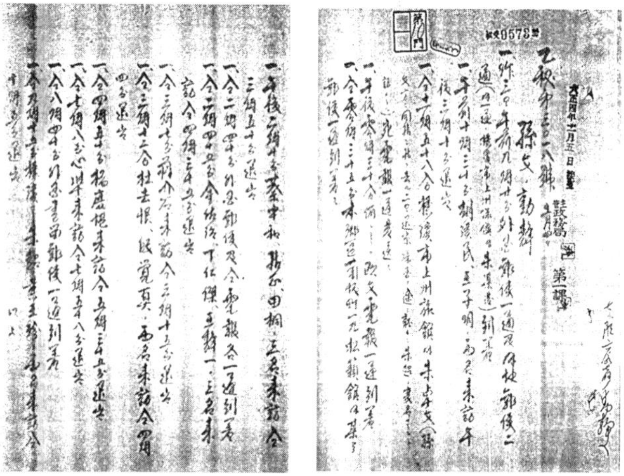

41. 孫文的動向（1915.11.06）

乙秘第三〇二九號　十一月六日

孫文的動向

十一月五日

一、午前七時，頭山滿派人送數封電報來。

二、午前九時蔣介石來訪，十時離去。

三、午前十時半戴天仇來訪，十一時離去

四、午前十一時孫和戴去民國社，午後一時四十分獨自回寓。

五、午後二時三十分王統一來訪，三時半離去。

六、午後二時三十分楊庶堪、李守信二人來訪，四時離去。

七、午後三時宋慶林乘人力車外出，五時五十分返寓。

八、午後六時牛込區藥王寺町七十一號鹿門宅的李某給宋慶林來一函。

九、午後八時半菊地良一來訪，九時離去。

十、宋慶林住在孫家。

追記

據悉，孫將於十日和宋慶林結婚，並請十來名朋友。

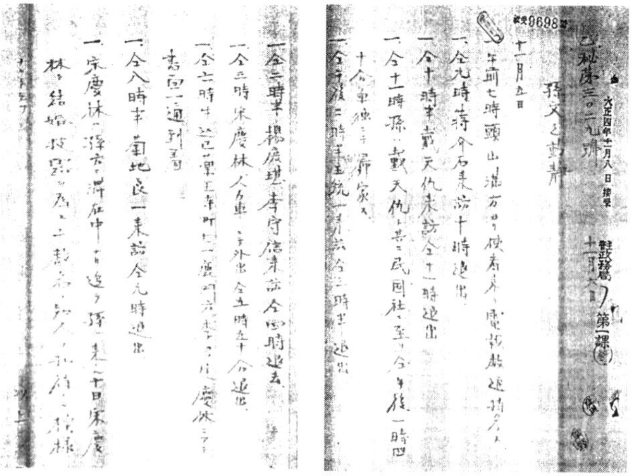

乙秘第三〇二九號 大正四年十二月八日接受
孫文ノ動靜
十二月五日
一、午前七時頭山滿方ヨリ使者來リ電話敷設ノ件[illegible]
一、仝九時蔣介石來訪十時退出
一、仝十時半戴天仇來訪仝十一時退出
一、仝十一時孫ハ戴天仇ト共ニ民國社ニ至リ仝午後一時四十分單獨ニテ歸家ス
一、仝午後二時半王統一來訪仝三時半退出
一、仝三時半楊庶堪李守信來訪仝四時退去
一、仝三時宋慶林人力車ニテ外出仝五時五十分[illegible]
一、仝六時半[illegible]ヨリ慶林ニ宛テ書面一通到着
一、仝八時半菊地良一來訪仝九時退出
一、宋慶林ハ孫文ノ許ニ在中ナルガ近ク孫ト來ル二十日宋慶林ト結婚披露ヲ為スニ就キ知人ニ[illegible]

42. 孫文的動向（1915.11.09）

乙秘第三〇三九號　十一月九日

孫文的動向

一、昨八日午前六時三十七分，自國外來一電。午前十時三十分孫外出至民國社，午後一時三十分回寓。

午前十時四十五分胡漢民、楊庶堪、王子明三人來訪，候孫回寓，午後三時五十分共同離去。

午後一時三十五分金佐治來訪，二時四十分離去。

午後二時七分上海的某人寄來三封郵件，內有一封掛號信件。

午後二時三十分蔣介石來訪，二時四十分離去。

午後三時四十分丁仁傑來訪，四時三十分離去。

午後三時五十五分張宗海來訪，四時五分離去。

午後六時十寄來一封西文郵件。

午後六時四十分心準來訪，八時五十分離去。

以上。

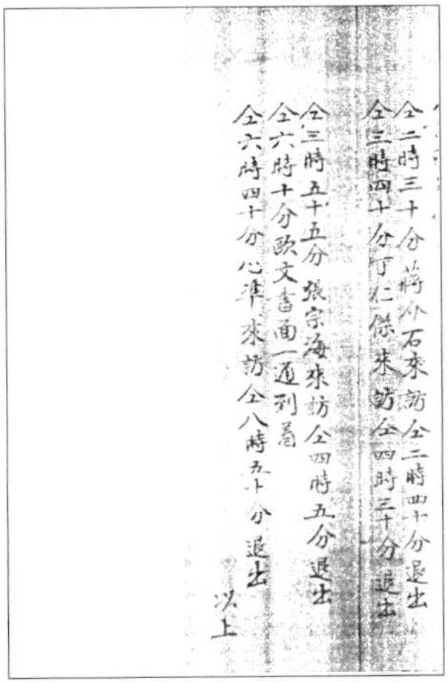

仝二時三十分蔣介石来訪仝二時四十分退出
仝三時四十分丁仁傑来訪仝四時三十分退出
仝三時五十五分張宗海来訪仝四時五分退出
仝六時十分欧文書面一通到着
仝六時四十分心準来訪仝八時五十分退出
以上

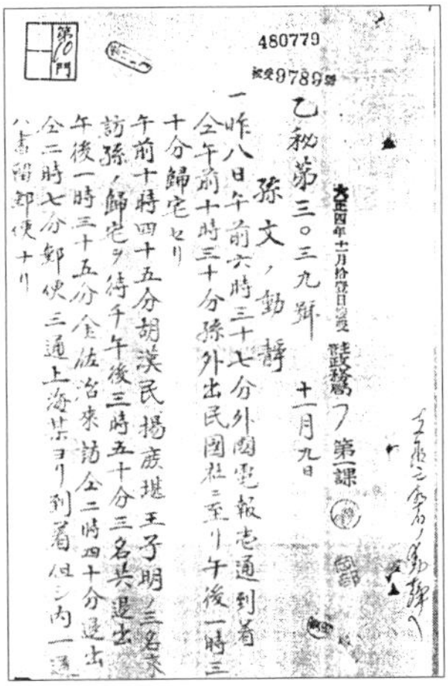

480779
秘受9789號
乙秘第三〇三九號
十一月九日
第一課
孫文ノ動靜
一昨八日午前六時三十七分外國電報壹通到着
仝午前十時三十分孫外出民國社ニ至リ午後一時三十分歸宅セリ
午前十時四十五分胡漢民揚庶堪王子明三名来訪孫ノ歸宅ヲ待チ午後三時五十分三名共退出
午後一時三十五分金佐治来訪仝二時四十分退出
仝二時七分郵便三通上海某ヨリ到着但シ内一通ハ書留郵便ナリ

43. 孫文的動向（1915.11.11）

乙秘第三〇四五號　十一月十一日

孫文的動向

一、昨十日午前零時三十分，來一西文電。

二、午前八時二十分，寄來一外國郵件。

三、午前九時十分胡漢民、王子明兩人來訪，十一時十五分離去。

四、午前十時蔣介石來訪，十時十分離去。

五、午前十一時二十分戴天仇、榊原政雄（奉天榊原農場主）來訪，午後一時三十分離去。

六、午後十二時三十分孫外出至民國社，三時離去歸宅。

七、午後二時譚平來訪，因孫外出，即刻離去。

八、午後三時五十五分蔣介石再度來訪，四時十分離去。

九、午後四時三十分楊庶堪來訪，五時離去。

十、午後五時五分林德軒來訪，五時三十分吳大洲來訪，十時五分兩人共同離去。

十一、午後五時四十分心準、周應時兩人，六時十分安健，六時二十分丁仁傑、蕭萱兩人，六時五十分王靜一分別來訪，十時五分均離去。

以上。

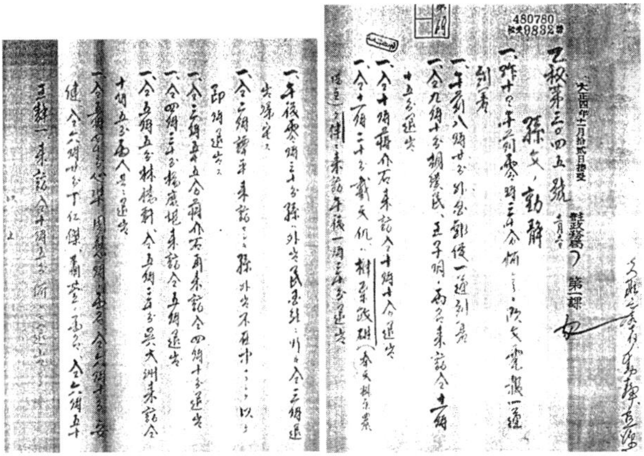
大正四年十二月拾貳日接受
480780
秘受9832號
乙秘第二〇四五號
孫文ノ動靜
一、昨十日午前零時三十分頃
一、午前八時廿分外出
一、仝九時十分胡漢民、王子明、両名来訪
一、仝十時蔣介石来訪仝十時十分退出
一、仝十一時二十分戴天仇
一、午後零時三十分孫ハ外出
一、仝二時譚平来訪セシモ孫外出不在中ナリシヲ以テ即時退出ス
一、仝三時五十五分蔣介石再来訪仝四時十分退出
一、仝四時三十分楊庶堪来訪仝五時退出
一、仝五時五分林德軒、仝五時三十五分呉大洲来訪
以上

三、革命黨的活動

1. 革命黨在當地的情形以及官方對該黨的態度（1914.07.10）

日本外務省外交史料館藏

機密第五九號　大正三年七月十日
上海總領事有吉明致外務大臣男爵加藤高明殿下

革命黨在當地的情形以及官方對該黨的態度

留在當地的革命黨大多是未入流之士，其中也不過只有前司法總長王寵惠稍微出色，其人有學識，人品穩重謙和，但因不被北京政府看重，反而至今能過安穩的生活。而稍有霸氣者不是陷於利誘就是遭致迫害，有身家危險而逃到海外者比比皆是。雖然他們不時企劃著某些行動，但因沒有完善的準備，大多在實行前就因曝露而失敗，是以，至今尚未有值得注目的計畫。鑒於該地曾因第一、第二革命的擾亂使得民心厭亂，官兵的搜查日益嚴格，且對於搜查之事已非常熟練。職是之故，上海已不似當年第一次革命時那麼容易起事。不過，中國的動亂極富突發性，不能以常理規範。且今年廣東、湖南出現洪水，安徽北部亦有蟲害，人民迫於飢荒不在少數。白狼出沒於甘肅、陝西、河南各省，造成人心浮動。故此，只要現政府施政稍有不得其法情況之下，就難保無萬一之變，對革命派之運動亦需充分留意。但有鑑於袁政府擁有的權力和財力，若革命派違背人心，一味貿然行動，除非有特別意外，否則不會有大變局出現。然若參考起見，謹將他們的近況，彙整報告如下：

一、革命黨於當地的情況

1. 浙江派的狀況，並涵蓋蔣介石的革命黨和白狼之間的關係以及其他內幕
2. 江西派的狀況
3. 湖北派的狀況
4. 安徽派的狀況
5. 湖南派的狀況
6. 廣東派的狀況
7. 少壯激烈派的狀況
8. 各派關係及對不久將來的觀察

二、中國官員對革命黨派的態度

1. 軍隊及警察的配置
2. 監視政策及其影響
3. 陸軍遣撫調查所的設置

一、革命黨派在當地的情形

1. 浙江派的情況，並涵蓋蔣介石的革命黨派與白狼之間的關係及其他內幕

浙江派係以浙江出身者為主所組成的集團，堪稱上海革命黨派的中堅，比較團結穩健。首領陳其美亡命日本後，由蔣介石（前陸軍少將）負責，他原本一直藏匿在上海的法租界，今春以來屢次潛入南京、杭州，嘗試運動同志與軍隊。按蔣本人在今年五月上旬對革命黨形勢的判斷，他也認為現在還

不是實行革命的時機，此與領事館館員原先判斷一致，但為預測今後他們的未來發展，將提供以下觀察以供參考。

袁政府的暴行越來越猖獗，以統一為名大量扶植袁派人馬，非袁派的人則因各種藉口被排斥或給予左遷，又以財政困難為名不惜犧牲國家利益，擅自大舉外債，以壓迫民黨來穩固自己權勢，不顧國家大局只顧私利，因此即使非民黨（即革命黨）的第三者之國民和有識者內心對袁的施政也極為不滿，袁派自身亦是明爭暗鬥。一般國民忍受著比前清時期更苦的惡政，而苦不堪言。而民黨經歷去年夏天的大失敗後，幾乎喪失了在中國內地的所有根據地。除了無節操的黨人以外，民黨首領乃至幹部的決心皆堅定無比，純民黨的團結力亦足信賴。白狼與革命黨是有聯繫，也有革命黨加入白狼，白狼還時常派特使到上海。而現在白狼為逃避政府軍的追擊暫時躲避到甘肅，期盼能從西伯利亞得到民黨的支援，等時機成熟，再揮軍回陝西、河南進擊中原。如現在陝西都督張鳳翽（張都督原本為革命黨，於第二次革命時因未及時起義而為袁所收買，最近因白狼的回流，被免除都督一職，奉命入京）雖標榜是政府黨，但該都督府的參謀長某及其部下皆是民黨黨員，經常與白狼互通消息。今年四月白狼所發布的討袁書，就是由都督府的同仁起草。此外，山西都督閻錫山表面上雖然標榜是政府黨，該都督的部下私底下卻與民黨聯絡，日後民黨如有機會起義，山西軍隊是會立即響應並由北京側面發動攻擊。浙江方面，都督府中雖有部分是純袁派，但都督朱瑞並非完全服從袁，呂師團長也暗中和民黨有聯絡。因此，浙江、山西、陝西方面都是待機行事。廣東、廣西方面，因近來袁日漸懷疑龍濟光、陸榮廷兩都督，打算只要有機會就把兩人換下來。兩都督對袁也是心有不服，再加上目前中央及地方財政窮乏，軍費支出困難，福建及其他南方省份的軍隊陸續被裁撤，因此，若此等退伍軍人今後於各地將可能發生兵變，自可為民黨創造崛起之機。而現今在法國巴黎的汪兆銘、李烈鈞、張人傑（張在今春搭乘西伯利亞鐵路到滿洲，與陳其美會面後再返回巴黎）等也是頻頻集會。

浙江派是以上海為根據，與中國內地及日本、南洋、歐洲等同志皆保有聯絡，除了在上海的法國租界設有秘密機關以外，在公共租界內的西方中國街，接近閘北的一大洋館也設置機構，圖謀起義。但由於中國官員事先（官員們花錢收買革命黨下層人員）得知近日革命黨員的計畫，而能先發制人，輕易的鎮壓了起義計畫。如前所述，蔣介石為此起義計畫的首領，該地部分的安徽派也加入其中，他們以中國街閘北小沙渡的秘密分機關為據點，定五月三十日為舉事日。第一部長陳喻蔭先在小沙渡閘北處發動暴動；第二部長陳榮廷也在真茹地方響應，發動對閘北警察署的攻擊；第三部長何元龍則破壞鐵路、電信，襲擊滬寧停車場，及掠奪當日從上海運往南京的官銀。但此一起義因事前被閘北警察署得知消息（閘北警察署的部分警察假裝是革命黨的內應，趁舉事之際反攻上述的小沙渡秘密分機關），第一部長陳喻蔭等十多人被捕，並立即被處死，其餘人皆已逃走，蔣介石也因事機敗露而於六月上旬亡命日本。目前在該地的代表者是姚勇忱（前眾議院議員，浙江人）。

蓋前述上海閘北的小沙渡事件，係陳其美自滿洲計畫失敗以來，回到日本後，認為在故鄉浙江省行事也不易之際，不妨先在江蘇舉事，以便牽制浙江軍，並再待各省響應。然此次行動雖然失敗，而有頓挫，但是他們應不會就此停止，現據聞已有部分黨員潛逃浙江，且仍在串連，不過他們短期內應該沒有再舉事的能力。

2. 江西派的狀況

此派的主要人物是李烈鈞、俞應麓、林虎、方聲濤等。李烈鈞去法國後，林虎負責統籌全局。他於今年四月底搭乘三島號從日本來到本地。五月一日又乘該船經香港抵新加坡，與岑春煊在庇能見面（據聞：岑春煊宣稱可在兩廣地區號召舊部二、三萬人起義，但每月需軍費二、三十萬元）。不巧這時又接到孫文電報，說何海鳴一派負責的山東方面有急事，召他速回。所以他雖見到岑，但雙方還沒有談到具體計畫，他便於六月十日乘墨西哥號從香港出發，經臺灣於六月十七日回到門司。目前江西派在上海沒有知名人士，而方聲濤今春以來往來於日本、上海和香港之間，和同志之間也保持聯繫。此派與其他派相比，財力似乎比較富裕，常與逗留在此的湖北派詹大悲等人保持來往。他們也常向江西方面派遣密探偵查情況，不過多被官兵所截獲，目前他們尚無具體行動的計畫。

3. 湖北派的狀況

湖北派在此地的主要人物是詹大悲，季雨霖亦不時來往於日本、上海、湖北之間。季六月自日本來滬，據說目前仍在上海。該派部分人多次試圖在湖北展開活動，但屢遭失敗。此派中還有部分人士計畫滲入四川，擬趁政府軍前去討伐白狼之際，擾亂四川政府軍本營，但聽說這些人多已在武漢被捕。

4. 安徽派的狀況

首領為柏文蔚，在長崎有住所。該派人士現正聯合湖北的詹大悲一派，進行串聯江北及安徽北部鹽梟土匪的工作，雖有些進展，但未聞有足可重視的大計畫。

5. 湖南派的狀況

此地的湖南派與江蘇鈕永建有聯繫，但由於黃興未參與工作，所以還沒有明顯的活動。之前在長沙被官憲取締的秘密機關和他們多少有些關係，但迄今尚未聽說有特別重大的計畫。

6. 廣東派的狀況

該派以孫文為中心，是最希望實踐第三次革命的團隊。由於他每次募到款，都提供給有困難的同志當運動費（接濟對象不限於廣東派，與此地的其他各派也有直接或間接聯繫），所以相對而言未失其聲望，目前仍隱然保持實力。該派在汕頭等地不時有所活動，但亦多歸於失敗，尚未能達到具體起事的時機。目前本地沒有該派的主要人士，不過最近有消息傳說，孫文一派擬與岑春煊一派及林虎一派在兩廣地區舉事，究竟進行到何種程度，本地尚不清楚。前面所述林虎和岑春煊見面之事，想必是造就此等流言因而得以盛傳的主因。

7. 少壯激烈派的狀況

可稱為此派主要人物的何海鳴和韓海，目前均在日本。此派在本地比較醒目的人物是王憲章。他於兩個月前被當地中國官員的密探從共同租界引誘出租界外而逮捕（在筵席上被密探誘飲毒酒後引出租界外的），並被直接送往南京。據說此人爾後又被送往北京審問後判處死刑。又傳該派另一幹部劉天猛也在漢口被捕判處死刑，此派在本地的餘黨雖尚有不少，但由於財政拮据，所佈署計畫均非通觀全局，大多是為了眼前糊口所採取的盲動。若這種僥倖之心不變，今後仍會重蹈失敗之命運，不足以重視。此外，已有傳聞該派人士中已有人被官員收買。

8. 各派關係及對不久將來的觀察

本地革命黨派的狀況大致如以上所述。他們的首領多分散在日本、南洋和歐洲各地，所以本地沒有能統籌各派的領袖。雖各派之間時有聯繫，但多半不能做到統一行動，大多各自行動，甲派不知道乙派的計畫，乙派不了解甲派的活動。他們大都向自己本派的首領呈送內容含糊的報告，以便得到一些救濟來維生。現在一般國民雖不信賴現政府，但也厭煩混亂，尚未達到同情革命黨的地步。所以，只要今後政界不發生驟變，或者不致因財政困難，難以支付軍費，造成各地兵變而嚴重影響政府威信的話，則革命黨派的計畫皆會難逃失敗命運。所謂第三次革命，想必不會突然發生。

二、中國官員對革命黨派的態度

上海有交通通信之便，再則中國官府對外國租界沒有警察權，所以革命黨或與革命黨有關係嫌疑者，大都從各省來此避難，據說人數達五萬人之眾。不過，他們未必都是革命黨，有的是因怕被官府懷疑為亂黨而受迫害，才來此避難。據說，其中有革命黨色彩而潛伏於此地者約有五千人左右。因此中國官府為防止他們鬧事，一則增加北方軍隊，另一則雇用大量偵探，極力進行搜捕。此外，對革命黨有關係者也開始採撫慰政策，現將其狀況概述如下：

1. 中國軍隊及警察的配置

上海鎮守使鄭汝成，與其他地方的鎮守使資格不同，享有直屬大總統的特別待遇，負責本地軍政以及鎮壓革命黨之重責。他在本地製造局和龍華火藥製造所分駐一個團，在吳淞也駐有一個團，以展顯北洋軍威。而南方軍自去秋以來，在各種藉口之下幾乎已全都遭致解散，最近因感兵力不足，已從直隸馬廠增援騎兵、砲兵各一團，而騎兵團已於六月下旬到達本地。不過北方軍隊中，有部分軍隊在第二次革命中有戰功，因而時有士兵不服軍官之命，軍紀漸次廢弛，晝夜在街頭遊蕩小巷，還有不少人罹患思鄉病。因此近來傳聞要把在南方的這些不良北方軍隊解散，重新在北方招募順從的新兵以補充之。換言之，就是這樣棘手的中國軍隊管轄吳淞、上海地區。至於淞滬警察廳的情況，已如前報。海軍大將薩鎮冰曾一度在第二次革命後出任警察總督，不過六月上旬，他因改任陸海軍大元帥統帥辦事處辦事員，而離開此地前往北京。閘北警察分廳廳長徐國樑，由於在前述小沙渡事件中立功，得以晉升陸軍少將，昇任淞滬警察總廳廳長。

2. 偵探政策及其影響

如上所述，上海是革命黨員的避難所，所以中國政府各機關都派遣大量偵探來上海，以便逮捕亂黨。現將其派遣的機關和偵探人數略述如下。

（1）隸屬於上海鎮守使署的偵探有二十餘名

（2）隸屬於淞滬警察廳的偵探有三十餘名

（3）隸屬於長江巡閱使張勳的偵探有十餘名（機關名稱為「長江巡閱使駐滬調查部」，每月支出二千元經費，在各租界內設有秘密機關）

（4）隸屬於江蘇都督及巡按使的偵探約有十名

（5）隸屬於由其他各省都督隨時派遣的偵探有十餘名

（6）隸屬於北京中央政府直接派遣的高級偵探有數名

上述這些偵探，不僅在中國人居住區設有常設機關以外，在各個租界地內也都設有秘密機關。每位偵探都雇用許多線民和眼線（這些線民和眼線，往往是靠收買過去的革命黨員，借由他們預先探知革命黨員的各種計畫，他們可謂是革命黨員中的內奸）。這些線民為了獲得獎勵，只要革命黨中的三、四流人物一有動靜，他們就趁機誇大其詞，甚至有時還會刻意製造種種謠言，讓上級或中央政府提高警覺，以圖增加探查費。搜捕無辜良民誣告為亂黨或探員自己製造假證據，偽稱自己是亂黨首領，以便誘出革命黨下級黨員和無知人民加以逮捕等事也時有所聞。這些不良偵查的惡劣行為，傷害地方民眾感情甚巨，也經常受到報界的非難，但由於革命黨員的活動不斷，所以官府雖也不斷宣稱要嚴加制裁這些不良偵探，但終未認真執行。而偵探們由於恐懼被遣散，仍時常製造一些毫無事實根據的離奇謠言，以此糊口。而這類實例也不勝枚舉。其中最突出一例是，上個月法國租界的警察署在福開路逮捕了七十餘人，這是因為中國密探偽稱他們是為進攻製造局而糾集起來的亂黨。但帶頭者並非真正的亂黨，而是部份偵探偽稱自己是受孫文委任，自己花錢動員地方無賴，其中也有不少難以糊口的本地革命黨的下級人員被偵探所騙應召被捕。整個事件實在滑稽無比。因此，法國租界官方得知本事件詳情後，宣判主謀者（中國官方密探）死刑後引渡給中國政府。同時唯恐革命黨員今後也有類似計畫，最近對革命黨的態度從保護改為鎮壓，以便維持治安。因此，革命黨員在不安的心情下逐一將在法國租界的機關轉設到租界外，頭號人物也不得不避難到日本、南洋等地。由此觀之，中國密探兒戲般動亂的假技倆，對鎮壓革命黨也能得到意外效果。

在上海的偵探，按理不論是由哪一機關派來，都應在上海鎮守使署登記，並接受指揮。但事實上每個機關都單獨行事，不到檢舉階段是不會曝光。由於爭功，沒有充分的統一和聯繫，所以偵探的案例雖多，但真正重要的革命黨員被捕的並不多。去秋以來，因亂黨嫌疑，而被捕判死刑或其他刑罰者達數百人，但真正革命黨員據說不到數十人。最近，一位姓陳的良民被偵查誣告為陳其美，逮捕後經總商會等部門出面陳情，才得以釋放。此外臺灣寶林公司分公司經理仇質彬（湖南人），被指稱為與亂黨有關，將他誘出租界而加以逮捕，經本領事館抗議，而得以保釋出獄（本件詳情另報）。這些都是不良偵探的非法行為，外界批判之聲甚高，但只要現政府的施政方針不變，革命黨員又不停止行動，此類惡行偵探機構想必不會撤銷。

3. 陸軍遣撫調查所的設置

如上所述，上海是眾多革命黨員避難集合之地，但他們當中多因一時受上級之命或受本地情勢影響而加入亂黨，自己並無意革命。現已有不少軍人悔悟，但有亂黨嫌疑而不得不潛伏於本市。鑒於這種情況，為了招撫他們，將他們送回原籍以便從事正業，江蘇都督府軍事諮議官陸軍中將杜淮川、朱光志、章駕時等三人，受江蘇馮都督及江蘇韓巡按使之命，會同上海鎮守使商議之後，於今年六月在上海設置陸軍遣撫調查所，並發出告示稱：凡支持第二次革命的陸軍將校階級以上的軍人，確已悔悟前非，欲就正業者，只要能提出正式委任狀及其他證據並有適當保證人者，經本所調查屬實後將支付適當旅費送還原籍，以此作為革命黨員的撫慰之策。關於這件事，據杜淮川中將對本館人員的私下透漏，該所剛開設時，提出申請者絡繹不絕，一日就有百人之多。然這些申請人中，也頗有一些可疑人物在詳細調查之後辦理遣返手續。不過，真正革命黨員因恐有後患，響應此撫慰政策者並不多。本月五日首批實施遣返，而送還原籍者只有二十二人。鑒於此一事實，估計這一撫慰措施很難圓滿達到原來之目的。

陸軍遣撫所辦事處起初設在公共租界內，鎮守使鄭〔鄭汝成〕也希望能取得領事團和工部局的同意。但因中國報紙報導，該所所欲掌管的事務，除了招撫革命黨員以外，還兼負取締革命黨員。是以領事團認為該辦事處的設立將不利於租界的安寧，再三向鎮守使詢問其真正目的。於是在工部局的要求之下，租界內的辦事處於開設後兩三天就搬出租界。

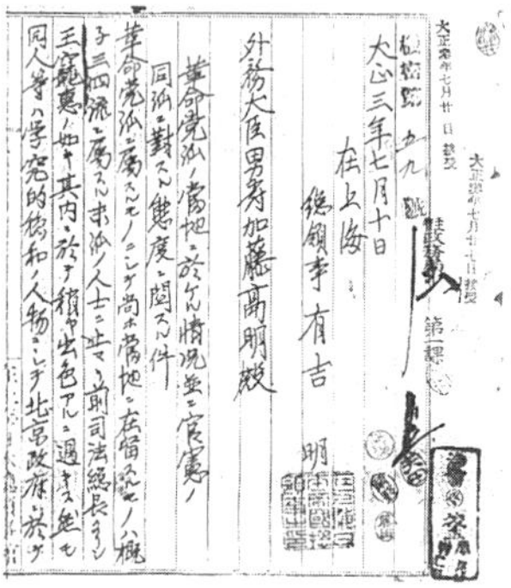

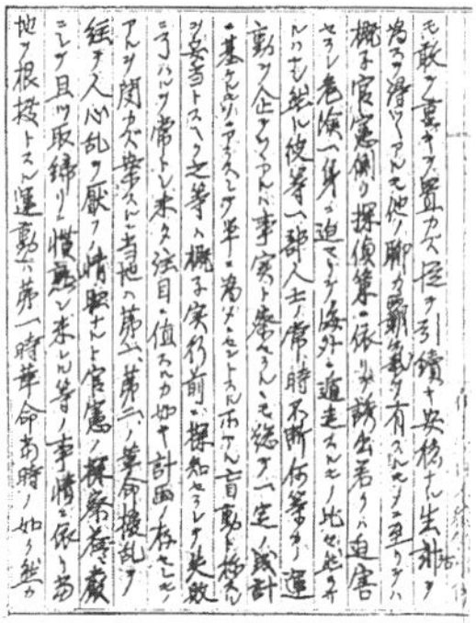

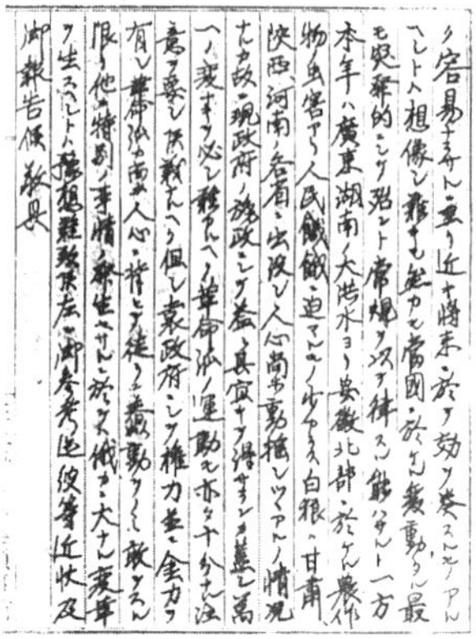

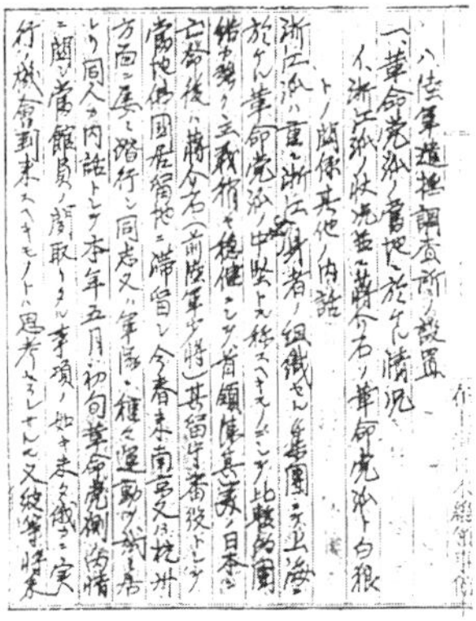

ハ陸軍進捗調査所ノ設置
一、華命党派ノ當地ニ於ケル情況
イ、浙江派ノ状況並ニ蔣介石ノ華命党派ト白狼
トノ関係其他ノ内話
浙江派ハ重ニ浙江出身者ノ組織セル集團ニシテ上海
ニ於ケル華命党派ノ中堅トモ称スヘキモノニシテ比較的團
結ヲ鞏クシ主義術モ穏健ニシテ其首領陳其美ハ日本ニ
亡命後ハ蔣介石（前陸軍少將）其留守番役トシテ
當地佛國居留地ニ滞留シ今春来南京又ハ杭州
方面ニ屢々潜行シ同志又ハ軍隊ニ種々運動ヲ為シ居
リ同人カ内話トシテ本年五月初旬華命党側ノ内情
ニ関シ當館員ノ聞取リタル事項ノ如キ未タ識ラサル実
行ハ機會到来スヘキモノトハ思考セラレサルモ又彼等將來

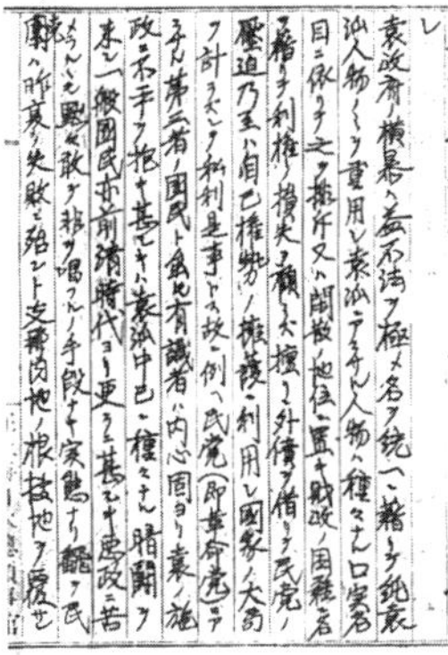

ノ推測ハ端ヲ知ルニ値ヘスヘキナキヲ為参考ノ為ニ叙述スヘ
シ
袁政府ノ横暴ハ益不法ヲ極メ名ヲ統一ニ籍リテ純袁
派人物ノミヲ重用シ袁派ニアラサル人物ハ種々ナル口実名
目ニ依リテ之ヲ排斥又ハ閑散ノ地位ニ置キ財政ノ困難ニ名
ヲ藉リテ利権ノ損失ヲ顧ミス擅ニ外債ヲ借リ民党ノ
壓迫乃至ハ自己権勢ノ擁護ニ利用シ國家ノ大局
ヲ計ラスシテ私利是事トスル故ニ例ヘハ民党（即華命党）ニア
ラサル第三者ノ國民ト雖モ有識者ハ内心固ヨリ袁ノ施
政ニ不平ヲ抱キ甚シキハ袁派中已ニ種々ナル暗闘ア
ルニ一般國民亦前清時代ヨリ更ニ甚シキ悪政ニ苦
メラルルモ默シテ敢テ非ヲ唱フルノ手段ナキ実情ナリ稍々民
乱ハ昨夏ノ失敗ニ殆ント支那内地ノ根拠地ヲ覆セ

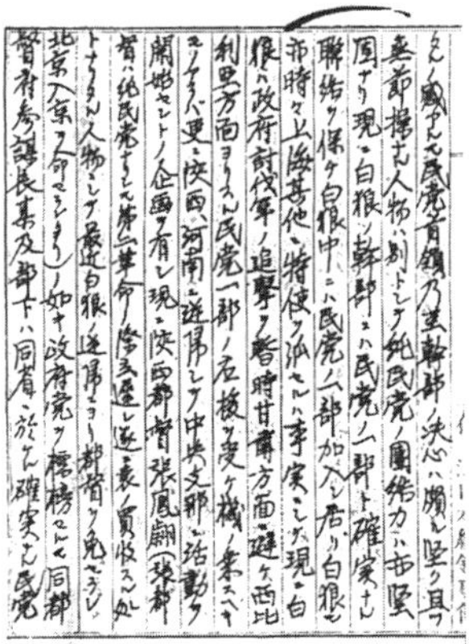

ラレタルモ民党首領乃至幹部ノ決心ハ頗ル堅ク且ツ
其節操アル人物ハ別トシテ純民党ノ團結力ハ甚堅
固ナリ現ニ白狼ノ幹部ニハ民党ノ一部ト確実ナル
聯絡ヲ保ケ白狼中ニハ民党ノ一部加入シ居リ白狼
ガ時々上海其他ニ特使ヲ派セルハ事実ニシテ現ニ白
狼ハ政府討伐軍ノ追撃ヲ暫時甘粛方面ニ避ケ西比
利亜方面ヨリスル民党ノ一部ノ応援ヲ受ケ機ノ来ルヘキ
ヲ待ツハ更ニ陝西、河南ニ逆帰シテ中央支那ニ活動ヲ
開始セントノ企画ヲ有シ現ニ陝西都督張鳳翽（張都
督ハ純民党ナルモ第二革命ノ際支遅レ逐ニ袁ノ買収スル処
トナリタル人物ニシテ最近白狼ノ逆帰ヨリ都督ヲ免セラレ
北京ニ入京ヲ命セラレタリ）ノ如キ政府党ヲ標榜セルモ同都
督府参謀長某及部下ハ同府ニ於ケル確実ナル民党

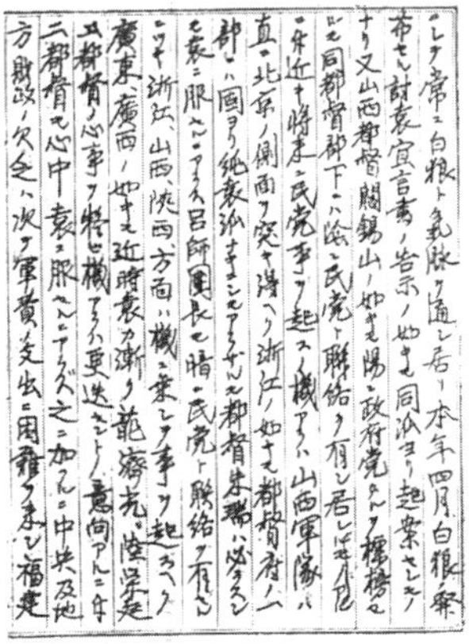

ニシテ常ニ白狼ト気脈ヲ通シ居リ本年四月白狼ノ発
布セル討袁宣言書ノ告示ノ如キモ同派ヨリ起案セシモノ
ナリ又山西都督閻錫山ノ如キモ陽ニ政府党ヲ標榜セ
ルモ同都督部下ニハ陰ニ民党ト聯絡ヲ有シ居レルモノ尠
ニアラス近キ将来ニ民党事ヲ起スノ機アラハ山西軍隊ハ
直ニ北京ノ側面ヲ突キ得ヘク浙江ノ如キモ都督府ノ一
部ハ固ヨリ純袁派ナラサルモアラサルモ都督朱瑞ハ必スシ
モ袁ニ服スルニアラス呂師團長モ暗ニ民党ト聯絡ヲ有セル
ニヨリ浙江、山西、陝西方面ハ機ニ乗シテ事ヲ起スヘク
廣東、廣西ノ如キモ近時袁カ漸ク龍濟光、陸栄廷
ノ都督ノ心事ヲ猜ヒ機アラハ更迭セントノ意向アルニ付
二都督モ心中袁ニ服セルニアラス之ニ加フルニ中央及地
方財政ノ欠乏ハ次ノ軍費ノ支出ニ困難ヲ来シ福建

其他南方軍隊ハ漸次ニ裁撤セラレ是等ノ退伍兵（並ニ
今後各地ニ續出スヘキ兵）襄ノ影響者ハ民黨（擴張）ノ
時運ヲ来スヘク現ニ佛國巴里ニハ汪兆銘、李烈鈞、張
人傑（張ハ今春巴里ヨリ滿洲ニ来リ陳其美ト會見
シ更ニ巴里ニ帰レリ）等ノ集合スルアリテ各々トアリ
其ノ一派ハ上海ヲ根拠トシ支那内地及日本、南洋、欧
洲ノ同志ト聯絡ヲ有シ佛國居留地ノ秘密機関
以外ニ同居留地内西方支那町乙閘北ニ近接セル地
点ニ「大洋館」ナル機関部ヲ設置シ何等カノ運動計画
ヲ企テ居リシハ事實ナルモ近時革命黨員ノ計画往
々ニシテ支那官憲探偵（之ハ官憲ヨリ多額ノ金ヲ支出
シ革命黨下級人員ヲ買収シタルモノ）ノ探知スル所トナリ未
前ニ検挙セラレ失敗ヲ来スヲ例トシ其派ノ計画モ又

容易ニ鋳發ヲ見込ミ即チ蒋介石ヲ首領トシ尚
地安徽派ノ一部モ之ニ加ハリ支那町乙閘北小沙渡ノ
秘密機関ヲ根拠トシ五月三十日ヲ期シ事ヲ挙ケ
第一部長陳喩蓀ハ小沙渡地方ナル閘北ノ一部
ニ暴動ヲ起シ第二部長陳栄廷ハ真茹方面ニ
騒擾ヲ起シ閘北警察署ヲ攻撃シ第三部長何
元龍ハ鉄道及電信ヲ破壊シテ滬寧鉄道ヲ
襲ヒ当日上海ヨリ南京ニ護軍使ヲ以テ送付スヘキ
官金ヲ掠奪セント企テタルニ事前閘北警察署
ノ探知スル所トナリ（之ハ閘北警察署ノ一部ノ革命
党ニ内応セル者ノ如ク偽給シ居リ事ヲ起ス間際ニ至リ
突如右小沙渡秘密機関ヲ攻撃セシモノヽ如シ）第一
部長陳喩蓀等十余名ハ逮捕セラレ直ニ死刑

其他處刑セラレ其他ノモノハ逃走セリ蒋介石モ亦
事ノ失敗ニ帰セシヲ以テ六月初旬日本ニ逃走セリ目
下右地ニ於ケル其派ノ代表的人物ハ姚勇忱[redacted]
人ナリ
蓋シ右小沙渡事件ナル最モ陳其美ノ満洲ニ於
ケル計画頓挫セシ以来一旦日本ニ帰リシモ彼ノ同志ハ
故郷浙江省ニ於テ事ヲ成サンカ為メ先ツ江蘇ニ事
ヲ挙ケ浙江軍ヲ牽制シ次テ各省ノ郷者ヲ促
サントシタルモノナルモ前記ノ如ク失敗ニ帰シ一頓挫ヲ
来シタル次第ナリ尤モ彼等ノ企業ハ之ニテ停止スル
モノトハ信セラレス現ニ右失敗者ノ一部ハ浙江ニ入込ミ
運動中ナリトノ説アルモ俄カニ活動シ得ル実力アルモノ
トハ思考セラレス
6

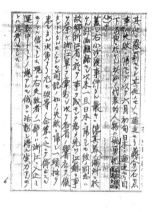

ロ、江西派ノ状況
其派ニ属スル重ナル人物ハ李烈鈞、兪應麓、林桓、
方聲濤等ニシテ李烈鈞ノ佛國ニ去リシ以来林桓
主トシテ諸種ノ計画ニ任シ仝人ハ三島丸ニテ本年
四月末日本ヨリ来リ南地ニハ上陸セス五月一日仝
船ニテ出帆香港ヲ経テ新嘉坡ニ至リ彼南ニ岑春
煊ト會見シタルハ（岑ハ岑春煊ハ両廣方面ニ於ケ旧
部下六、三萬ノ兵ヲ起シ得ルモ一ケ月ニ三十萬両ノ軍
費ヲ要スル旨述ヘタリト傳ヘラル）偶々孫逸仙ヨリ寄セタ
何海鳴一派ノ運動セル山東方面ノ事急ナリトノコ
トニテ召喚ノ電報ニ接シ岑トノ會見モ十分具
体的計画ノ商議ヲ経ルニ至ラスシテ六月十日墨西哥
丸ニ乗シ香港ヲ出帆シ台湾ヲ経テ仝月十七日門

同ニ潛匿セシ由傳ヘラル目下江西派ノ勢力地ニ在ルモノハ著名ノ人士無之ナルモ方聲濤ノ如キハ今春来日本、上海、香港間ヲ往来シテ随時同志ト聯絡ヲ計レルモノヽ如ク其派ハ他派ニ比シ全力比較的鮮裕ナル模様ニテ當地ニ滯在セル湖北派ノ詹大悲等ト常ニ連繋ヲ保チ絶ヘズ江西方面ニ密偵ヲ派シ情況探査ニ從事セルモ多クハ官憲ノ探知スル所トナリ右密偵ノ一部ハ来前ニ逮捕セラレ未タ具体的計畫ナキモノヽ如シ

八、湖北派ノ状況

湖北派ノ勢力地ニアル重ナルモノハ詹大悲ニシテ季雨霖亦時ニ日本、上海、湖北間ヲ往来シ本月六月日本ヨリ来滬シ目下當地ニ在リト傳フ其派ノ一部ハ湖北ニ於テ屢々運動ヲ試ミツヽアルモ常ニ失敗ニ終シ又其派ノ一部ハ四川ニ侵入シ白狼討伐ニ出陣セル留守中ヲ擾乱セント企テタルモ是亦武漢ニ於テ多クハ逮捕セラレタリトニフ

二、安徽派ノ状況

其派ノ首領柏文蔚ハ長崎ニ居宅ヲ有シ勢力地ニ於ケル其派ノ人士ハ湖北詹大悲ノ一派ト結ヒ江北及安徽北部ノ強暴土匪ヲ煽動シ若干其歩ヲ進メツヽアリトニフモ未タ重要視スルニ足ル計畫アルヲ聞カズ

十、湖南派ノ状況

當地ニ於ケル湖南派ノ一部ハ江蘇鈕永建派ニ近寄シ居レルモ黄興ノ動カサヽル為メ未タ著シキ活動ヲ為スニ至ラザルモ先般長沙ニ於テ官憲ニ逮捕セラレタレ秘密機関トハ多少ノ聯絡ヲ有シタルガ如キモ是亦未タ特記スルニ足ルノ計畫アルヲ聞カズ

へ、廣東派ノ状況

其派ハ孫逸仙ヲ中心トシ速カニ第三次革命ヲ遂行セントノ希望ヲ有シ彼カ老年ノ資金ヲ調達スル毎ニ窮乏セル同志（之ハ廣東派ノミニ限ラス勢力地方面各派ニモ直接間接ニ聯絡ヲ有ス）ニ運動費ヲ供給スル為メ比較的高聲望ヲ失墜セズ今尚隠然タル勢力ヲ保持ス其派ハ汕頭其他ニ於テ時々擾乱ヲ企画スルコトアルモ是亦多クハ失敗ニ帰シ未タ具体的ニ活動スルノ時機ニ至ラサルモノヽ如ク目下勢力地ニハ其派ニ屬スル主要人士無之モ最近孫逸仙ノ派ハ岑春煊一派並ニ林虎一派ト共ニ兩廣方面ニ於テ事ヲ挙ケントノ消息傳ヘラルヽモ果シテ如何ナル程度迄進行セルヤハ當地ニ於テ判明シ居ラス或ハ前記林虎ト岑春煊トノ會見ニヨリ多少ノ運動計畫アリタルヨリ其種ノ消息傳ヘラルヽニ至リタルニアラスヤトモ推察セラル

ト、少壮過激派ノ状況

其派ニ屬スル主要人物トモ称スヘキ何海鳴及韓恢ハ目下日本ニ在ルモ勢力地ニ於ケル其派ノ稍々目星シキ人物タリシ王寵章ハ二ヶ月前當地支那官憲ノ密偵ニヨリ共同居留地ヨリ居留地外ニ誘出逮捕セラレ（之ハ宴会席上密偵ヨリ毒ヲ主ニ飲マシ引出シタルモノナリ）直ニ南京ニ護送セラレタリ全人ハ北京ニ送ラレ訊理セラルヽコトノ説傳ヘラレシカ遂ニ死刑ニ處セラレタルモノト認メ

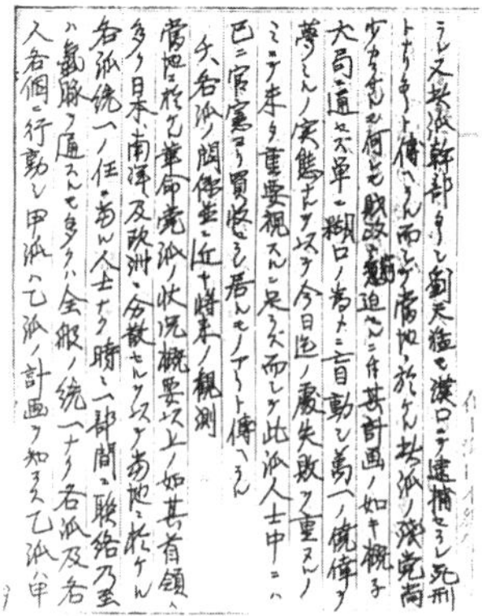
ラレ又ハ張斬部タリシ劉天猛モ漢口ニテ逮捕セラレ死刑
トナリタリト傳ヘラル而シテ當地ニ於ケル其派ノ殘党尚
少ナカラザルモ何レモ財政ノ窮迫ニ因リ其計画ノ如キ概子
大局ニ通セズ単ニ糊口ノ為メニ盲動シ萬一ノ僥倖ヲ
夢ミルノ実態ナルヲ以テ今日迄ノ屢失敗ヲ重ヌルノ
ミニテ未タ重要視スルニ足ラズ而シテ此派人士中ニハ
已ニ官憲ヨリ買収セラレ居ルモノアリト傳ヘラル
チ、各派ノ関係並ニ近キ将来ノ観測
當地ニ於ケル革命党派ノ状況概要以上ノ如ク其首領ハ
多ク日本、南洋及欧洲ニ分散セルヲ以テ当地ニ於ケル
各派統一ノ任ニ当ル人士ナク時ニハ一部間ニ聯絡乃至
ハ気脈ヲ通ズルモ多クハ全般ノ統一ナク各派及各
人各個ニ行動シ甲派ハ乙派ノ計画ヲ知ラズ乙派ハ甲

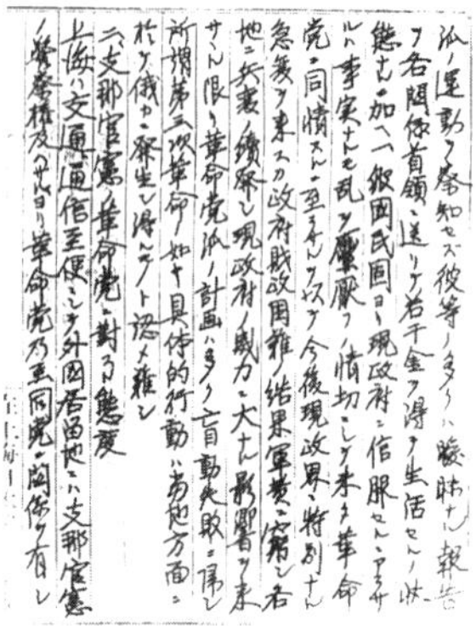
派ノ運動ヲ察知セズ彼等ノ多クハ曖昧ナル報告
ヲ各関係首領ニ送リテ若干金ヲ得テ生活セルノ状
態ナルニ加ヘ一般国民ハ現政府ニ信服セルニアラザ
ルハ事実ナルモ乱ヲ厭フノ情切ニシテ未タ革命
党ニ同情スルニ至ラザルヲ以テ今後現政界ニ特別ナル
急変ヲ来スカ政府財政困難ノ結果軍費ニ窮シ各
地ニ兵変ノ續発シ現政府ノ威力ニ大ナル影響ヲ来
サザル限リ革命党派ノ計画ハ多クハ盲動失敗ニ帰シ
所謂第三次革命ノ如キ具体的行動ハ当地方面ニ
於テ俄カニ発生シ得ルモノト認メ難シ
二、支那官憲ノ革命党ニ対スル態度
上海ハ交通通信至便ニシテ外国居留地ニハ支那官憲
ノ警察権及バザルヨリ革命党乃至同党ニ関係ヲ有シ

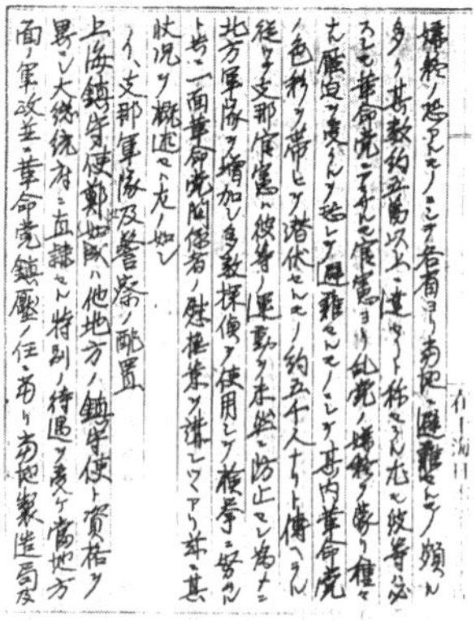
帰於ノ地タルモノニシテ各省ヨリ当地ニ避難セルモノ頗ル
多ク其数約五萬以上ニ達スト称セラルルモ彼等必
ズシモ革命党ニアラザルモ官憲ヨリ乱党ノ嫌疑ヲ蒙リ種々
ナル虐迫ヲ受ケルヲ恐レテ避難セルモノニシテ其内革命党
ノ色彩ヲ帯ビテ潜伏セルモノ約五千人ナリト傳ヘラル
従テ支那官憲ハ彼等ノ運動ヲ未然ニ防止セシ為メニ
北方軍隊ヲ増加シ多数探偵ヲ使用シテ検挙ニ努ムル
ト共ニ一面革命党関係者ノ懐柔策ヲ講シツツアリ今其
状況ヲ概述セハ左ノ如シ
イ、支那軍隊及警察ノ配置
上海鎮守使鄭汝成ハ他地方ノ鎮守使ト資格ヲ
異ニシ大総統府ニ直隷セル特別ノ待遇ヲ受ケ當地方
面ノ軍政並ニ革命党鎮圧ノ任ニ当リ当地製造局及

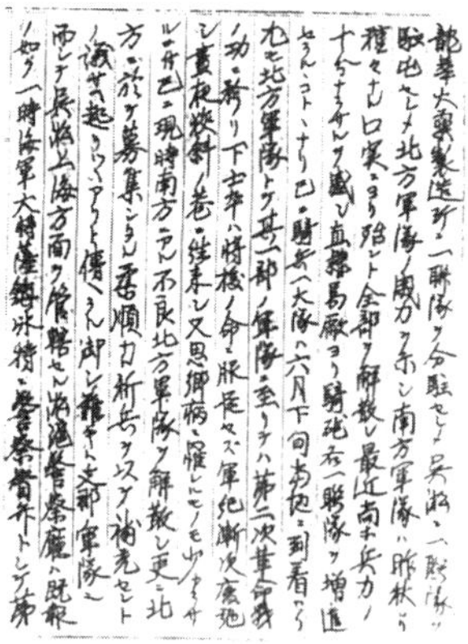
龍華大営製造所ニ一聯隊ヲ分駐セシメ呉淞ニハ一聯隊ヲ
駐屯セシメ北方軍隊ノ威力ヲ示シ南方軍隊ハ昨秋ヨリ
種々ナル口実ニヨリ殆ト全部ヲ解散シ最近南方兵力ノ
十分ナラザルヲ識リ直隷易縣ヨリ騎砲各一聯隊ヲ増遣
セラルルコトトナリ已ニ騎兵ハ大隊ハ六月下旬当地ニ到着セラ
ルモ北方軍隊トテ其ノ一部ノ軍隊ニ至リテハ第二次革命戦
ノ功ニ誇リ下士卒ハ将校ノ命ニ服従セズ軍紀漸次廃弛
シ晝夜嫖賭ノ巷ニ往来シ又思郷病ニ罹レルモノモ少ナカラザ
ルモ已ニ現時南方ニアル不良北方軍隊ヲ解散シ更ニ北
方ニ於テ募集シタル柔順ナル新兵ヲ以テ補充セントノ
議ナキニアラズト傳ヘラル御シ難キハ支那軍隊ノ
而シテ長江並ニ上海方面ヲ管轄セル淞滬警察庁ハ既報
ノ如ク一時海軍大将薩鎮冰ノ特ニ警察督弁トシテ薄

二革命後ノ警察ヲ監督セシカ六月上旬薩鎮冰ハ陸
海軍大元帥統率辦事處ノ辦事員ニ任セラレテ北京
ニ向テ當地ヲ去リ閘北警察分廳々長徐國樑ハ前記
小沙渡事件ノ功ニヨリ陸軍少將ニ任セラレ淞滬警察
總廳々長トナリ

ロ、探偵政策ト其影響

上海ハ既述ノ如ク革命党員ノ避難地ナルヲ以テ支那政
府ハ各機關ヨリ多數ノ探偵ヲ當地ニ派遣シ乱党ノ
逮捕ニ従事セシメ今其派遣機關及探偵數ヲ略述
セハ左ノ如シ

一、上海鎮守使署ノ探偵　二十余名
二、淞滬警察廳ノ探偵　三十余名
三、長江巡閲使張勲ノ探偵　十余名
（此機關ハ長江巡閲使駐滬調査部ト称シ一ヶ月
二千元ノ経費ヲ支出シ居留地内森和ニ秘密機關
ヲ設ケリ）
四、江蘇都督及巡按使ノ探偵　約十名
五、其他各省都督ヨリ臨時派遣セル探偵十數名
六、北京中央政府ヨリ直接臨時派遣セル高等
探偵數名

以上多數ノ探偵ハ各機關部ヲ支那町ニハ勿論若
両地内各所ニ秘密機關ヲ分設シ各探偵ハ何レモ多數
ノ眼線（見張人）及報告者ヲ使用シ（是等ハ探偵ノ眼
線、報告者中ニハ往々従来ノ革命党員ヲ買收使用セル
モノ多ク革命党員ノ各種計画ノ常ニ先チテ探知セラルルモ
此等買收セラレタル革命党員ノ内應者アルニヨル）何レモ賞與
ヲ得シカ為メニ革命党三、四流人物カ時々動乱計画
ヲ試ミルヤ針小棒大ニ報告シ乃至ハ探偵自カラ種々
ナル謠言ヲ作成シテ上官及中央政府ニ警戒ヲ加ヘシメ
探偵費ノ支出ヲ計リ時ニハ無辜ノ良民ヲ捕ヘテ乱党
ナリト誣告シ時ニハ探偵自カラ乱党ノ證據ヲ作成シ
甚シキニ至リテハ探偵自カラ乱党一部ノ首領ト偽称シ革
命党ノ下級党員及無智識ノ人民ヲ誘出逮捕スル等
不良探偵ノ悪行為ハ甚シク一般地方人民ノ感情ヲ害
シ新聞紙亦之ヲ非難セルモ革命党員ノ運動ハ時ニ
事実ナルヲ以テ官憲ハ常ニ不良探偵ノ厳罰裁撤
ヲ宣言セルモ未タ十分ニ実行スルニ至ラス亦探偵等ハ裁
撤ヲ恐レ時ニ事実無根ノ突飛ナル謠言ヲ作リ以テ
彼等ノ糊口ヲ失ハサルニ努ム其種ノ実例ハ殆ント枚
挙ニ遑マアラサルモ尤モ重ナル例トシテハ前月佛國
居留地福開路ニ於テ同地警察署ノ逮捕ニテ
七十余名ハ支那探偵等ハ之ヲ製造局攻撃ノ為
メニ集マリタル乱党ナリト偽称セルモ其幹部ハ実ハ
真ノ乱党ニアラスシテ探偵ノ一部カ孫逸仙ヨリ動
乱ヲ起スノ委任ヲ受ケタリト偽称シ自ラ各人ニ若
干金ヲ與ヘテ召集シタル地方無頼漢ニシテ尤モ其
中ニハ糊口ニ窮セル當地革命党ノ下級人員モ殆
偵ヨリ欺カレテ召集ニ應シ逮捕セラレタルモノ不少トス
フニ至リテハ滑稽ノ外モ経ツテ佛國居留地官憲
ノ如キモ本件事情ヲ詳知シ主動者（支那官憲ノ
探偵）ト認ムヘキモノヲ死刑ニ宣告シテ支那官憲ニ
引渡シタルモ一面革命党員ニ對シテモ今後其種ノ

計画ニ雷同スルノ恐アリトシテ治安ノ為メ最近態度ヲ一変シ革命党派ニ對スル従来ノ保護的方針ヲ改メテ壓迫セルニ付革命党中頭目ノ者ヲ挙ケ漸次仏國居留地ノ機関部ヲ它ニ共同居留地ニ移転シ目星シキ人物ハ日本南洋其他ニ退散スルノ不得止ニ至レリ由是観之支那密偵ノ児戯的動乱ノ偽企モ革命党壓迫ニハ機宜ニ適シタル處置ト見ルヲ得ヘシ

而シテ上海ニ於ケル探偵ハ如何ナル機関ヨリ派遣セラルヽヤ間ハスシテ上海鎮守使署ニ登録シ其指揮ヲ受ケ形式上鎮守使ヨリ統一セラレ居ルモ内実ハ何レモ自己ノ探査事項ヲ検挙ニ至ル迄秘密ニ附シ互ニ功ヲ争フ為メ十分ノ統一ト聯絡ナク各人各個ニ行動セルヲ以テ探偵ノ多数ナル割合ニ重ナル犯革命党員ノ逮捕セラルヽモノ多カラズ昨秋来已ニ党ノ嫌疑ヲ受ケ逮捕セラレ死刑其他ニ處刑セラレタルモノ数百名ニ達スルモ真ノ革命党員ハ数十名ニ過キストニフ近ク陳姓ナル一良民カ陳其美ナリトテ密偵ニ誣告セラレ逮捕ノ後総商会其他ヨリ冤罪ノ事実ヲ陳述シ漸ク釋放セラレタルカ如キ又台湾籍林會社支店経理佐賀棚ノ（湖南人）カ乱党ニ関係アリトシテ居留地ヨリ誘出逮捕セラレ當局ノ抗議ニヨリ保釋セラレタルカ如キ（本件顛末ハ別信ニテ報告スヘシ）何レモ不良探偵ノ非行ニシテ非難ノ声頻ル高キモ現政府ノ施政方針ノ変更セス革命党員ノ盲動止マサル限リ此種探偵ノ裁撤ハ恐ラク実行ノ機ナカルヘシ

八、陸軍遣撫調査所ノ設置

上海ハ既述ノ如ク多数ノ革命党員避難集合ルモ彼等ノ中ニハ一時上官ノ命令又ハ地方ノ事情ヨリ乱党ニ加担セルモノニシテ自ラ革命ノ意ナク又ハ今日既ニ前非ヲ悔悟セル軍人少カラサルモ乱党嫌疑ヲ恐レテ潜伏セルモノモアルニ付之等ヲ招撫シテ原籍ニ遣送シ正業ニ就カシムルノ目的ヲ以テ江蘇都督府軍事諮議官陸軍中将杜淮川、朱先志、章梓、馮時ノ三名ハ馮江蘇都督及韓江蘇巡按使ノ命ヲ受ケ上海鎮守使トモ商議ノ上本年六月ヨリ上海ニ陸軍遣撫調査所ヲ設ケ第二革命ニ加担シタル陸軍将校以上ノ軍人ニシテ已ニ前非ヲ悟リ正業ニ就カントスル者ハ正式委任状及其他ノ証拠ヲ提出ノ適当ナル保証人アルモノハ同所ニ於テ取調ノ上相当旅費ヲ與ヘテ原籍ニ送還スルノ告示ヲ出シタリ革命党員ノ慰撫策ヲ講シツヽアリ本件ニ関シ杜中将ノ當該員ニ内話スル處ニヨレハ同所開設ノ當時ハ續々出願者アリ多キハ一日百名ニ達スルコトアリシモ右出願者中ニハ頗ル曖昧ナル人物モアルニ依リ詳細取調ノ上遣送ノ手續ヲ取リツヽアルト純革命党員ハ後難ヲ恐レ斯ル形式的慰撫策ニ應スルモノ頗ル少ナキ実况ナリ其種ノ方法ニヨリ本月五日第一回ニ原籍ニ遣送セル人員ハ二十二名ニ止マレル事実ニ徴スレハ本件慰撫策ノ如キモ十分ニ當初ノ目的ヲ達スルコト至難ナリト思考セラル

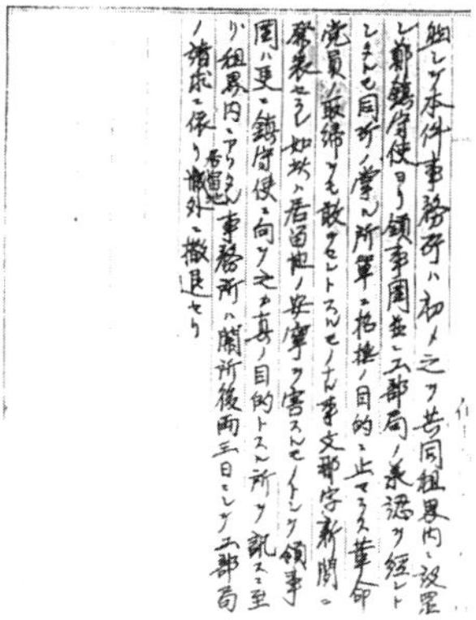
而シテ本件事務所ハ初メ之ヲ共同租界內ニ設置シ鄭鎮守使ヨリ領事團並ニ工部局ノ承認ヲ經シトシタルモ同所ノ掌ル所單ニ指揮ノ目的ニ止マラス革命黨員ノ取締ヲモ敢テセントスルモノナル事支那字新聞ニ發表セラレ如斯ハ居留地ノ安寧ヲ害スルモノトシテ領事團ハ更ニ鎮守使ニ向ヒ之カ真ノ目的トスル所ヲ訊スニ至リ租界內ニアリシ事務所ハ閉所後兩三日ニシテ工部局ノ請求ニ依リ界外ニ撤退セリ

2. 關於滿鐵公司職員山田純三郎渡滿一事（1914.08.05）

日本外務省外交史料館藏

機密第三八號　大正三年八月五日

駐哈爾濱代理總領事川越茂呈外務大臣男爵加藤高明

關於滿鐵公司職員山田純三郎渡滿一事

針對本件，已在七月二十四日行政機密第三六號之發函中有所呈報。之後又陸續調查，得知山田一行是帶著孫文給革命黨派駐於當地代表（二、三個中國人）的親筆信，要他們與巴旅長接洽。巴旅長現正住在巴彥州，據他表示，在齊齊哈爾的軍隊現有嚴重內鬨，若他擅自離開防區秘密前往哈爾濱與山田會面，反而會有害於今後的行動。但是若讓山田單獨到巴彥州，也同樣有所不便。因此他決定派遣心腹到哈爾濱，與山田交換意見。山田派往巴彥州的使者於二十五日回到哈爾濱。山田為調查被裁汰以及現正服役士兵的情形而前往齊齊哈爾，與他一同前來的兩位中國人當時也出差到長春，其間並曾發電報給孫文，報告他們在東北的行蹤。爾後，山田於二十六日，兩位中國人則於二十七日回到本地。另一方面，代理巴旅長出面交涉的曲營長，於二十七日來哈爾濱。關於上述代理人與山田等人的交談概要，山田曾隱密地透露給根津翻譯員，內容如下：

曲營長將孫文託當地使者給巴旅長的密函交還給山

田。這次黑龍江省巡防隊改編的結果，巴英額、英順等人雖然都升任為旅長，但因為部下多半被裁汰，所以兩人的榮銜也只是一時。等到此次裁汰順利完成後，應該還會有第二次的裁汰，屆時兩人自忖將被免職。與其坐以待斃，不如進而舉兵，參與孫文的計劃，南下攻擊袁軍。即使不幸全軍覆沒，至少也有「義舉」之名。為此，特派遣密使，赴吉林與同僚武官共商南下大計。此外，巴、英兩旅長同時也考慮將家人暫遷大連。對巴、英兩人擬將家人暫遷大連的計畫，山田沒有深問，只表示將利用任職滿鐵之便，保障安全。至於吉林同僚武官方面的聯絡及共同舉兵事宜，還需等待孫文進一步指示，此刻雙方會商的目的，首在確認巴旅長的舉兵意願。山田並表示，巴如果允諾舉兵的話，軍費的支出由孫文負責調度，在合適的時機就可以提交。曲營長說軍費的籌措是非常重要的，否則舉兵南下時，糧食的補給只得靠掠奪才行。至於軍費要如何籌措，非得由巴自己來哈爾濱與山田進行具體協商，或是曲營長與山田等前往東京，與孫文直接會商，曲營長於二十八日回到巴彥州。

巴旅長等是否會加入孫文這一方，山田表達了以下的想法。雙方交涉始於山田派遣使者到巴彥州，將孫文的機密信件交給巴旅長。由於這封信是孫文寫給哈爾濱的同志，函中涉及黨內機密，巴旅長如何處置這封信，自然也可看出他的選擇走向。也就是說，如果巴旅長無意與孫合作，他應該會將會談的密函提供給袁政府，作為求取功名的手段，如今他無意向袁示好，反而派遣心腹部下將密函送還給山田。由此看來，巴有意向孫文靠攏。此外，巴還允諾來哈爾濱或是派曲營長到日本，既然還有後續，就意味著這次的使命算是達成了，目前就等他們來哈爾濱。但之後過了好幾天，都沒接到巴旅長的消息。山田為了報告此次來哈爾濱的交涉經過，以及其他私事，一度於三日南下拜訪關東都督以及滿鐵總公司新任正副總裁。而自東京一同前來的中國人中的蔣介石，現於長春待命，丁仁傑則留在本地，等待巴旅長的消息。不過，鑒於近來都沒接獲巴的任何消息，山田也因不耐久候，已由奉天經朝鮮，暫回東京，而同來的那兩位中國人也同時離開了。

這種利用黑龍江省軍隊內鬨，遊說不滿派的巴、英旅長，拉攏他們加入孫文的作法，自然讓人想起從前孫文曾與某知名同志過從甚密，結果就像現在即使有大好時機，也無從落實，空留遺憾。是以，遊說兩人的成效如何，頗有置疑之處。再則，曲營長來哈爾濱，或山田一行人是否為孫文的使者等真偽，實難判明。尤其是上個月北京政府經上海俄亞銀行、香上銀行〔香港上海匯豐銀行〕匯款約四十萬元到本地正金銀行的黑龍江省省政府帳戶，據查這筆錢是用來作為軍隊遣散。既然被裁汰士兵有資遣金可資安撫，巴、英等人的舉兵活動不僅無法落實，山田的使命，以及孫文的計畫，自然也成水中撈月，白費心機。

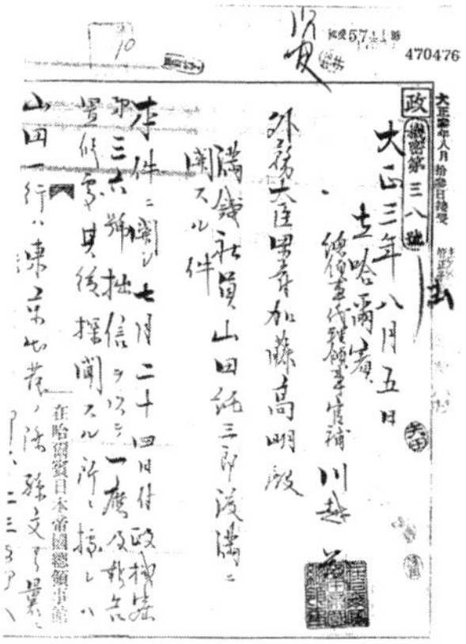
大正三年八月五日
在哈爾賓總領事代理領事官補 川越茂
外務大臣男爵加藤高明殿
満鉄社員山田純三郎渡満ニ関スル件
在哈爾賓日本帝國總領事館

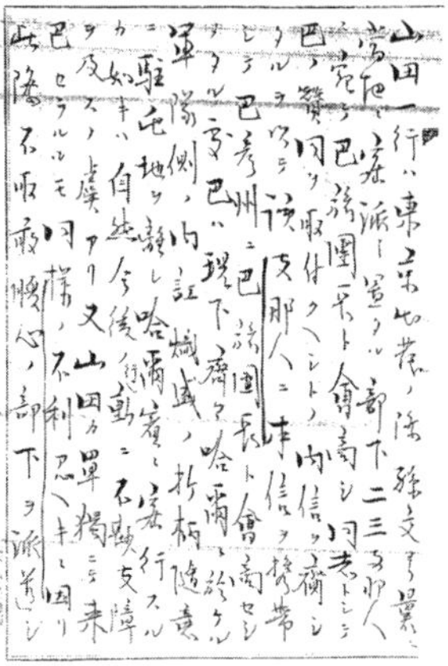

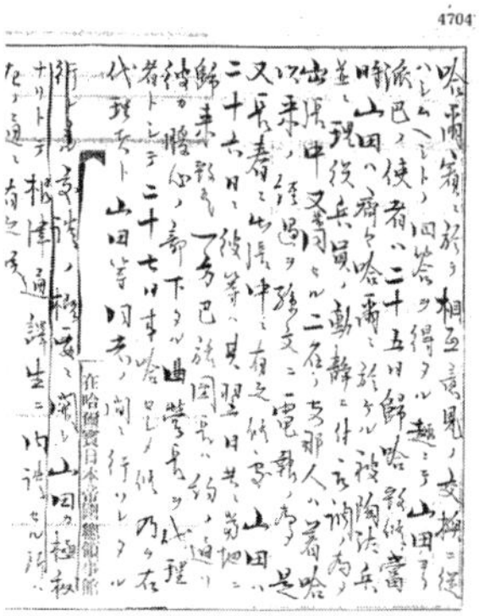
在哈爾賓日本帝國總領事館

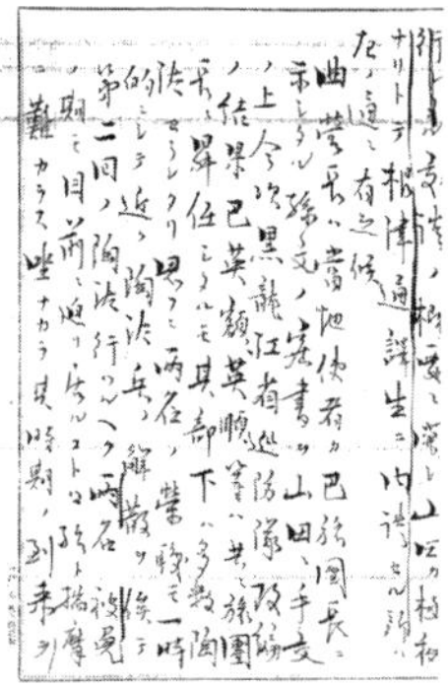

470478

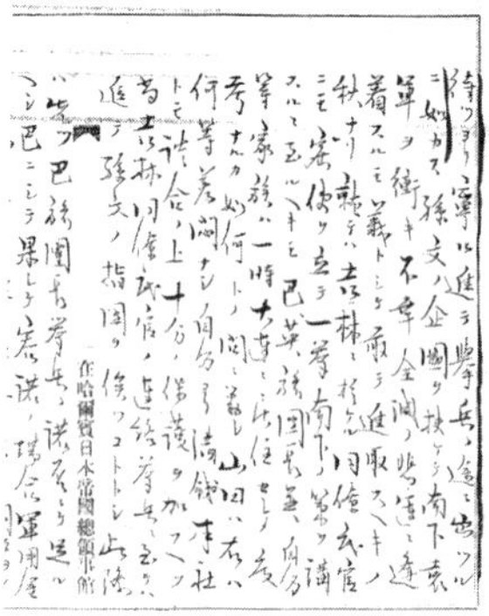

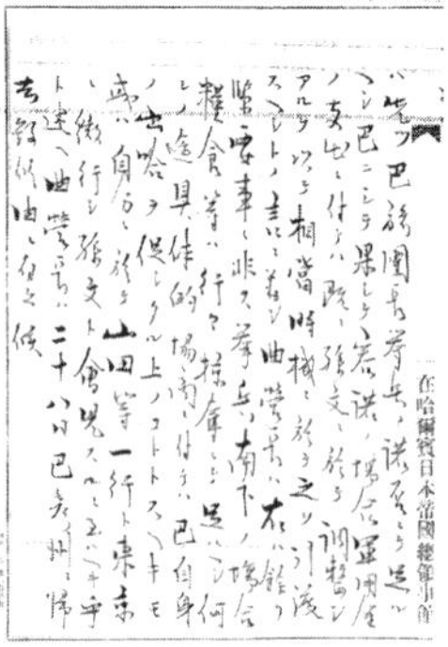

470479

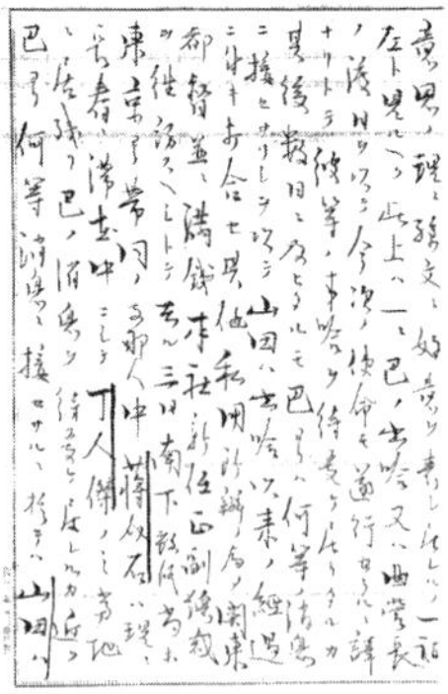

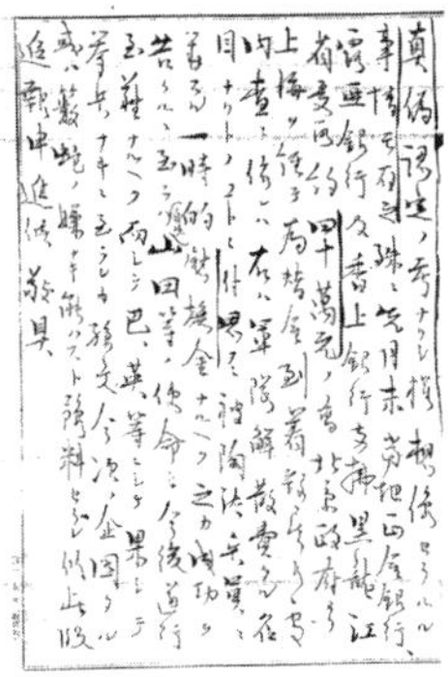

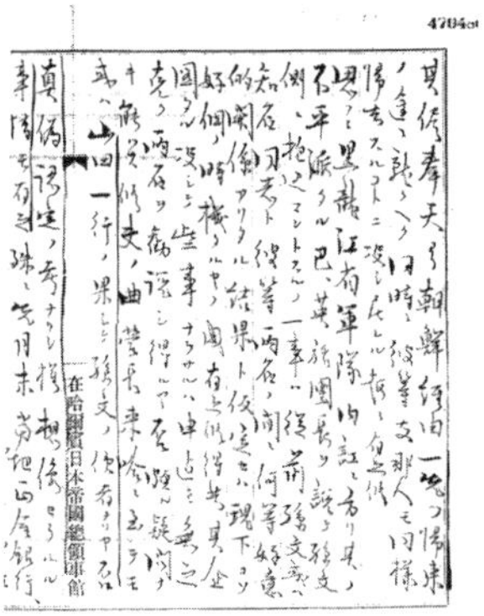
4704
在哈爾濱日本帝國總領事館

3. 關於中國革命（1914.10.29）

日本外務省外交史料館藏

乙秘第二一五八號　十月二十九日

關於中國革命

目前在東京的革命黨領袖陳其美，日前命同志蔣介石回國從事革命運動。蔣回國後，專以上海為據點籌措在浙江省杭州的起義活動。近日原本計畫在杭州起事，幾乎已近成熟之際，不料上述計畫被北京政府察知，導致數日前當地同志十多人被捕，讓此計畫完全泡湯。蔣已於昨夜發電報將經過情形報告陳其美。根據陳所述，杭州為富饒之地，一旦發生動亂即可靠掠奪籌措資金，因此只要選杭州起義，在軍略上就已立於不敗之地。再則，若要躲避官兵的追擊，可漸次退至台洲及溫州等南方，拉長動亂之外，還可趁亂掠奪軍資。之前陳其美等在東京招募日本陸軍退伍軍人，就是要安排他們擔任此次動亂革命軍的指揮。目前日本後備軍人為了加入革命，已有二十名到上海（除兩名為下士以外其餘皆是校級軍官）。

接日前呈報（本月十九日乙秘第二一〇四號），除南洋方面已籌到二十萬元軍資之外，近日又在南洋各地籌達約五十萬元的資金。革命黨人將錢匯集到菲律賓之後，會再匯到上海。

順便一提的是，第三次革命所需的軍資，如之前報告，最初計畫籌備一千萬元，之後因籌款的狀況不佳而將計畫改為最少一百萬元，依日前南洋及美國方面的情形來看，最新計畫是籌措五百萬元。

471082
秘受9818号
乙秘第二一五八號
大正四年拾月卅日
支那革命ニ関スル件
目下在京革命党首領陳其美ハ過般同志
蒋介石ヲシテ手ヲ合セ帰国セシメ革命運動ニ従事
セシメタルカ蒋ハ帰国後専ラ上海ヲ中心トシテ浙江
省杭州方面ニ於テ運動シツヽアル近ハ杭州ニ於テ旗
ヲ挙ケントスル計画着々熟シツヽアルモ頃日右計
画ハ北京政府ノ探知スル所トナリ数日前ニ同地ニ於テ同
志十数名捕縛セラレタル為メ右計画ハ全ク画餅ニ帰
シタル旨昨夜陳其美ニ対シ密報アリタルモ右計画
ニ関シ陳其美ノ語ル処ニ依レハ杭州方面ハ最モ富有ナル

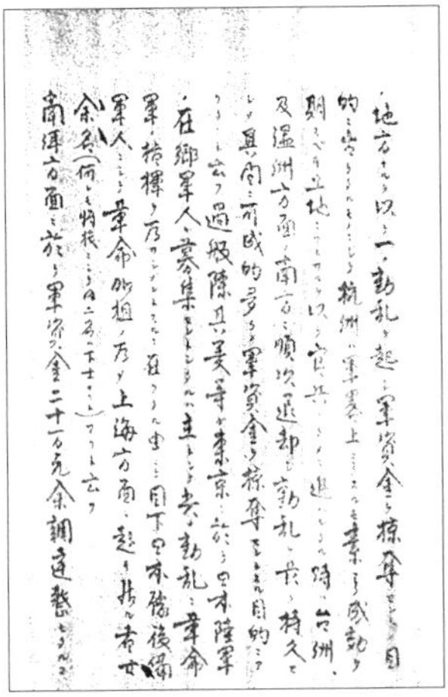
地方ナルヲ以テ一ノ動乱ヲ起シ軍資金ヲ掠奪スルヲ目
的ト為シタルモノニシテ杭州ハ軍略上ニハ左マテ重要ナル
関係ナキ土地ニアラサルヲ以テ官兵ニシテ進ンテ来ル時ハ台州
及温州方面ノ南方ニ順次退却シ動乱ヲ長ク持久セ
シメ其間ニ可成的多クノ軍資金ヲ掠奪セントスル目的ナリ
ト云フ過般陳其美等カ東京ニ於テ日本陸軍
在郷軍人ヲ募集セントシタルハ主トシテ其動乱ニ革命
軍ノ指揮ヲ為サシメントシタルモ目下日本陸後備
軍人ニシテ革命加担ノ為メ上海方面ニ赴キ居ル者廿
余名（何レモ将校ニシテ内二名ハ下士ナリ）アリト云フ
南洋方面ニ於テ軍資金二十一万元余調達整ヒタル

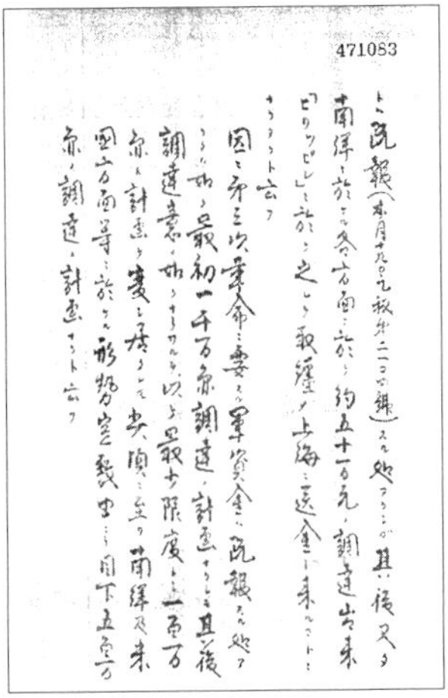
471083
トノ電報（本月十九日乙秘第二〇〇〇號）アリタル処其後又タ
南洋ニ於ケル各方面ニ於テ約五十一万元ノ調達出来
「ビクツビル」ニ於テ之ヲ取纏メ上海ニ送金シ来ルコトト
ナリタリト云フ
因ニ第三次革命ニ要スル軍資金ハ既報ノ処ア
リシカ如ク最初一千万元調達ノ計画ナリシモ其後
調達意ノ如クナラサルヲ以テ最少限度トシテ一百万
元ノ計画ニ変更シタルモ其ノ頃ニ至リ南洋及米
国方面等ニ於ケル形勢宜敷キニヨリ目下五百万
元ノ調達ノ計画ナリト云フ

4. 關於逮捕革命黨及處以死刑之報告（1914.10.30）

日本外務省外交史料館藏

機密第三六號　大正三年十月三十日

杭州領事館事務代理瀨上恕治致外務大臣男爵加藤高明殿下

關於逮捕革命黨及處以死刑之報告

有關於此事日前已於第三三號及第三四號報告之，以下謹將後續的發展提報，僅供參考候敬具。

發現革命黨（亂黨）的陰謀

以上海為根據地的夏之麒〔夏之麟，下同〕一派，其屬下黨員大多於日前陸續潛入杭州等地，企圖謀亂。鑒於該地的中國官員對此有所風聞，嚴加戒備之結果，顯示此謠言為實，本月二十一日深夜潛伏於該城內外的十多名黨員，立刻被當地憲兵隊守備隊及警察逮捕，偵詢之下因主犯認罪以及證據切確，依法處刑，其中有八人已在本月二十三日十二時於當地清波門外執行死刑（槍殺）完畢。朱興武將軍對上述判死刑的八人宣布之罪狀。

根據本地軍警密探等的報告，以上海為根據地的亂黨首領偽都督夏之麒及其偽總司令夏爾嶼，秘密的派遣敢死黨員到杭州等地圖謀不軌。因軍警嚴加防備得宜，並及時下令拘捕，結果如所預料，順利發現他們的陰謀。是以，本月二十一日在我軍警合力之下，在城隍山金剛寺巷、登雲橋及停車場附近緝捕亂黨多人。並搜獲任命狀、委任狀、志願書及彈藥等許多證據，被逮補的黨員何子祥、何振漢、王文揚、薛如軒、周開木、李友儀、張廷南及熊飛等人在偵訊之下，皆承認受逆黨夏之麒之命來杭州圖謀暴亂。因此於二十三日宣判死刑，並於同日十二時在清波門外執行死刑（槍殺）。

革命黨的計畫

綜合他們的自白及中國當局的說法，孫文、黃興及陳其美等革命黨領袖認為歐戰爆發，尤其德、日在青島的交戰，正是起事良機，遂計劃以上海為根據，將黨員分派到各省，首先擾亂江蘇、浙江，然後分布在安徽、福建、廣西、湖北、湖南各省的黨員再前後呼應起事。而之前已秘密潛入的數十名黨員，預定於十月二十二日深夜先放火燒該地官廳，同時掠奪珠寶巷、清何坊（城內顯目的地方）等大商舖作為軍用資金。謀以當地為基地，爾後再將勢力擴張到各省。

逮捕的概略

自十月二十一日著手檢舉以來，至今約逮捕了八十名，執行死刑的有十三名，經調查後被釋放的有十二、三名，其他尚在調查的人中有一、二人是女罪犯。另外，據已被逮捕的某人供稱，他們之中也有日本人中西、小林、水田（亦稱松田）與其他二名，他們一直與革命黨人共同行動，負責攜帶爆裂物等危險物品任務，後因察覺事跡可能敗露，遂於數日前逃逸。

第二次死刑的執行

十月二十七日又處死（槍斃）張璧森、金砥候、張耀、詹順昌、馮惠哉等五人（罪狀與前八人相同）。

目前主要在偵查中的重要逃犯

於該城羊壩頭滌園茶店被逮捕的曾義順（別名曾榮），屬革命黨首領闞玉麒一派，這次是以西歧山北路統領的名義，來杭州企圖煽動當地的軍隊（第六師）。

在鳳山門外遭逮捕的繆祥福（別名阿祥），於第二次革命事件發生時，作為陳其美屬下的小隊長攻擊上海機器，在事跡敗露後而逃往漢口，之後就往來於湖北湖南，這次又因奉闞玉麒之命而來杭州。

來杭黨員之前的職業

此次來杭州者多為軍人出身，且大多為鈕永建的部下，或原來南京第八師或王金發的部下以及在各省曾任軍人者。軍中資歷又以基層軍官、下士及士兵居多，其中還有二、三名為當地第六師某步兵營的下士及士兵。

夏之麒及夏爾嶼的簡歷

夏之麒（目前在上海為浙江都督），浙江省舊處州青田縣人、前清時代江西某部隊的標統、江西省講武學堂堂長，民國後曾擔任南京某要職。

夏爾嶼為夏之麒的弟弟，前清時代曾擔任安徽省武備學堂正提調，民國後出任某聯隊長。

中央統率辦事處所發的警報

朱興武將軍來電報，宣稱根據密報蔣介石、徐仁士、夏次崖等於近日來正從事煽動浙江第六師軍隊，以擾亂杭州之工作，且企圖以該省的衢州為根據地，謀求將勢力擴張至江西省、安徽省等地，指示提高警覺。

各處的防衛

經過此事件之後，該省各方面的警戒更加嚴密，尤其在上海和杭州之間的陸海兩交通路線方面更是嚴加取締。朱興武將軍和屈巡按使也發函給所屬的各軍警知事等，嚴厲下令要在此時根除亂黨禍根。

有關此次事件的獎賞

朱將軍、屈巡按使以此次的措施極為敏捷，前後的防備亦甚為周到，而大力嘉獎，並頒發給相關軍警及其他功勞者賞金一萬元（來自大總統）。除此之外，朱將軍、屈巡按使更再加發二千元，將有功者分成三等級，按級別分配獎金。

革命黨與杭州

該地的人民在第二次革命發生後，對革命黨是厭惡至極，並稱該黨為亂黨或匪類。至於本地的青幫紅幫以及共進會匪中，雖也有與革命黨意見相通者，但鑒於去年舉事的失敗，了解到舉事並非容易，因此幾乎已沒有人願意再投身進去。他們願意起鬨還不是為了獲得一些酒錢，企圖趁革命黨舉事之際，趁機掠奪富豪以便中飽私囊。因此想要他們率先起義終究是不可行的。

第六師

朱興武將軍在第二次革命事變發生後特別慎重取締軍隊。且在軍中主管布滿心腹，又充分留意基層軍官、士官及士兵的整編作業，故要煽動第六師造成擾亂實屬不易，但又因師裡各部主管多是將軍的心腹，造成任免上多少有不公正之缺失，基層軍官、士官及士兵等大多對此心有不滿，進而造成一些脫營者出現，也是勢所必然。

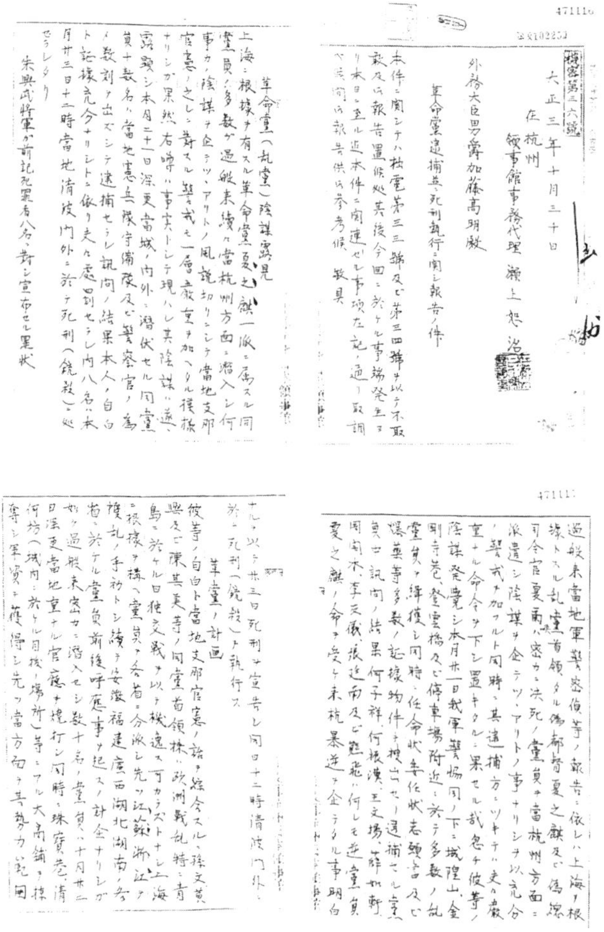

471116

機密第三六號

大正三年十月三十日

在杭州
領事館事務代理 瀬上恕治

外務大臣男爵加藤高明殿

革命黨逮捕並ニ死刑執行ニ關シ報告ノ件

本件ニ關シテハ往電第三三號及ビ第三四號ヲ以テ不取敢及報告置候処其後今回ニ於ケル事端発生ヨリ本日ニ至ル迄本件ニ關連セル事項左記ノ通リ取調ベ候間及報告供参考候 敬具

革命黨（亂黨）陰謀露見

上海ニ根據ヲ有スル革命黨夏之麒一派ニ属スル同黨員ハ多數ガ過般來續々當杭州方面ニ潜入シ何事カノ陰謀ヲ企テツヽアリトノ風説切リニシテ當地支那官憲ノ之レニ對スル警戒モ一層ニ嚴重ヲ加ヘタル模様ナリシガ果然右噂ハ事實トシテ現ハレ其陰謀ハ遂ニ露顯シ本月二十一日深更當城ノ内外ニ潜伏セル同黨員十數名ハ當地憲兵隊守備隊及ビ警察官ノ為メ數刻ヲ出デズシテ逮捕セラレ訊問ノ結果本人ノ自白ト證據充分ナリシトニ依リ夫々處罰セラレ内八名ハ本月廿三日十二時當地清波門外ニ於テ死刑（銃殺）ニ処セラレタリ

朱興武將軍ガ前記死罪者八名ニ對シ宣布セル罪状

471117

過般來當地軍警密偵等ノ報告ニ依レバ上海ヲ根據トスル亂黨首領タル偽都督夏之麒及ビ偽總司令官夏爾ハ密カニ決死ノ黨員ヲ當杭州方面ニ派遣シ陰謀ヲ企テツヽアリトノ事ナリシヲ以テ充分ノ警戒ヲ加フルト同時ニ其逮捕方ニツキテハ夫々嚴重ナル命令ヲ下シ置キタルニ果セル哉忽チ彼等ノ陰謀発覺シ本月廿一日我軍警協同ノ下ニ城隍山、金剛寺巷、登雲橋及ビ停車場附近ニ於テ多數ノ亂黨員ヲ緝獲シ同時ニ任命状委任状志願書及ビ爆藥等多數ノ證據物件ヲ搜出セリ逮捕セル黨員ニ就キ訊問ノ結果何子祥、何振漢、王文揚、薛如軒、周閑木、李天義、張近雨及ビ鄭飛ハ何レモ逆黨員夏之麒ノ命ヲ受ケ來杭暴逆ヲ企テタル事明白

ナルヲ以テ廿三日死刑ヲ宣告シ同日十二時清波門外ニ於テ死刑（銃殺）ヲ執行ス

革黨ノ計画

彼等ノ自白ト當地支那官憲ノ話ヲ綜合スルニ孫文黄興及ビ陳其美等ノ同黨首領株ハ欧洲戰亂特ニ青島ニ於ケル日独交戰ヲ以テ機逸ス可カラズトナシ上海ニ根據ヲ構ヘ黨員ヲ各省ニ分派シ先ヅ江蘇浙江ヲ擾亂ノ手初トシ續テ安徽福建廣西湖北湖南ノ各省ニ於ケル黨員前後呼應事ヲ起スノ計企ナリシガ如ク過般來密カニ潜入セシ數十名ノ黨員ハ十月廿二日深更當地重ナル官廳ヲ燒打シ同時ニ珠寶巷、清河坊（城内ニ於ケル目抜ノ場所）等ニアル大商舗ヲ掠奪シ軍資ヲ獲得シ先ヅ當方面ヲ其勢力範圍

トシ績テ名者ニ及ボサン企ナリシカ如シ

逮捕ノ概畧

十月廿一日檢擧ニ着手セシ以来今日迄約八十名ヲ逮捕シ死刑執行十三名ニ及ビ取調ベノ結果釈放セラレタルモノ十二三名其他目下取調中ノモノニテ一二有罪女犯アリト称シテ逮捕セラレタル犯人某ノ申立ニ依レバ日本人中西小林水田（松田トモ云フ）外二名ハ彼等ト始終行動ヲ共ニシタルモノニテ爆薬其他危險物ヲモ携帯シ居タリトノ事ナルモ事成ナラザルヲ覺知セルモノニヤ數日前何レヘカ走避シタリト

第二回目ノ死刑執行

十月廿七日張璧森、金砥候、張耀、詹煥昌、馮惠斌ノ五名ハ死刑（銃殺）ニ處セラレタリ（罪状等ハ總テ前八

在支那杭州日本領事館

名ト同ジ）

目下取調中ノ重要犯（及ビ逃亡）者ノ重ナルモノ

當城羊壩頭湖園茶店ニ於テ逮捕サレタル曾義頌（別名曾榮）ハ革命黨首領株鳳玉麒一派ニ屬シ西岐山北路統領ノ名義ニテ来杭當地軍隊（第六師）ヲ煽動ノ大目的ヲ有シタリト

鳳山門外ニ於テ緝獲セラレタル繆祥福（別名阿祥）ハ第二次革命事件發生ノ際ハ陳其美配下ニシテ上海機器ヲ攻撃セシ小隊長タリシガ事敗レ漢口ニ逃往シ湖北湖南ヲ来往シ居レルガ今回更ニ鳳玉麒ノ命ヲ受ケ来杭セルモノナリ

来杭黨員ノ前職業

今回来杭セルモノハ多クハ曾テ軍人タリシモノ多キガ

在支那杭州日本領事館

471119

多ク鈕永建ノ部下タリシ者南京第八師附タリシ者王金發ノ部下タリシ者及ビ各省ニ於テ曾テ軍籍ニアリシ者多ク何レモ下級將校下士及ビ兵丁ナリニシテ當地第六師某歩兵大隊ノ下士及ビ兵卒タリシ者二三名アリタリト云フ

夏之麒及ビ夏爾嶼略歴

夏之麒（目下上海ニアリ浙江都督ト稱ス）浙江省處州青田縣人、前清時代江西某軍隊ノ標統、同省講武學堂々長共和宣布後南京某要職ニ任セラレタリ

夏爾嶼ハ之麒ノ實弟、前清時代安徽省武備學堂正提調、共和宣布後某聯隊長

中央統率辦事處ヨリノ警報

在支那杭州日本領事館

朱興武將軍究未電—密偵ノ報告ニ據レハ過般来蔣介石、徐仁士、夏次崖等ハ切リニ浙江第六師ノ軍隊ヲ煽動シ杭州ヲ擾乱シ續テ同省衢州ニ根據ヲ構ヘ江西省安徽省等ニ及ボサントノ計企中ナリ警戒ヲ要ス云々

各處ノ防衛

今回ノ事件後當省各方面ニ於ケル防衛（備）ハ更ニ嚴密ヲ加ヘ特ニ上海ト當杭州間陸海両交通路ニ對スル取締ヲハ一層ノ嚴重トナレリ朱興武將軍及ビ巡按使ハ所屬各軍警知事等ニ究テ此陰乱黨禍根ヲ断ツニ勉ムベキ様ノ嚴命ヲ下シタリト云フ

今回ノ事件ニ関スル黨與（實）

在支那杭州日本領事館

471120

朱將軍巡按使ノ今回ノ措辦ハ極メテ敏捷ニシテ前後ノ防備亦甚ダ周到ナルハ深ク嘉奨スル処ナリトテ事件ニ関係アル軍警其他ノ功労者ヘ対スル賞金壱萬元送来セリ（大総統ヨリ）
朱將軍巡按使ハ更ラニ二千元ヲ増加シ功労ヲ三等ニ分ケ夫ハ賞與ノ分配ヲナサシメタリ

革黨ト杭州

當地一般人民ハ第二次革命発生後特ニ革黨ニ対スル憎悪甚シキニ至リ何レモ同黨ヲ叫ブニ乱黨若クハ匪類ヲ以テスルニ至レリ當地方面ニ於ケル青帮紅帮及ビ共進會匪中多ナ革命黨ニ意ヲ通ズルモノ十中ニ下ラザルモ既ニ昨年ノ失敗ニ懲ミ容易ニ事ノナラザルヲ知レルヲ以テ進ンデ之レニ投スルモノ

在支那杭州日本領事館

殆ンドナク寧ロ之レヲ利用酒食ノ料ヲ得ルニ勉メ革命黨事ヲ擧グルニ至ラバ機ニ乗シ富豪ヲ掠奪シ私嚢ヲ肥スベク期待スル状態ナルヲ以テ到底彼等率先事ヲ起スカ如キ事ナカル可シト思考セラル

第六師

朱興武將軍ハ第二次革命事変発生後特ニ軍隊取締ヲ厳重トナシ且ツ其監部ハ腹心ノ將弁ヲ以テ満タシ下級將校下士卒ノ如キモ充分ノ注意ヲ以テ編成ヲナシ居レルヲ以テ第六師ヲ煽動シ擾亂ヲ醸スハ中々容易ノ事ナラザルベシ惟師團各監部カ餘リニ將軍腹心者ヲ以テ充タサレタルト其任免ニツキ多少公平ヲ欠グノ点アリトテ下級將校下士卒ノ一部ニハ大ニ之レヲ快シトセザル向ナキニアラザルヲ

在支那杭州日本領事館

471121

以テ場合ニ依リテハ多少ノ騒擾ヲ出スハ或ハ免レ難キ事ナラン

以上

在支那杭州日本領事館

伍、蔣介石日記中的紀錄

蔣介石中華革命軍東北參謀長日記（1916）

〈蔣參謀長日記〉，
《一般檔案》，中國國民黨文化傳播委員會黨史館藏，
館藏號：一般 120/16。

蔣參謀長日記

七月三十一日　晴

接北京曲同豐及總統府秘書來電各一件。午後總司令出發晉京，許先生到司令部，代理總司令辦公。接日本守備隊電話，因有本軍在南流站鐵道附近，與敵軍對陣，該處果有本軍隊伍否，要求查覆等因。即查孟九浩軍隊，駐紮該查附近，承認該隊為本軍所統是實。復接濟南鐘蓬山致總司令來函，以本軍有在南流附近各村莊，搶劫焚掠等事，似與守備隊今日通報情況相近。即飭第一師長查辦。六時許，接守備隊電話，晚間有該守備隊派斥候於城牆附近練習，請總司令通知各團隊，不致彼此誤會。晚間，介石出城巡查，自南關過白琅河，至東圍子操場附近一帶視察後，即由東圍子過白琅河回城，十一時回總司令部。

今日所發命令如左：

一、總司令部各處，每日須派一員值日。

一、總司令部每日辦公時間。

一、催造各師旅花名冊。

今日所見，擬改正之件如左：

一、見各處衛兵口號不明；以後對答者，須唱當晚口號。

一、見各處外表名稱，仍有未照改編名稱張貼者，須限期一律改換。

一、槍匠須趕緊雇用，廢槍迅即修理。

一、測繪人員須整頓。

一、衛兵勤務細則須修訂。

今日，伊東知也過濰，來司令部參觀。

八月一日　晴

午前，介石奉許先生命，往第一師及第一、第二各旅司令部視察，及往會各司令官。午後，滿鐵副總裁國澤氏過濰，派巴參謀赴站迎迓。

今日所見，擬改正之件如左：

擔槍有槍身向上及向右者，以後當下令，皆改為向右，以歸統一。

騎兵乘馬時，須用皮鞋、宜飭因糧局發給。

徵兵身材之長短、及年齡、體格多有不及者，宜令各團隊長認真選擇裁減。

總司令部之護兵及小使，須認真裁減。

八月二日　午前陰、午後雨

今日接第二師長呂子人報告，攻擊景紫鎮之敵軍，已被擊退；而膠州方面敵軍，在百尺河附近，亦有襲我之勢。當時由代理總司令，電質張懷芝，限其廿四小時內答覆。午後，濰縣商會及紳士十餘人，來謁代理總司令，未見。頤壽堂主，與前張知事，通同作弊，有錢項之嫌。令因糧局傳問。

今日由參謀處所發通報如左：

一、通報第一司長，以大局未定，對於寒亭及流飯橋各處敵軍，當作警備，令其東至于河頭，西至王家樓、楊家莊一帶地形，迅即偵查，每晚派小哨監視。

一、通報第一師長，各營、各連分紮地點，限於初六日以前報告。

今日所見，擬改正之件如左：

軍械局須整頓。

副官處外賓及屬員，擬選擇。

一、軍隊衛生宜注意。

一、紅十字會醫院，開支太大，院趾當遷入城內，且須與該會另訂規章。

一、城外通訊處可撤銷。

八月三日　晴

今日接總司令由濟南所發手諭，以竭力整頓軍隊為首要，今日當可晉京。羽佐田中尉來告，山東督軍署派任某往高密方面調查戰況，未知其用意如何。

午後，飭第一師偵查龐家方面敵情，及警備一切。

今日所見，擬改正之件如左：

一、總司令部應添偵探員數名，以便臨時派遣，參謀處當設諜報一科。

一、總司令部擬添總值日員一名，由參謀與副官各處長輪流擔任。

一、各團隊所有軍械軍裝，擬令其限日呈報。

一、警衛騎兵、步兵隊，當改為衛隊步兵、衛隊騎兵為是。

今日參謀處所發通報：

一、催軍械科造表冊。

一、催總理局造表冊。

八月四日　晴

代理總司令派介石至西操場觀操，飛行機試驗活走。接孫先生致總司令電一件，商酌晉京事。

今日參謀處所發通報：

致第一師長，查報各團隊起居日課時間。

致各處司令，發給新兵教練順序表。

今日所見，擬改正之件如左：

一、各目兵須令其熟誦本師旅團營連名號，及其長官姓名。

一、各團隊起居教練時間，須歸一律。

一、師司令部，每日當派值日一名，定時來總司令部副官處，傳授命令及報告。

一、總司令部衛兵，當設號長及號兵若干名。

今日總司令部，令各師及各司令部，限一星期內，報造軍械、軍裝及駐紮地點表。

八月五日　晴、午後雨

午前，代理總司令派介石往于河頭方面，偵查地形。接張懷芝覆電。午後，令趙旅長調查南流孟九浩焚掠之案。

今日總司令部所發命令：

令各獨立機關，每日派值日員來部，傳授命令及報告。

令第二師長，調查景芝鎮當時開戰之實情。

今日所見，擬改正之件如左：

一、總司令部出入人員，擬發出入證為憑。

一、總司令部各物持出時，擬發持出證為憑。

一、兵卒不得身著軍服，在各鋪戶坐談，及行路時，不得向商民恫嚇敲罵，總司令當下令痛誡。

八月六日　晴、未刻雷雨

第二師長呂子人派璩濟吾來濰，見代理總司令，商議一切，及請領餉項。軍械科長王任辭職，由吳參謀兼理。近有馬海龍謀叛之報，特飭各城門嚴密檢查。

今日所見，擬整頓之件：

總司令部衛兵，每日須由副官處值日員，點名檢查。

一、城門上五色旗，須換新旗，每晚由守門衛兵收下，每朝樹立。

一、騎兵須用皮鞋、皮帶及裹腿，已飭總理局調辦。

一、目兵教科書，須另外編輯，擇其緊要簡單者，俾得速成。

八月七日　晴

朝六時半，代理總司令往西操場觀坂本氏之飛行，飛高約八百米突，飛行時間約有十五分之久。第一師長亦入場參觀。八時，入第三團本部，與朱師長相談畢，乃回總司令部。得探報：張安幼及眷屬，昨日得出南門逃避，為守衛兵所阻。吳參謀兼理軍械科長。

今日所見，擬實施之件：

一、總司令部擬設軍醫科，且須委軍醫科長。各師團隊，亦宜設軍醫，以資整頓衛生。

一、代理總司令，命各隊出操時，須先施五分鐘柔軟體操，以練經骨。

一、各城門須嚴密防範。

八月八日　晴

代理總司令，派介石往高密第二師，調查一切。接第二師長佔領王家台，及對日交涉之電，代理總司令即告日人以我軍佔領王家台之理由，與之直接交涉。

今日所見，擬改正之件：

一、各師旅操法，當照民國二年之操典施行。

一、各師旅所有各式槍械，分別總類，每連當用同式槍械為是。其有不足一連之數者，則每排同式亦可。如僅有數支者，當由軍械科收回存儲。以免參差不齊，及戰鬥時補充子彈之複雜。

一、現用槍械，均無刺刀皮件。各師旅軍衣，當照第二師式樣，腰間當添束帶一條，代作皮帶之用。

八月九日　晴

午前，介石往第二師各團隊看操，操法較為整齊。

第五團約有三連之數，步槍足有一連。第七團約有二營之數，步槍約有一連。其餘隊伍，聞已出發，派赴景芝鎮約有一營，王家台約有三連。云高密營房不齊，操場狹小，內務外場，較難整頓。午後，介石回濰。

今日所見，擬改正之件：

一、下士學術各科，須格外留意。

一、兵士老少不一，當精選嚴擇，須照總司令部所發徵兵規則為準。

八月十日　晴

發送第二師三十年式子彈一萬顆，以王家台方面，戰況緊急也。第一師長函催餉項。日本守備隊，得其軍令部之電，為王家台佔領事，勸我軍退出。代理總司令，據理力辯，萬難退出。濟南日本領事署之警察長，奉其外務省命令，擬在濰縣設立臨時警署，代理總司令，以此交涉，移交濟南督軍為是，本軍不能承認。

今日所發規條：

徵兵體格年齡等之規條。

各師醫官及衛生規條。

請假規則。

今日之所感：

本軍基礎未定，整頓需時，如能上下一致，努力改正，則事尚非難也。軍隊名冊不報，則實員之數難知，餉項無度，其難一也。裝械之數不清，則種式難分，戰鬥力難知。一旦有事，計畫難定。以上諸件，為著手整頓之第一要件，而乃再三催報，期限早過，終未實行，甚為焦急，豈所發命令有不當歟，自歉何似。

八月十一日　乍雨

總司令由京來信，為曲同豐來濰，准其檢閱事，由代理總司令邀集朱師長、陳副官長會議，決議以不受其檢閱，請總司令速回濰。當此外交、中央、周村三方面相與為難之際，若不同心一致，危險何似。吾軍今日之地位，如能聯絡中央，則一切難題不難立解。蓋吾軍之將來無論為改編及解散，非經中央承認不可也。否則，兵力未備，時機不正，財政困難，不特不能發展，且不能永久獨立，為國為民，終以早日解決為是。況受人胯下，種種肘制，不一而足。延宕一日，即為國家多被一日之患乎。發給第二師之子彈，以日人不許運送作罷。王台事件，日本軍令部來電調停，勸令退出，代理總司令卻之。接日人電，有總司令不回濰縣消息，代理總司令擬派介石赴京迎迓。

今日所見，擬改正者：

一、兵士有過，不准罰跪，以保軍人體面。

一、因糧局不得自由支出，凡徵發各款，當報告總司令交付經理局，所有支出，非過總司令之印，不准該局先付，則軍費方能統一。

八月十二日　晴

發陳英士先生追悼之電。

代理總司令決派介石赴京，迎接總司令來濰。調查經理局現狀，食米只足二日之用，秋衣尚未定製，被毯亦未購備，款項缺乏，每日無數百元之存儲，收支機關，不能統一，代理總司令無權支配，整頓無術，號令不行，奈何之哉。

今日所定之件：

一、擬定總司令部編制表。

附錄

青年蔣中正的革命歷練（1906-1924）*

黃自進
中央研究院近代史研究所研究員

一、前言

蔣中正與廿世紀中國歷史的發展密不可分。研究蔣中正，為探究廿世紀中國史的重要一環，相關研究不勝枚舉。不過，若與其他時期相比，以青年時期蔣中正為主題的研究，仍有眾多可探討的空間。至今為止，只有二本專著以青年蔣中正為主題：一本是編著性質，全文沒有註解，亦無評析，僅直述蔣青少年時期的生涯點滴；[1] 另一本聚焦於該時期蔣所思所為，條理明暢，論證平允，可謂經典之作；但是，這本三十八年前出版的舊作，[2] 因受限於史料，多處仍有不夠鞭辟入裡之憾。首先，該著未及參照近年來在美國史丹佛大學所公開的

* 本文是國科會研究計畫獎助成果之一，計畫編號是 NSC95-2411-H-001-047-。撰寫過程中，承蒙同仁黃克武、潘光哲教授惠賜寶貴意見，至為銘感。對匿名審查人的詳閱斧正，作者深感受益，謹致謝忱。

1 崔曉忠，《青年蔣介石》（北京：華文出版社，2007）。

2 Pichon Pei Yung (P. Y.) Loh（陸培涌）, *The Early Chiang Kai-shek: A Study of His Personality and Politics, 1887-1924* (New York: Columbia University Press, 1971).

〈蔣中正日記〉、國史館珍藏的〈蔣中正總統檔案〉等第一手基礎史料，欠缺細膩的觀察視野。這使該著在史料基礎不足的情況下，逕援引行為科學理論，以蔣中正的認同危機（identity crisis）及整合危機（integrity crisis）為主軸，[3] 解析他青年時期政治人格的成長過程。其次，該著實際探討的重心在 1916-1923 年間，因而沒有分析蔣在中華革命黨初創時期的角色，對 1914-1915 年間蔣在東京的所作所為，幾未觸及；對蔣與孫中山的往來關係，如何從疏到親、如何得到孫的賞識等議題，亦欠探討。至於其他相關著作，大都侷限於某一主題、[4] 或某一時期。[5] 總之，有關青年蔣中正的主

---

3 作者認為，蔣早年之所以投身革命，陳其美扮演關鍵性角色；是以，1916 年陳的被刺，對蔣打擊甚大。爾後蔣一度無法安心工作、無法與同志共事，實因失去良師益友，無法面對爾虞我詐的外在虛偽世界。探討蔣內心的挫折、焦躁及自我的調適，就成為本文重點。參閱 Pichon P. Y. Loh, *The Early Chiang Kai-shek: A Study of His Personality and Politics, 1887-1924*, pp. 51-65, 102-108.

4 鐵軍，〈蔣介石與討袁之役〉，《中原文獻》，卷 39 期 2（2007 年 4 月），頁 49-68；王光遠，〈蔣介石早期的軍政生涯〉，《文史精華》，2002 年第 11 期，頁 51-59；史哲，〈青年蔣介石的內心世界〉，《報刊薈萃》，2006 年第 11 期，頁 50-53；桑鏞炳著，林放譯，〈早年的蔣介石先生（節選）〉，《檔案與歷史》，1986 年第 2 期，頁 97-100；郭緒印，〈蔣介石早年與幫會的關係〉，《歷史教學問題》，1989 年第 2 期，頁 52-53；靳明全，〈蔣介石並非日本陸軍士官學校的畢業生〉，《重慶師範大學學報（哲學社會科學版）》，2005 年第 3 期，頁 81-82；田中健之，〈日本の中の近代アジア史（12）日本陸軍に留学した蔣介石〉，《中央公論》，卷 12 期 1（2007 年 1 月），頁 284-287；Shou-kung Li, "Chiang Kai-shek and the Anti-Yuan Movement," *Chinese Studies in History* 21:1 (Fall 1987), pp. 70-111.

5 黃黎，〈1926：蔣介石初露崢嶸〉，《黨史博采》，2003 年第 10 期，頁 29-33；鐘康模，〈陳炯明叛變前後的蔣介石〉，《廣州研究》，1988 年第 6 期，頁 51-55；サンケイ新聞社編，《蔣介石秘録 5：青年士官時代》（東京：サンケイ新聞社出版局，1975）；汪偉華，〈試論從孫中山逝世至北伐前之蔣介石〉，《江西社會科學》，2003 年第 4 期，頁 120-123；胡震亞，〈蔣介石早年性格特徵及

題，仍值得進一步探究。

有鑑於此，本文特援用〈蔣中正日記〉及日本政府對孫中山、陳其美、蔣中正的監視紀錄等第一手史料，冀望在掌握蔣中正的主觀意志，以及蔣與孫、陳二人往來的客觀具體事例上，重探青年時期的蔣中正。

探究蔣中正的革命歷練以及政治人格的成長，大致可以區分為以下五個主題：

第一，早年的蔣中正隸屬於陳其美門下，他如何得到陳其美的賞識，又如何繼承其衣缽？

第二，蔣中正是因陳其美的引薦，才得以結識孫中山，在蔣和孫交往過程中，陳其美扮演何種關鍵性角色？

第三，蔣中正有哪些具體作為，使他能得到孫中山的肯定，從此樂意不次拔擢？

第四，蔣中正得以崛起，與時代的需求密切相關。因此，面對時代的挑戰，蔣中正的人格特質又如何回應時代的需求？

第五，蔣中正在接任黃埔軍校校長之前，為了爭取一個可以充分發揮自己才華的舞臺，曾於 6 年期間創下 12 次辭職的紀錄。這些抗爭經歷，與蔣中正的自我調適以及自我設定目標的達成，有何種互動關係？

形象重塑述評〉，《民國檔案》，2002 年第 4 期，頁 50-58；耿易，〈蔣介石在辛亥革命時期的功與過〉，《杭州師範學院學報（社科版）》，1989 年第 4 期，頁 22-28；莫永明，〈評辛亥革命前後的蔣介石〉，《學術月刊》，1989 年第 6 期，頁 76-80。

本文即針對上引五個主題，逐一探討，期能縝密論述青年蔣中正的革命歷練，進而對蔣中正的崛起過程有更深層的掌握。此外，為求易於辨讀，本文一律書寫人物本名，不用別號。

二、辛亥革命時期：自我定位的摸索

根據蔣中正的自述，他於 1906 年（光緒 32 年）開始接觸革命黨人，首先結識陳其美，再由陳引見，在日人宮崎滔天家中拜會孫中山；[6] 其後，於 1908 年（光緒 34 年）加入同盟會，介紹人為陳其美，保證人則是周淡游與莊新九。[7] 然直到 1913 年（民國 2 年），蔣才單獨蒙孫氏接見，並受其賞識。[8]

以上是蔣中正加入革命黨活動的簡歷。不過，蔣中正為何能從一介普通革命黨員，逐漸躍升為可參與決策，能單獨與孫中山議事的幹部？此一身分的轉換過程，是研究蔣中正革命生涯的首要課題。特別在既有的研究成果中，對蔣中正何時見到孫中山、為何能得到孫賞識，可謂眾說紛紜，未有定論。[9] 有鑑於此，本節

---

6 〈蔣中正日記:民國6年前事略〉(美國史丹佛大學胡佛研究所藏，原件，以下略收藏機構）。

7 〈蔣中正日記：1929 年 8 月 31 日〉。

8 蔣中正，〈三民主義青年團成立二週年紀念會告全國青年書〉（1940 年 7 月 9 日），收入秦孝儀編（以下略），《先總統蔣公思想言論總集》（臺北：中央文物供應社，1984），卷 31，頁 196；蔣中正，〈我們復國的精神志節和建國的目標方略：對第 9 次全國代表大會的指示〉（1963 年 11 月 12 日 -22 日），收入《先總統蔣公思想言論總集》，卷 28，頁 265。

9 例如在董顯光所著《蔣總統傳》中，稱兩人第一次見面係在 1910 年（宣統 2 年），地點為日本東京。孫見到蔣後，對介紹人陳其美說：「我們的革命運動中正需要這樣的人。」在此，將 1910 年

擬以蔣中正的早年生活歷程為經，所處時勢潮流為緯，勾劃蔣中正的成長軌跡，同時反映大時代的風貌。

1906 年，蔣中正以 19 歲弱冠之年遠赴東京深造，此一舉動不僅表示蔣對近代文明的仰慕，也顯露當時的風尚。當時憂國志士的共同體認，是傳統中國文化已不足以抗衡西方，中國惟有以日本為師，借重日本吸取西方文化的經驗，以謀國家改造，始可避免亡國亡種之禍。這份自覺引發了東瀛留學熱潮，也啟動了蔣遠赴日本留學的決心。

不過，這段留學經歷不及一年。蔣 4 月赴日，年底就返國，只因他志在學習軍事，當得知中國學生要入日本軍隊受訓，必須由清廷陸軍部保送，否則概不收容後，便毅然結束在東京清華學校的學習，整裝回國。[10] 但是這趟短暫的東瀛之旅，卻是日後他投身革命陣營的關鍵。在此期間，他因鄉親周淡游的介紹，得以結

視為兩人首次見面，而兩人一見如故，孫對蔣的賞識不言可喻。持斯論點者，尚有大陸學者周盛盈、劉紅以及日本產經新聞等著。除了 1910 年之說外，另有謂 1913 年 12 月，地點仍為日本東京。持此論者為大陸學者崔曉忠、宋平、嚴如平、鄭則民以及美國學者 Jay Taylor 等人。參見董顯光，《蔣總統傳》，（臺北：中華文化出版事業委員會，1952），輯 1，頁 14-16；周盛盈，《孫中山和蔣介石交往紀實》（石家莊：河北人民出版社，1993），頁 7；サンケイ新聞社編，《蔣介石秘録 2：革命の夜明け》（東京：サンケイ新聞社，1975），頁 63-64；劉紅，《蔣介石大傳》（北京：團結出版社，2001），上冊，頁 65-66；崔曉忠，《青年蔣介石》，頁 120-121；宋平，《蔣介石：總司令、委員長、總裁、主席、總統》（香港：利文出版社，1988），頁 24；嚴如平、鄭則民，《蔣介石傳稿》（北京：中華書局，1992），頁 36；Jay Taylor, *The Generalissimo: Chiang Kai-shek and the Struggle for Modern China* (Cambridge: Harvard University Press, 2009), p. 270.

10 蔣中正，〈對從軍學生訓話〉（1944 年 1 月 10 日），收入《先總統蔣公思想言論總集》，卷 20，頁 315。

識陳其美，[11] 爾後更藉由陳其美的引薦，能夠面見孫中山，[12] 為他往後的革命生涯掀起序幕。

回國後，翌年春天，蔣中正即考取清廷於直隸保定新創設的「通國陸軍速成學堂」，並以該校在籍學生身分，於 1908 年被清廷甄選為留日陸軍學生，派遣至東京振武學校接受陸軍軍官的預備教育。[13] 根據日本軍官教育的培養流程，在進入士官學校接受正式軍官教育之前，必須有部隊的實習經驗。因此，振武學校的中國軍事留學生，在完成三年基礎教育後，必須下部隊實習一年，方可進入士官學校繼續深造。士官學校的基礎課程是一年半，完成學業後，將以實習軍官身分歸建原部隊，再經半年實習，才可獲任命為少尉軍官。整體的軍官培訓過程，至此才告一段落。[14]

因此，若按照正常程序，蔣中正得在日本進修六年，才可完成既定的學習課程，成為合格的軍官。不過，就在蔣中正完成振武學校課業，被分發至部隊實習屆滿前的一個月，辛亥革命爆發，他乃回國投身革命，

---

11 姚輝、朱馥生，《陳英士評傳》（北京：新華書店，1989），頁20。

12 根據蔣中正自述，見面場合是在宮崎滔天的家中，惟當時兩人並沒有互動；而兩人有個別談話的機會，則是到 1913 年討袁戰役以後。參見〈蔣中正日記：民國 6 年前事略〉；蔣中正，〈三民主義青年團成立二週年紀念告全國青年書（1940 年 7 月 9 日）〉，收入《先總統蔣公思想言論總集》，卷 31，頁 196；蔣中正，〈我們復國的精神志節和建國的目標方略：對第 9 次全國代表大會的指示〉，收入《先總統蔣公思想言論總集》，卷 28，頁 265。

13 黃自進，〈蔣中正先生留學日本的黃金歲月〉，《近代中國》，期 147（2002 年 12 月），頁 29。

14 黃自進，〈蔣中正先生留學日本的黃金歲月〉，《近代中國》，期 147，頁 36。

從此中止在日本的學業。[15] 易言之，蔣中正並沒有就讀士官學校，而他的正式學歷只是振武學校畢業，等於是完成中學教育而已。[16]

相較於課業的平庸表現，[17] 蔣中正對革命事業則是認真地投入。1908 年，蔣以留日陸軍學生身分再度抵達日本，加入了同盟會。此後，他不時利用假期返國，直接投身上海的革命事業。[18] 辛亥革命爆發後，他又立即整裝回國，是同期 62 名實習生中，被日本陸軍大臣石本新六列名告發私自潛逃回國的三人之一。[19] 這些史實，無異為蔣氏獻身革命的熱誠，提供歷史見證。

辛亥革命時期，蔣直接受命於陳其美，他首先擔任先鋒隊指揮官，赴杭垣運動新軍，旋率敢死隊百餘人自滬抵杭，參與規復浙江。1911 年（宣統 3 年）11 月 4 日，他親率敢死隊進攻浙江撫署，響應友軍攻擊軍械局

15 黃自進，〈蔣中正先生留學日本的黃金歲月〉，《近代中國》，期 147，頁 56。

16 按明治時期的教育體制，小學 6 年，中學 5 年，高等學校 3 年，大學 3 年。

17 除了未能順利完成士官學校學業外，蔣中正在振武學校的在校成績與部隊實習成績也皆乏善可陳。蔣中正是在 1910 年 11 月畢業，三年振武學校的總成績是 68 分。蔣氏所修畢的科目除日文閱讀、會話、作文 3 科以外，還有算數、代數、幾何、地理、歷史、物理、化學、生理、圖學、畫學、典令、體操等 12 科。此 15 科學術科目再加計操行為總成績，蔣於同期 62 名畢業生中，名列 55。參照〈振武學校學期試驗成績表〉（日本防衛廳防衛研究所圖書館藏，原件）。

18 秦孝儀總編，《總統蔣公大事長編初稿》（臺北：未公開發行，1978），卷 1，頁 16-17。

19 其他兩人為張羣、陳星樞。「陸軍大臣男爵石本新六發外務大臣子爵內田康哉宛の通牒」（1944 年 11 月 8 日），〈在本邦清國留學生關係雜纂：陸軍學生の部〉（日本外務省外交史料館藏，陸普第 3797 號，原件），卷 5。

及將軍署的活動。是日，順利攻克杭州，蔣中正有率先起義，虜獲巡撫增韞之功。浙省既下，蔣返滬報命於陳其美。是時上海已先一日為陳所規復，陳被推為滬軍都督，蔣遂被任命為滬軍第 5 團團長，留在上海為滬軍練兵。[20]

不過，蔣中正任軍職的時間並不長，主要原因在於他是轟動一時的「刺陶案」的製造者。1912 年（民國元年）1 月 14 日，光復會首領陶成章遭到暗殺，蔣中正日記中補述其事道：

> 當革命之初陶成章亦相繼回國，即與英士相爭，不但反對英士為滬軍都督而顛覆之，且欲將同盟會之組織根本破壞，且欲將光復會代之為革命之正統，必欲將同盟會領袖孫黃之歷史抹煞無遺，并謀推戴章炳麟以代孫先生。嗚呼！革命未成，自起糾紛，陶之忌刻成性，竺紹康未死之前，嘗謂余曰：陶之私心自用，逼陷徐伯生者，實此人也，爾當留意之！惜竺於此時已逝世，而其言則余初未忘。及陶親來運動余反對同盟會，推章炳麟為領袖并欲置英士於死地，余聞之甚駭且悲，陶之喪心病狂已無救藥，若不除之，無以保革命之精神，而全當時之大局也。蓋陶已派定刺客，以謀英士，若果令計得行，則滬軍無主，長江下游必擾亂不知所之；而當時軍官又皆為滿清所遺，反覆無常，其象甚危，長江下游人心

20 秦孝儀編，《總統蔣公大事長編初稿》，卷 1，頁 17-18。

未定，甚易為滿清與袁賊所收復，如此則辛亥功敗垂成。故再三思索，公私相權，不能不除陶而全革命之局，此為辛亥年革命成敗最大之一關鍵。余於此特記述之，但出於一片公忠之至誠，決非對人有所好惡，此為余對革命歷史惟一深切之事，余因此自承其罪，不願累英士，乃即辭職東遊。[21]

可見「刺陶案」確為蔣一手主導。「刺陶案」引發的衝擊，可由臨時大總統孫中山於陶案發生翌日發給滬軍都督陳其美的電文中，一窺究竟：

萬急，滬軍陳都督鑒：閱報載光復軍司令陶成章君，於元月十四號上午兩點鐘，在上海法租界廣慈醫院被人暗刺，刺中頸、腹部，兇手逃去，陶君遂於是日身死，不勝駭異。陶君抱革命宗旨十有餘年，奔走運動，不遺餘力，光復之際，陶君實有鉅功，猝遭慘禍，可為我民國前途痛悼。法界咫尺在滬，豈容不軌橫行，賊我良士。即由滬督嚴速究緝，務令兇徒就獲，明正其罪，以慰陶君之靈，洩天下之憤。切切。總統孫文。[22]

除了孫中山公開命令嚴速究緝之外，陸軍總長黃興也於 17 日向陳其美拍發電報表示：

---

21 〈蔣中正日記：民國 6 年前事略〉。

22 《民立報》，1912 年 1 月 17 日。

上海陳都督鑒：聞陶君煥卿被刺，據報云是滿探，請照會法領事根緝嚴究，以慰死友，並設法保護章太炎君為幸。黃興叩。霰[23]

此外，還有浙江都督府、滬軍都督府、浙江共和促進協會等相關機構及民間團體，懸賞獎金以期緝拿兇手。[24] 從中央政府到地方行政首長的一連串相繼表態，具體反映刺陶案所引發的社會迴響。1 月 21 日，光復會於上海為陶成章舉行追悼會，出席者多達四千餘人。[25] 1 月 30 日，陶的骨灰運回杭州，在杭州舉行的追悼會，到會者竟有萬人之眾。[26] 因陶被視為殉道者，眾人義憤填膺。1 月 14 日，事發不久，和蔣一起行兇的王竹卿，便被浙江嘉興當地的光復會會員僱人殺死。[27] 既成眾矢之的，避禍東瀛，反而成為蔣中正最好的選擇。

不過，避居東瀛以後的蔣中正，並未關門蟄居，反而謀定後動，再度出發，復於東京創立《軍聲雜誌》，著意喚醒國人注意國防安全。新雜誌社址設於東京，在上海、北京、漢口等地皆設有發行機構，於 1912 年 11 月 1 日正式創刊。[28] 蔣中正親自撰寫發刊詞：

---

23 《民立報》，1912 年 1 月 20 日。

24 《民立報》，1912 年 1 月 20 日。

25 《民立報》，1912 年 1 月 22 日。

26 《民立報》，1912 年 1 月 31 日。

27 楊天石，〈蔣介石為何刺殺陶成章〉，收入氏著，《找尋真實的蔣介石：蔣介石日記解讀》（香港：三聯書店，2008），頁 80。

28 古屋奎二編著，中央日報社譯，《蔣總統秘錄：全譯本第 4 冊》（臺北：中央日報社，1975），頁 61-62。

> 我國此次之革命，名為對內，實為對外。……對外問題最重要者為軍事，……吾國人今日對於軍事所最宜注意者；一曰鼓吹尚武精神。二曰研究兵科學術也。三曰詳議徵兵辦法也。四曰討論國防計畫也。五曰補助軍事教育也，六曰調查各國軍情也。……以上諸綱，均為軍事之關鍵，而列強所恃以雄視世界者，其大端實不外乎此。本社同仁編輯軍聲，將欲揭破各國之陰謀，而曉音瘏口，警告國人以未雨綢繆之計者，意在斯乎！意在斯乎！[29]

此外，《軍聲雜誌》還在上海《民立報》刊登廣告，說明「雜誌社之體制，仿效日本偕行社記事之例，而略加變通。」[30] 所謂《偕行社記事》，是指偕行社所發行的機關報。偕行社成立於 1877 年（清光緒 3 年），是一個以日本陸軍現役將校級軍官為成員所組織成的聯誼社團，因此，《偕行社記事》並不是一般性雜誌，而是一本兼負研究軍事及宣傳軍政政令的雜誌。[31] 因而以《偕行社記事》為範例的《軍聲雜誌》，成立目的除了表面上所宣揚的軍事戰略之研究外，喚醒國民憂國意識、團結有志之士、擴張人際網絡等意圖，亦甚明顯。

蔣中正先後在《軍聲雜誌》發表了五篇文章，在第

29 蔣中正，〈軍聲雜誌發刊詞〉（1912 年 11 月 1 日），收入《先總統蔣公思想言論總集》，卷 35，頁 2-4。

30 《民立報》，1912 年 11 月 20 日。

31 淺野和生，《大正デモクラシーと陸軍》（群馬縣：關東學園大學，1994），頁 86。

一篇〈革命戰後軍政之經營〉文中，首先主張革命後的新政府，急務莫過於確立國防方針。其次，他認為按中國的國力，無法同時發展海陸軍，因而主張以十年之力，全力發展陸軍，採守勢國防；並主張以清廷原本 1 億 2 千萬的軍費支出為基準，培養 60 萬精兵。[32] 其次又發表〈軍政統一問題〉，主張軍政必須統一，在全國範圍內分設各級管區，層層節制。[33] 接著發表〈巴爾幹戰局影響於中國與列國之外交〉，認為巴爾幹半島的戰爭雖已告一段落，但戰後領土的重新劃分，不僅涉及參與戰事的諸小國切身利益，也關乎歐洲各列強的勢力重整，因而巴爾幹的發展，值得中國重視。尤其因巴爾幹問題而導致英、德、意、奧諸國與俄國交惡，更是中國可因勢利導的外交良機，以求在亞洲孤立俄國。[34]

其後，蔣中正又連續發表兩篇關於中國邊疆問題的文章。第一篇是〈蒙藏問題之根本解決〉，主張在西藏及蒙古的主權分別遭受英國及俄國侵犯時，為避免腹背受敵，「征藏不如征蒙，撫俄不如撫英」，認為西藏爭議不妨暫時擱置，應集中全力征討蒙古，用武力奪回中國在蒙古的既定主權，對俄國更應有不惜一戰的決心。[35] 第二篇〈征蒙作戰芻議〉，認為「征蒙為討俄之

32 蔣中正，〈革命戰後軍政之經營〉（1912 年 7 月），收入《先總統蔣公思想言論總集》，卷 35，頁 23-36。

33 蔣中正，〈軍政統一問題〉（1912），收入《先總統蔣公思想言論總集》，卷 35，頁 5-10。

34 蔣中正，〈巴爾幹戰局影響於中國與列國之外交〉（1912），收入《先總統蔣公思想言論總集》，卷 35，頁 11-15。

35 蔣中正，〈蒙藏問題之根本解決〉（1912），收入《先總統蔣公思想言論總集》，卷 35，頁 16-22。

代名詞」，因而真正的作戰對手為俄國。鑑於俄國為泱泱大國，領土跨越歐亞大陸，平時就擁有雄兵 150 萬，戰時更可動員到 230 萬兵力；而中國集全國之力也不過 40 餘萬人，對俄可用之兵最大極限約為 20 萬人。因此，蔣中正的結論是，集中兵力於庫倫，然後審時度勢，切忌魯莽冒進。[36]

從蔣中正發表在《軍聲雜誌》的五篇論文觀之，他提出論述的主要內容，對內主張軍政統一，對外主張維護國權。與他主政後的治國方針相互對照，即可發現此時的蔣中正，對中國何去何從已有初步定見。他對國際局勢的剖析，也值得注意。他認為中國的外患來自於英、俄、日三國，其中，英國注重經濟利益，俄、日有領土野心；其次，再論俄、日兩國對中國領土侵略政策的特色，認為俄國在東亞的經營是「分割有心而經營不及」、「恫嚇太過而實行無力」，反之，日本經營滿洲卻是「補苴完善，不鶩虛名，而崇實行」。[37] 這些看法，和他發表的其他論述正相互呼應，他認為英國對中國沒有領土野心，而俄國雖垂涎中國領土，但因四處征戰，在遠東的經營上則顯得力不從心。這是他在邊疆問題上，主張撫英抗俄的主要理由之一。至於對日本經營滿洲的投入及企圖心的旺盛，蔣中正一向引以為憂，認為滿洲已成日本的禁臠，在中國無完全準備之前，不應

36 蔣中正，〈征蒙作戰芻議〉（1912 年 12 月），收入《先總統蔣公思想言論總集》，卷 35，頁 37-55。

37 蔣中正，〈革命戰後軍政之經營〉，收入《先總統蔣公思想言論總集》，卷 35，頁 25-26、30。

輕易嘗試解決滿洲問題。這一想法，在蔣中正 25 歲時已具雛形，且於日後處理東北問題時奉為圭臬。[38]

《軍聲雜誌》只辦了四期，就因資金不繼而停刊。在經營雜誌也不如意的情況下，蔣中正萌意赴德國深造，繼續鑽研軍事學。因此，他於 1912 年年底告別東京，回到浙江奉化老家。翌年 6 月，當他準備經上海赴德國留學時，陳其美告以舉事在即，留下籌畫討袁事宜。[39] 7 月 22 日，上海響應討袁革命，發動江南製造局戰役，就是出於蔣中正的構思。[40] 當第一波戰役於 7 月 23 日失敗，蔣中正特於 28 日親赴龍華策反第 93 團，也就是辛亥革命期間蔣曾擔任團長的第 5 團，在得到約一營的舊屬支持之下，蔣親率舊部，與友軍鈕永建的部隊再度會攻江南製造局，激戰兩日，終無法建功，只得撤離上海，避居吳淞、寶山一帶。[41]

上海戰役失敗後，蔣中正曾與張靜江趕赴南京，原欲助柏文蔚一臂之力，以求堅守南京。[42] 但面謁柏

---

38 黃自進，〈蔣介石と滿洲事變：「不絕交、不宣戰、不講和、不訂約」の對日政策の原點〉，《法學研究》，卷 75 號 1（2002 年 1 月），頁 377。

39 李勇、張仲田，《蔣介石年譜》（北京：中共黨史出版社，1995），頁 24-25。

40 古屋奎二編著，中央日報社譯，《蔣總統秘錄：全譯本第 4 冊》，頁 68。

41 古屋奎二編著，中央日報社譯，《蔣總統秘錄：全譯本第 4 冊》，頁 70-72。

42 南京的討袁軍原本是由黃興領導，於 7 月 15 日起義，但因內部整合不易，黃興於 7 月 29 日離京，原江蘇都督程德全因而趁機宣布取消獨立，擬投效袁世凱陣營。不料，駐守南京的第一師在黨人何海鳴運動下，於 8 月 10 日復宣布反正，南京再度宣布獨立。柏文蔚因而於 8 月 20 日趕赴南京，並接任都督。不過，柏只堅持到 26 日就離京，而南京是在 9 月 1 日陷落。蔣中正到南京的時期，

時，覺得柏「心志形態，亦極不定」，[43] 因而又回上海，於 9 月 1 日偕妾姚素秋亡命日本。[44]

在蔣中正赴日前，孫中山、黃興、胡漢民、李烈鈞等革命領袖，早已陸續抵達日本。眾所周知，爾後孫中山在東京籌組中華革命黨，為革命再起爐灶；惟中華革命黨甫值草創，未脫地下組織色彩，相關記載本來不多，有關蔣中正的記述更是闕如。所幸，孫中山自 1913 年 8 月 9 日抵達日本神戶，至 1916 年（民國 5 年）4 月 27 日離東京轉赴上海止，日本警方每日均有完整的監視紀錄。其中有 40 筆是蔣中正拜訪孫中山的會面紀錄，針對蔣個人的紀錄也有 22 筆，涵蓋地區除日本本土外，尚包括哈爾濱、上海、杭州等地的領事報告。這些日本政府的檔案紀錄，不僅可以適時填補中文史料的空白，更可為蔣中正與孫中山的實際往來情況，提供最真實的見證。

如前文所述，蔣中正自述得到孫中山單獨接見是 1913 年，至於會面的時間及地點，則無詳述。關於兩人交往的細節，反而得仰仗日本警方的監視紀錄。根據該監視紀錄，孫中山與蔣中正第一次會面是在 1914 年（民國 3 年）6 月 12 日。[45] 易言之，當 1913 年 9 月 1

應是 8 月 21 日至 25 日之間。

43 〈蔣中正日記：1929 年 8 月 31 日〉。

44 「長崎縣知事李家隆介發外務大臣男爵牧野伸顯宛の報告書」（1913 年 9 月 1 日），〈各國內政關係雜纂：支那の部：革命黨關係（亡命者を含む）〉（日本外務省外交史料館藏，原件，以下略收藏機構），卷 7，高秘特收第 1323 號。

45 「孫文ノ動靜」（1914 年 6 月 13 日），〈各國內政關係雜纂：支那の部：革命黨關係（亡命者を含む）〉，卷 12，乙秘第 1101 號。

日二次革命初敗，蔣中正亡命日本時，還不能得到孫中山的青睞，獲其賞識已是十個月以後的事。

在這段期間，蔣中正於 1914 年年初奉命回到上海，準備再次討袁，攻佔上海。按計畫，起事隊伍三路進攻上海，由蔣兼第一路司令。不料計畫為淞滬鎮守使鄭汝成偵悉，設於小沙渡的司令部於 5 月 30 日被抄，起出槍械、文件等物品，同志也因而相繼被捕遇難。[46] 因此，蔣中正遭到袁世凱政府的通緝，謂「此次謀亂，係蔣介石代表孫文主持一切，偽示地圖及款項均由蔣介石受孫文偽令給付」。[47]

由於組織被破壞，再加上蔣中正本人一度也因黨內同志出賣，險遭逮捕，為求避險，只得再度遠走東京。不過，此一經歷反而是蔣中正開始受到外界注目的重要契機。辛亥革命時期或二次革命期間的蔣中正，隸屬於陳其美之下，雖勇於任事，畢竟聽命於人，無法獨當一面，沒有全國性的知名度。但這次事件，袁世凱政府對蔣中正所發布的通緝令，即將他視為孫中山嫡系。1914 年 7 月 10 日，日本上海總領事有吉朋針對這次討袁事件，向東京的外務省本部提出以下報告：

> 浙江派主要是由浙江出身者所組成的集團，是活躍在上海的革命黨派的中堅，比較團結，也比較穩健。原首領逃亡日本後，由蔣介石（前陸軍少將）

46 毛思誠編纂，《民國十五年以前之蔣介石先生》（香港：龍門書店，1965），頁 30-31。

47 〈政府公報命令：1914 年 6 月 15 日〉。

負責統籌，駐守於當地法租界。今春起奔走於南京、杭州之間，企圖策動同志或軍隊。蔣介石以他的浙江派為班底，再加上部份的安徽派，在閘北小沙渡設置秘密活動據點，計劃於五月三十日舉事。但事前遭閘北警察署察知，事跡敗露，部份同志被捕，蔣介石也於六月上旬逃到日本。目前當地的代表人是姚勇忱。[48]

這份報告不僅指出蔣中正是此次討袁事件中的領導人，也指出他是陳其美在上海地區的代理人。也就是說，蔣中正成為上海地區革命陣營中的新起之秀，經由此次起義，除了被敵對的北京政府認同外，也開始受鄰國政府注目。

北京政府及日本政府對蔣中正的重視，只是反映討袁事件中蔣身為領導人的客觀事實。而革命陣營內部對蔣中正態度的變化，則更早於討袁事件。在孫中山的監視紀錄中，第一次出現蔣中正的名字是在 1914 年 3 月 15 日。當時有一位革命黨人盛碧潭帶著蔣中正的介紹信，求見於孫中山，即獲接見。[49] 當蔣中正的介紹信已等同於可直接面謁孫中山的通行證時，蔣中正本人要見孫中山，自然是水到渠成。

按日期來說，蔣中正在東京第一次見到孫中山，應

48 「在上海總領事有吉明發外務大臣男爵加藤高明宛の報告書」（1914 年 7 月 10 日），〈各國內政關係雜纂：支那の部：革命黨關係（亡命者を含む）〉，卷 12，機密第 59 號。

49 「孫文ノ動靜」（1914 年 3 月 16 日），〈各國內政關係雜纂：支那の部：革命黨關係（亡命者を含む）〉，卷 10，乙秘第 647 號。

是上海討袁失敗而再度亡命東瀛時。從蔣中正介紹信的出現，到蔣可以面謁孫中山，直接與總理對話，負責上海的討袁事件應是關鍵。不過，除了上述客觀事實的陳述以外，蔣中正自己的主觀認知，也提供一些線索。1943 年（民國 32 年）7 月 26 日的蔣中正日記中，突然有這樣一則記載：

> 看總理致稚暉先生書，益憤陶成章之罪不容誅，余之誅陶，乃出於為革命為本黨之大義，由余一人自任其責，毫無求功、求知之意。然而總理最後信我與重我者，亦未始經由此事而起，但余與總理始終未提及此事也。[50]

在孫中山致吳敬恆先生信函中，提到與陶成章相關者，前後共有七封。日期是從 1909 年（宣統元年）10 月 30 日至 1910 年（宣統 2 年）1 月 3 日，通信內容可分為三個階段：第一階段為向吳敬恆舉證澄清，所謂他將南洋華僑及日人給同盟會的捐款中飽私囊的指控，純為陶成章虛構；[51] 第二階段期盼吳敬恆能具文反駁陶成章及章炳麟對他的不實指控；[52] 第三階段則希望吳敬恆

50 〈蔣中正日記：1943 年 7 月 26 日〉。

51 孫中山，〈在倫敦將去美國時致吳敬恆函〉（1909 年 10 月 30 日），收入秦孝儀編（以下略），《國父全傳》（臺北：中央文物供應社，1989），冊 4，頁 95-98。

52 孫中山，〈甫到美國致吳敬恆函〉（1909 年 11 月 12 日）；〈致吳敬恆請於新世紀評論日華新報破壞黨事謬論函〉（1909 年 12 月 4 日）；〈致吳敬恆再請於新世紀評論日華新報破壞黨事謬論函〉（1909 年 12 月 13 日），皆收入《國父全傳》，頁 98-102。

能將劉師培揭露章炳麟私通清廷的筆跡照片寄與他本人，並期許吳能繼續為文替他闢謠。[53]

從通信內容就可得知，事件的起因在於陶成章質疑孫中山的人格及領導風格。他列舉的具體事件，就是指自 1907 年（光緒 33 年）至 1908 年間，同盟會在粵桂滇邊所發動的五次起義。[54] 陶成章認為，孫中山利用起義事件廣向海外華人及日人籌謀資金，但對募款所得一向是收多報少，差額就中飽私囊。此外，對於參與起義的同志，一旦沒有利用價值，便棄如敝屣。因河口之役失敗，退入安南，又被法國當局遣送出境的原革命軍將士，被遣往新加坡後，生活無著，就是最具體的例證。[55]

當時陶成章的主要訴求是：孫中山辭去同盟會總理職，並由章炳麟接《民報》總編輯一職。他先聯絡江、浙、湘、楚、閩、廣、蜀七省在南洋辦事人，羅列孫中山罪狀 12 條及善後辦法 9 條，然後親赴東京，要求同盟會庶務部長黃興訴諸公論，公審孫中山。[56] 由於黃興不肯處置，陶成章就以〈南洋革命黨人宣布孫文罪狀傳單〉為題，投稿於《南洋總匯新報》，[57] 而章炳

53 孫中山，〈致吳敬恒請寄章太炎劉光漢同謀之筆跡照片為證函〉（1909 年 12 月 16 日）；〈致吳敬恒告通訊住址函〉（1909 年 12 月 16 日）；〈請在新世紀多發闢之言致吳敬恒函〉（1910 年 1 月 3 日），皆收入《國父全傳》，頁 103-105。

54 五次起義，是指潮州、惠州、欽廉、鎮南、河口五役。

55 陶成章，〈南洋革命黨人宣布孫文罪狀傳單〉，收入湯志鈞編（以下略），《陶成章集》（北京：中華書局，1986），頁 169-177。

56 魏蘭，〈陶煥卿先生行述〉，收入《陶成章集》，頁 433。

57 湯志鈞，〈陶成章年譜（初稿）〉，收入《陶成章集》，頁 489。

麟也發表《偽民報檢舉狀》，全面向孫中山領導地位挑戰。[58]

1909 年陶成章對孫中山領導地位的挑戰，並不是一個孤立的案件，而是陶成章與章炳麟聯手，欲向革命陣營奪取領導權的第一步。兩人欲圖公審孫中山不成，翌年 2 月，又重組光復會於東京，章炳麟自任會長，陶成章為副會長，並在東南亞的英屬及荷屬殖民地廣設分會，與同盟會分庭抗禮。[59]

前述陶、章反孫事件，蔣中正並未參與；可是，辛亥革命時期光復會欲圖在江浙地區爭奪領導權一幕，蔣中正卻是親身經歷。辛亥革命時期，上海光復，除了同盟會的力量以外，光復會動員上海地區軍警反正，也居功甚偉。[60] 是以，當 1911 年 11 月 6 日，滬軍都督府成立，陳其美被推為都督；光復會為謀對抗，遂於 11 月 9 日在吳淞另成立軍政府分府及光復軍總司令部，由李燮和任總司令，宣布只承認蘇州軍政府為全省的軍政府。[61]

除了在上海另立軍政府以外，反對黃興出任大元帥，對孫中山重提「南洋籌款」舊事，以及繼湯壽潛謀取出任浙江都督等一連串與同盟會爭鋒事，陶成章更是

58 魏蘭，〈陶煥卿先生行述〉，收入《陶成章集》，頁 433。

59 湯志鈞，〈陶成章年譜（初稿）〉，收入《陶成章集》，頁 489。

60 陶菊隱，〈上海光復前後的李燮和〉，收入中國人民政治協商會議上海市委員會文史資料工作委員會編，《辛亥革命七十週年：文史資料紀念專輯》（上海：上海人民出版社，1981），頁 97-100。

61 《民立報》，1911 年 11 月 17 日。

無役不與，[62] 對同盟會所造成的傷害，更甚於 1909 年之舉。因而蔣中正在重溫舊事時，仍認為當年刺陶是順天應人的義舉。值得吾人再三玩味的是，蔣中正早年對刺陶案的回憶，僅強調純粹是為了革命公義，而非個人恩怨。不過，到 1943 年，他除了重覆當年的刺陶動機外，還多記錄了一項心得，即認為刺陶案是他能夠得到孫中山賞識的重要關鍵。此一心得是早年的蔣中正無法體會，直到自己出任國家領導中樞多年以後，將心比心，才能體悟的組織運作之道。也就是說，惟有長年擔任領導人的經歷以後，方能體會忠誠難求。尤其此一忠誠是針對個人，而非忠於組織，更能迎合領導人之所需。

陶成章原為同盟會大老，爾後雖與同盟會分道揚鑣，重組光復會，但仍以「光復漢族，還我山河」為號召，[63] 並未背離革命大道。辛亥革命後，陶出任浙江軍政府總參議，[64] 對江浙革命大業的底定，有汗馬功勞。因此蔣殺陶，不是因他反革命，而是因他與陳其美爭地盤。在陳為孫嫡系，保陳就視同保孫的前提之下，蔣的果斷決行，對鞏固孫的領導中心，有最直接的貢獻。然而，黑夜行兇本來就駭人聽聞，再者，行刺的對象又是革命元勳，蔣的行徑只能用幫派角度來解讀，非廟堂之士所應為。不過，對處於一個轉型時代的革命領袖而言，當與政敵之間沒有一個可調整相互利益衝突的

---

62 楊天石，《找尋真實的蔣介石：蔣介石日記解讀》，頁 4-7。
63 光復會的誓詞為：「光復漢族，還我河山，以身許國，功成身退」。
64 楊天石，《找尋真實的蔣介石：蔣介石日記解讀》，頁 6。

健全機制時，只能利用非正式手段扳倒政敵。因而這種非常手段，實有不便公開啟齒的難處。此時若有屬下能體恤領袖，主動為領袖分憂，又能主動為領袖擋禍，事後三緘其口不表功者，實屬難得之至。對孫中山而言，蔣的可貴亦在於此。這是 25 歲的蔣中正未曾體會的道理，直到知天命的 56 歲時，才能領悟其間奧妙。不過，這些事只能意會，不能言傳，蔣中正只有將感觸留在日記上，從未向外人提及。

三、中華革命黨時期：革命理論實踐的起點

如前所述，蔣中正直到 1914 年 6 月 12 日，才得以親見孫中山。可是，根據日本警方對孫中山的監視紀錄，可知此後雙方見面次數即相當頻繁，在這一年中就有 29 次之多；其中，8 月份見了 24 次面。[65] 相見如此頻繁，無非是有要事商量。以下，就以蔣中正參與核心業務由淺入深的過程為線索，探討他在中華革命黨時期崛起的歷程。

中華革命黨於 1914 年 7 月 8 日召開成立大會。在此之前，1913 年 9 月 27 日，孫中山即已在日本吸收同志宣誓參加中華革命黨。[66] 蔣中正在 1913 年 10 月 29 日入黨，入黨誓約為 102 號，[67] 名列最早一批的入黨

65 參照〈各國內政關係雜纂：支那の部：革命黨關係（亡命者を含む）〉，卷 12-13。

66 李雲漢，《中國國民黨史述：第二編民國初年的奮門》（臺北：中國國民黨中央委員會黨史委員會，1994），頁 150-151。

67 古屋奎二編著，中央日報社譯，《蔣總統秘錄：全譯本第 4 冊》，頁 84-86。

者。他在 1914 年 5 月上海所籌備的起義，也是二次革命失敗後，孫中山第一次企圖在中國國內發動反撲的軍事行動。上海起義失敗，蔣再度流亡日本，除了立即獲得孫中山接見以外，並開始籌辦進行另一次計畫。

同年 7 月 6 日，蔣中正再度啟程返國，在 7 月 10 日抵達哈爾濱，同行者有滿洲鐵路公司的山田純二郎及同志丁人杰。根據日本駐哈爾濱代理總領事川越茂致日本外務大臣的報告，認為蔣中正此行的目的是在策動軍隊。報告的主旨如下：

> 今年四月起，北京政府開始將黑龍江省巡防隊改編成新式陸軍，為此紛擾屢起。儘管如此，當局仍然強行改編，結果巡防隊有多位士官及士兵因此被逼提前退伍（從五十一營緊縮為十八營）。這些人原本是現任旅團長巴英額及獨立旅團長英順的部下；由於將士們憤恨難消，巴、英兩旅團長的情緒，自然也會波動不平。巴旅團長原本是馬賊出身，性情暴戾，更使得革命黨人有機可趁。原計畫是先遊說巴英額，而後再遊說英順，企圖將其納入孫文陣營，待他日有事時，便可率領新舊部舉兵。而山田一行人為了執行上述密旨，首先派遣本地某人，帶著密旨到黑龍江省巴彥州（距松花江左岸約三十里）巴英額的防區，預計等使者說服巴英額後，山田再出面和巴英額會商，現在正是靜候使者歸來之時。至於有關巴旅團長舉兵一事，山田本人似乎尚未有具體計畫，但可以想像是要等到八月底北滿一

帶高粱成熟，容易取得糧食，行動也比較自由的時候。此外，若果真要舉兵，為避免俄國政府有干涉之藉口，山田方面似乎已有對策。[68]

繼這份報告以後，日本駐哈爾濱代理總領事又於8月5日再度彙報山田及蔣的行蹤，指出山田這段期間曾一度前往齊齊哈爾，而蔣與丁人杰則前往長春；山田在26日，蔣、丁兩人則於27日相繼回到哈爾濱。至於擬策動的巴英額團長，雙方至今仍未見面，但是代表巴團長出面交涉的曲營長，於27日來到哈爾濱。關於上述代理人與山田等人之間的交談概要，山田曾隱密地透露給根津翻譯員，內容如下：

曲營長將孫文託當地使者交給巴旅團長的密函交還給山田。這次黑龍江省巡防隊改編的結果，巴英額、英順等雖然都升任為旅團長，但因為部下多半被裁汰，所以兩人的榮銜也只是一時的。等到此次裁汰兵解散後，應該還會進行第二次的裁汰，兩人自忖屆時將會被免職，與其坐以待斃，不如進而舉兵，參與孫文的計畫，南下攻擊袁軍；即使不幸全軍覆沒，至少也有「義舉」之名。為此，他們派遣密使赴吉林，與該地同僚共商南下之大計。此外，巴、英旅團長同時也考慮將家人暫遷至大連。對

68 「在哈爾濱總領事代理領事官補川越茂發外務大臣男爵加藤高明宛の報告書」（1914年7月24日），〈各國內政關係雜纂：支那の部：革命黨關係（亡命者を含む）〉，卷12，機密第36號。

巴、英兩人擬將家人暫遷大連之計畫，山田不置可否，只表示將利用任職滿鐵之便，保障其安全。至於與吉林同僚方面的聯絡、舉兵，就需等待孫文的指示，此刻雙方會面首在確保巴旅團長是否有意舉兵而已。山田並表示巴果真允諾舉兵的話，軍費的支出由孫文負責調度，在合適的時機就可以提交。曲營長說軍費的籌措是非常重要的，否則舉兵南下時，糧食的補給只得靠掠奪才行。至於軍費要如何籌措，非得由巴自己來哈爾濱與山田進行具體的協商，或是他自己與山田等前往東京，與孫文直接會商。曲營長於二十八日回到了巴彥州。[69]

在這份報告中，日本領事也提及另一訊息，指陳上個月北京政府經上海匯來約四十萬元，給本地正金銀行、俄亞銀行及香上銀行的黑龍江省省政府帳戶。據查，這筆錢是用來作為軍隊遣散費之用，既然被裁汰士兵有撫卹金可領用，山田等人的使命自然不易達成；孫文這次的策動兵變計畫，只落得白費心機。[70]

與日文史料相較，中文史料留下許多空白。例如蔣中正於 1916 年 5 月 26 日撰寫的〈陳英士先生癸丑後之革命計畫及事略〉，只提到「當時接東省同志之報，有

---

69 「在哈爾濱總領事代理領事官補川越茂發外務大臣男爵加藤高明宛の報告書」（1914年8月5日），〈各國內政關係雜纂：支那の部：革命黨關係（亡命者を含む）〉，卷 12，機密第 38 號。

70 「在哈爾濱總領事代理領事官補川越茂發外務大臣男爵加藤高明宛の報告書」（1914年8月5日），〈各國內政關係雜纂：支那の部：革命黨關係（亡命者を含む）〉，卷 12，機密第 38 號。

巴、英二統領者，請其速往主持，公以在東事繫，不克西歸，乃命中正與丁景梁至哈爾濱、齊齊哈爾等處，先往視察。據報不准，故未親赴其地。未幾歐戰突起，乃命中正回東，以謀東南之進行也。」[71] 蔣在 1931 年（民國 20 年）2 月 21 日的日記中，也曾回顧這段經歷說：「與丁景梁同志赴東三省哈爾濱，當時東省黨員寧孟言等來報告，其於吉、黑二省之軍隊似乎皆已成熟，祇要余一到即可發動，……居留月餘，其消息日遠，乃知其志在騙錢。」[72]

將中、日文史料對照，兩者的訴求重點雖然不一，卻可相互呼應，互為補充。中文史料反映了蔣中正個人的主觀認知，日文史料則是提供客觀史實的背景資料。蔣中正回顧整個事件，認為起義條件不成熟及主事者志在騙錢，因而失敗。日文史料則顯示雙方合作基礎薄弱，當初革命黨人的最初計畫，欲圖利用黑龍江省邊防軍對於北洋政府整編政策的不滿，趁機起事。易言之，邊防軍之所以有兵變的意圖，不是因為嚮往革命，而是對現狀不滿。然而當邊防軍獲悉可以從北洋政府得到一筆撫卹金後，也就不願鋌而走險，貿然發動兵變。

如前所述，蔣中正在 7 月 10 日抵達哈爾濱，至於何日離開東北，因資料限制，不得而知。按現有資料，確實可知的是，他於 8 月 16 日已回到東京覆命，並在同日面謁孫中山。值得一提的是，蔣於拜見孫中山之

71 蔣中正，〈陳英士先生癸丑後之革命計畫及事略〉（1916 年 5 月 26 日），收入《先總統蔣公思想言論總集》，卷 36，頁 7。

72 〈蔣中正日記：1931 年 2 月 21 日〉。

後，於8月31日離開東京，趕赴上海；[73] 逗留在東京的這15天裡，他只有兩天沒去看孫中山；雙方十三天的會面次數，高達24次。[74] 也就是說，一天之中不止會面一次。如8月28日當天，雙方會面4次：首先是上午9點到11點5分，蔣中正拜見孫中山；下午3點50分到4點30分，孫中山到陳其美的住處回訪蔣中正；當晚7點50分至8點10分，蔣中正又去見孫中山；不久，8點50分至9點30分，蔣中正四度與孫中山會面。[75]

從雙方見面次數的頻繁，即可揣想孫、蔣關係實由疏轉親。此外，根據日本的監視紀錄，蔣中正此次回上海的主要目的是為了籌設革命軍總部，同行者還有陸惠生，行前還特地兌換了兩萬美金，日前才由美國匯

73 根據東京地區的監視報告，蔣中正是於8月31日由東京的新橋出發，預定當日由橫濱出港赴上海。可是負責橫濱地區的監視報告，則說沒有他的出國紀錄。只是爾後福岡縣知事來報，確定他已於9月3日由門司出港前往上海。是以，8月31日至9月3日間蔣中正之行蹤，至今還有待查證，只是8月31日離開東京之事，不容置疑。「警視總監伊澤多喜男發外務大臣男爵加藤高明宛の報告書」（1914年8月31日），甲秘第144號；「神奈川縣知事石原健三發外務大臣男爵加藤高明宛の報告書〉（1914年9月4日），高秘第2299號；「福岡縣知事谷田留五郎發外務大臣男爵加藤高明宛の報告書」（1914年9月6日），〈各國內政關係雜纂：支那の部：革命黨關係（亡命者を含む）〉，卷13，高秘第8300號。

74 雙方未見面的兩天為8月17日、21日；其餘十三天雙方會面次數統計如下：8月16日2次，8月18日2次，8月19日1次，8月20日2次，8月22日1次，8月23日1次，8月23日3次，8月25日3次，8月26日1次，8月27日1次，8月28日4次，8月29日1次，8月30日2次。參見〈各國內政關係雜纂：支那の部：革命黨關係（亡命者を含む）〉，卷13。

75 「孫文ノ動靜」（1914年8月29日），〈各國內政關係雜纂：支那の部：革命黨關係（亡命者を含む）〉，卷13，乙秘第1682號。

到東京。[76]活動地點從東北換到上海，緩衝期只有兩星期，期間與孫中山密期集會，行前又攜帶大筆資金，在在凸顯蔣中正的生涯規劃以及整個中華革命黨的革命方針，都做了大幅度的調整。對此一新趨勢的發展，又應如何解讀，箇中緣由似乎還得從蔣中正的言行中找尋答案。

第一次世界大戰爆發於 7 月 28 日。蔣中正於 8 月 2 日針對大戰爆發後的時局觀測，撰寫了一份〈上總理陳述歐戰趨勢並倒袁計畫書〉。他認為，奧國向塞爾維亞宣戰，將會牽動英、法、俄協約國與奧、德同盟之間的爭戰，在歐洲大國都將捲入大戰之際，勢必造成列強無暇顧及亞洲事務。因此，蔣中正認為：「此次歐戰時期延長一日，即袁賊之外力勢力薄弱一日，……若吾黨不於此袁賊親西排東之外交失敗期內，乘勢急進，則時不再來。……吾知日本必於此期間，竭力伸張其勢力，以鞏固其將來在東亞外交上之地位，此其暗排袁賊之陰謀，所以不能不實施其明助我民黨之策略也。」[77]

易言之，蔣中正認為大戰爆發有利於倒袁活動。他從以下兩方面研判：首先，他認為袁世凱是一個親西方的政治領袖，因而當西方列強忙於征戰歐陸之際，袁世凱已後繼無援。其次，認為日本政府必會利用大戰所造成的亞洲權力真空，全面圖謀中國。在袁世凱沒有西方

76 「支那亡命者会合内容ニ関スル件」（1914 年 8 月 29 日），〈各國內政關係雜纂：支那の部：革命黨關係（亡命者を含む）〉，卷 13，乙秘第 1678 號。

77 蔣中正，〈上總統陳述歐戰趨勢並倒袁計畫書〉，收入《先總統蔣公思想言論總集》，卷 36，頁 4。

奧援，又得應付日本方面的各項壓力時，正是革命黨乘勢發展的大好時機。

至於如何發展，蔣中正認為「多方起事，不足分袁軍之兵力，徒墮本黨聲威，且喪本黨之元氣耳」，因而主張「集中一點，注全力，聚精銳」。他所謂的集中一點，是指浙江，認為浙江可「海主陸從，而西守北攻」，在地理上雖不能直搗京師，但可獨立持久。再者，「浙江之軍人，猶屬昔時之革命分子，其思想，其宗旨，尚能較勝於他省」。[78]

綜合考量這份計畫書與 8 月中旬後蔣中正的行蹤，便可想見，他的繁忙行程實是有脈絡可循。蔣中正會突然返回東京，逗留 15 天，與孫中山會面 24 次，旋又趕赴上海，而中華革命黨決定在上海籌設革命軍總部，並為此撥款兩萬美金給蔣中正，這些訊息都具體彰顯蔣中正的革命生涯與中華革命黨的革命方針，已有重要的調整。首先，他與孫中山密集見面，應有要事商量；其次，孫中山撥兩萬美金給他，乃為執行任務；最後，將革命軍總部設於上海，無非表示今後軍事行動的目標將訂於江、浙地區。也就是說，蔣中正在東北無功而返，並未影響孫中山對他的評價，反而更蒙青睞，箇中緣由，自然是因他上書為革命黨規劃出新的發展方向。孫中山肯定他的計畫，也認同他的領導能力，因此特撥款兩萬美金給他，望他為革命黨另闢蹊徑。

---

78 蔣中正，〈上總統陳述歐戰趨勢並倒袁計畫書〉，收入《先總統蔣公思想言論總集》，卷 36，頁 4、5。

對蔣中正而言，這次上海之行有雙層意義：首先，這是他第一次受命於孫中山；以往他是陳其美嫡系，但此後他已能登堂入室。其次，這次上書深獲孫中山肯定，證實他除了擁有軍人的素質以外，也有規劃革命大局的能力；尤其是大戰一爆發，他就能針對大戰特質為革命規劃新的對應方略，充分展現他能文能武的特質。上海之行，使他從一個江浙地區的區域性幹部，一躍而成能規劃革命大勢，為革命黨獻計的明日之星。

不過，此次上海之旅卻是荊天棘地，困難重重；袁世凱對於革命黨人欲圖大舉，早已嚴陣以待。蔣中正於9月上旬抵達上海後不久，袁世凱就指示偵緝隊，於法租界暗殺范鴻仙作為反制。范鴻仙死於9月20日，此事對革命黨人的打擊，可由11月1日孫中山致同志鄧澤如的信函，一探究竟：

> 前月范鴻仙君在滬被刺。范君係安徽舊同志，辦事甚久。此次擔任上海事，已運動北軍過半，袁賊一方知其勢不可遏，乃懸紅暗殺之，花紅六萬元，其死與宋教仁相類。范死同時，上海鎮守使捕殺其北來軍士二百餘人，蓋皆與范通而擔任代表者。又埋攻製造局之炸藥，亦被發覺。

在這封信中，孫中山也提到浙江討袁失敗的始末：

> 上海本與杭州省城事為一氣，范死，浙江事亦有頓挫。至上月廿日杭州省城破壞機關五處，捕去黨人

> 三十餘，軍事主任夏之麒（寅卿）亦與焉。夏老成負重望，其在江浙，屢為武備陸軍學堂總辦，與廣東之趙聲相似，而勢力尤大。其謀浙事已數月，一切俱已準備，只以遷延期日（因款不足），洩漏風聲，而我重要人乃俱不能出險，殊可傷也。[79]

關於浙江起義與蔣中正的關係，日文史料則可提供一些補充。日本駐杭州代理領事瀨上恕治，於10月30日致日本外務省的報告，收錄了一份北京政府發給浙江將軍朱瑞的電報。內容如下：

> 根據密報，蔣介石、徐仁士、夏次崖等於近日來正從事煽動浙江第6師軍隊之工作，且企圖以該省的衢州為根據地，謀求將勢力擴張至江西省、安徽省等地，對此應提高警覺。[80]

從這份電報內容可得知，北京政府對革命黨的行蹤瞭若指掌。在敵暗我明的情況下，蔣中正此次上海行，自然以失敗收場。10月29日，日本外務省政務局第一課綜合報告這次浙江起義：

---

79 原件無年月，編輯酌定此函為1914年12月1日，可是按其內容，應為11月1日。孫中山，〈致鄧澤如告范鴻仙被刺事函〉（1914年11月1日），收入秦孝儀主編（以下略），《國父全集》，冊4，頁336-337。

80 「在杭州領事館事務代理瀬上恕治發外務大臣男爵加藤高明宛の報告書」（1914年10月30日），〈各國內政關係雜纂：支那の部：革命黨關係（亡命者を含む）〉，卷14，機密第36號。

> 目前在東京的革命黨領袖陳英士，日前命同志蔣介石回國從事革命運動。蔣回國以後，專以上海為據點，籌措在浙江省杭州方面的起義活動。近日原本計劃在杭州起事，幾乎已近成熟階段，不料上述計畫被北京政府察知，導致數日前當地有同志十多人被捕，讓此計畫完全泡湯。蔣已於昨夜打電報將經過情形報告陳英士。根據陳所述，杭州為富饒之地，一旦發生動亂，即可掠奪資金充作資金，因此選在杭州起義，軍略上已立於不敗之地。再則，要躲避官兵的追擊時，還可漸次退至台州及溫州等南方，拉長動亂以外，還可趁亂掠奪軍資。之前陳英士等在東京招募日本陸軍退伍軍人，就是為了安排他們擔任此次動亂革命軍的指揮。目前日本後備軍人為了加入革命，已有二十名到上海（除兩名為下士以外，其餘皆為校級軍官）。[81]

誠如孫中山所云，上海與杭州本為一體，在兩地的革命組織相繼被破壞，主事者也相繼罹難的情況下，蔣中正以浙江為根據地的革命再起計畫，只得放棄，而於1914 年年底不得不再度亡命日本。[82]

根據蔣中正自己的回憶，閉門苦讀，是他此次鎩羽而歸後的東京生活寫照。他提及：「是年余於軍事學研

---

81 「支那革命ニ關スル」（1914 年 10 月 29 日），〈各國內政關係雜纂：支那の部：革命黨關係（亡命者を含む）〉，卷 14，乙秘第 2158 號。

82 李勇、張仲田，《蔣介石年譜》，頁 27。

究，覺有心得，舉凡士官學校之課程，皆聘日人小室教授而學習之。」[83] 蔣中正並沒有入士官學校，已如前述。利用這段空閒研讀進修，彌補當年沒有繼續深造的遺憾，是蔣中正在面對事業瓶頸時的抉擇，可反映蔣中正兢業不休的生活面貌。

依據相關史料紀錄，回到東京後的蔣中正，並沒有立即面謁孫中山。他再次獲孫中山召見，是在 1915 年（民國 4 年）3 月 6 日。[84] 易言之，浙江起義失敗後，蔣中正雖然於 1914 年年底回到東京，卻一直無法獲得孫中山召見。這和 1914 年 8 月他從東北回來，在 15 天之內，有 24 次獲孫中山召見的紀錄相較，親疏之比，十分懸殊。

1915 年 3 月 6 日，蔣中正由王統一相伴，謁見孫中山。在這稍早前，陳其美已先到孫中山住處等候，蔣中正來後，與孫中山談了 1 個鐘頭 25 分，才與陳其美一同離去。[85] 談訪內容雖不得而知，然顯而可見的是從這一天起，蔣中正又恢復可直接受命於孫中山的地位。

毛思誠編纂的《民國十五年以前之蔣介石先生》的 1915 年部份，有這麼一段記載：「是春陳其美……由

83 〈蔣中正日記〉，1929 年 8 月 31 日。

84 「孫文ノ動靜」（1915 年 3 月 7 日），〈各國內政關係雜纂：支那の部：革命黨關係（亡命者を含む）〉，卷 15，乙秘第 491 號。

85 根據日本警方的監視紀錄，陳其美是在 11 點 15 分到孫中山住處，而蔣中正與王統一是在下午 3 點 10 分到。不久，王統一在下午 3 點 55 分先離去，而蔣中正與陳其美是 4 點 35 分同時離去。「孫文ノ動靜」（1915 年 3 月 7 日），〈各國內政關係雜纂：支那の部：革命黨關係（亡命者を含む）〉，卷 15，乙秘第 491 號。

日本回國，留公在東，處理未了之事。公送至橫濱輪次，臨別黯然曰：『此去萬一不幸，而為袁氏所害，余當為兄化身，以成未竟之志』，言已，泣數行下。」[86] 這段記載透露兩個線索：一是陳其美於 1915 年春天重回上海；二是雙方告別時，猶如死別，彼此都懷持著沉重的心情。將這段情景重新納入歷史脈絡探討，對當時的蔣中正以及他與孫中山的互動關係，似乎可提供另外一個角度的省思。

蔣中正浙江討袁失利回東京後，見不到孫中山，顯然是遭其冷落。至於雙方關係解凍，是在陳其美離日返滬前夕，故應和陳其美離日脫離不了關係。陳其美長年為胃疾所苦，[87] 這也是日前東北討袁或浙江討袁事件，他均未出馬，而由蔣中正代為出面的緣由。如今，鑑於蔣一事無成，陳因而親自出馬，可謂滿懷悲壯之情。尤其是他到上海後，孫中山 4 次電召他回日本，他「以所事未成，無以對在東同志，決不東渡」為由，[88] 拒絕再回東京。陳其美懷抱破釜沉舟、視死如歸的決心，當然不是臨時起意，應是他決定回上海親征時就已下定的心意。蔣中正與他在橫濱之所以如生離死別，想必是被陳其美這股「壯士一去不復返」的悲情所感染。因而當陳其美決定自投虎口，親赴上海主持黨務的前

86 毛思誠編纂，《民國十五年以前之蔣介石先生》，頁 34。

87 陳其美於 1914 年 1 月 26 日赴大連，不料當天就因胃病復發，住進滿鐵醫院，直到 3 月 15 日離開大連，返回日本。但在回東京後，又因舊病復發，住院三個月。姚輝、朱馥生，《陳英士評傳》，頁 136-137。

88 蔣中正，〈陳英士先生癸丑後之革命計畫及事略〉，收入《先總統蔣公思想言論總集》，卷 36，頁 8。

夕，孫中山之所以願意再見蔣中正，當然和陳其美的遊說有關。此外，尚有事務上的必要考量，尤其是東京本部與上海的聯繫，仍須蔣中正協助。孫與陳情誼深篤，所謂「愛屋及烏」，蔣中正也得以再蒙其用。

從3月份蔣中正再次獲孫中山接見以後，雙方見面次數如下：4月份2次，5月份3次，6月份1次，7月份2次，8月份3次，9月份3次，10月份2次，11月份5次。[89] 這麼頻繁的見面次數，可呈現出兩層意義：首先，自3月份起，每個月皆有會面紀錄，表示雙方關係不僅寒冰已融，並開始趨於穩定。其次，自8月份起，雙方更是會面頻繁，此與孫中山急欲召回陳其美，圖謀大舉有關。8月3日，美人古德諾（Frank J. Goodnow）在北京《亞細亞日報》發表〈共和與君主論〉一文，公然宣揚在中國推動君主立憲的理念。8月13日，推進帝制運動的「籌安會」宣告成立。[90] 當袁世凱急欲稱帝的野心日漸暴露，孫中山急欲召陳其美回東京共商大計，力謀反制之道，身為陳其美嫡系的蔣中正，也因此得以密集會見孫中山。

陳其美在9月4日一度回到東京，[91] 10月上旬又再度趕回上海。[92] 蔣中正則在11月下旬回上海，在他

---

89 「孫文ノ動靜」，〈各國內政關係雜纂：支那の部：革命黨關係（亡命者を含む）〉，卷16-17。

90 古屋奎二編著，中央日報社譯，《蔣總統秘錄：全譯本第4冊》，頁184-185。

91 「支那革命ニ關スル」（1915年9月5日），〈各國內政關係雜纂：支那の部：革命黨關係（亡命者を含む）〉，卷17，乙秘第1786號。

92 莫永明、范然，《陳英士紀年》（南京：南京大學出版社，1991），頁369。

臨走前夕，從 11 月 3 日起到 10 日止，8 天內見了孫中山 5 次。[93] 如此密集會見，一則凸顯黨事的急迫性，另一方面也反映了蔣中正在孫中山心目中的重要性。浙江失利事件的陰霾，自此一掃而空，蔣中正又恢復參與決策的地位。

按目前坊間得見的蔣中正傳記，皆將 1915 年 11 月 10 日淞滬鎮守使鄭汝成被刺，視為陳其美、蔣中正為求上海的革命再起，聯合出擊的第一項反袁行動。[94] 然按日本警方監視紀錄，當日蔣中正兩度拜訪孫中山，一次是上午 10 時，10 時 10 分離去，另一次是下午 3 時 55 分，4 時 10 分離去。[95] 由此觀之，鄭汝成被刺，與蔣中正無直接關連；反而是同年 12 月 5 日在上海爆發的肇和軍艦反袁事件，才出自於蔣中正的構思。

按蔣中正所擬定「陸海並取計畫」，即以策動肇和軍艦兵變為第一步驟，接著由該艦砲擊江南製造局；在砲擊同時，革命黨人也開始由陸地進攻江南製造局，務

93 蔣中正是 11 月 3 日、5 日、8 日、10 日拜訪孫中山，其中 10 日一天內求見 2 次。參照「孫文ノ動静」，收入〈各國內政關係雜纂：支那の部：革命黨關係（亡命者を含む）〉，卷 17。

94 持此說者，首見於毛思誠的著作，餘如 Pichon Pei Yung Loh、秦孝儀、嚴如平、鄭則民、周盛盈、宋平、張憲文、方慶秋、崔曉忠等人皆如是。參見毛思誠編纂，《民國十五年以前之蔣介石先生》，頁 34；前引 Pichon P. Y. Loh, The Early Chiang Kai-shek, p. 29；秦孝儀總編，《總統蔣公大事長編初稿》，頁 21；嚴如平、鄭則民，《蔣中正傳稿》，頁 38；周盛盈，《孫中山與蔣介石交往紀實》，頁 24；宋平，《蔣介石：總司令、委員長、總裁、主席、總統》，頁 26-27；張憲文、方慶秋主編，《蔣介石全傳》（鄭州：河南人民出版社，1996），上冊，頁 42-43；崔曉忠，《青年蔣介石》，頁 127。

95 「孫文ノ動静」，〈各國內政關係雜纂：支那の部：革命黨關係（亡命者を含む）〉，卷 17。

求海陸並進，以攻佔該製造局作為進佔上海的序幕。[96] 不料，因聯絡不周，肇和軍艦雖按原訂計畫砲擊江南製造局，應自陸路進攻的同志卻未應聲響應。至於其他各地攻佔市區警局、電話局、工程總局等目標者，也皆陷於各自苦戰，旋即為袁軍一一擊破。最後，肇和軍艦也因孤掌難鳴，又被其他軍艦夾擊，只得在同仁死傷枕藉之下棄艦而去。[97]

肇和軍艦兵變雖告失敗，但反袁氣勢卻因此大振，二十天後，雲南宣布獨立，護國戰爭正式爆發。對於陳其美及蔣中正而言，如何利用護國軍軍興，再度鼓動上海地區的反袁氣勢，自是當務之急。四個月後的江陰要塞短暫獨立，就是由上海的革命黨人策動所致。

江陰距離上海西北約一百三十公里，居於長江東流入海、江面陡然寬闊的地理位置，為控制長江海軍出入的軍事要地。[98] 按蔣中正之規劃，準備「先取江陰，扼長江之咽喉，使長江海軍不能活動，然後再圖上海。故江陰發動後，決計由吳淞響應，先固要塞，再襲江南製造局，以扼長江門戶。」[99] 襲取江陰要塞，由蔣中正及楊虎共同負責，在內部人員的策應下，江陰要塞於 4 月 16 日不戰而下。[100] 不過，當袁世凱命江蘇督軍馮

---

96 蔣中正，〈陳英士先生癸丑後之革命計畫及事略〉，收入《總統蔣公思想言論總集》，卷 36，頁 11。

97 張憲文、方慶秋主編，《蔣介石全傳》，上冊，頁 43-44。

98 古屋奎二編著，中央日報社譯，《蔣總統秘錄：全譯本第 4 冊》，頁 239。

99 蔣中正，〈陳英士先生癸丑後之革命計畫及事略〉，收入《先總統蔣公思想言論總集》，卷 36，頁 11。

100 張憲文、方慶秋主編，《蔣介石全傳》，上冊，頁 45。

國璋調集大軍鎮壓時，革命軍方面卻臨戰而懼，內部開始譁變，成員一一潛逃，最後只剩下蔣中正一人獨守，最終只得黯然離去。江陰獨立，前後五天。[101]

江陰要塞固然不戰而下，最後卻不戰而棄，因而說不上豐功偉業，只能說中華革命黨人在上海地區是奮鬥不懈，只要有一絲機會，皆全力以赴。也因中華革命黨人的奮戰精神，讓北京政府深感芒刺在背。1916 年 5 月 18 日，陳其美在上海法租界被刺，無非是北京政府的一項反制。[102]

陳其美的死，對中華革命黨而言，當然是無可彌補的損失。尤其當各路人馬為反袁，在上海招兵買馬之際，陳所留下的權力真空，更為各路人馬所覬覦。依據蔣中正的回顧，其中尤以歐事研究會鈕永建的動作最大，陳其美生前的幕僚，似乎皆被鈕氏納入軍務院護國軍系統，中華革命黨在上海的組織，頓時形同瓦解。[103]

當蔣中正在上海已無用武之地，孫中山乃任命蔣中正為東北軍參謀長。中華革命黨討袁不遺餘力，其東北軍於 1916 年 5 月 4 日起事於山東濰縣，為唯一使用青天白日軍旗的革命武力，除陸軍二師一旅外，尚有航空隊及華僑義勇團，一舉佔領魯中十餘縣，駸駸有進逼山東省會濟南之勢。總司令初為居正，袁死後，居正北上北京，孫中山即派許崇智代理總司令，而以蔣中正為

101 古屋奎二編著，中央日報社譯，《蔣總統秘錄：全譯本第 4 冊》，頁 241。

102 莫永明、范然，《陳英士紀年》，頁 431。

103〈蔣中正日記：1929 年 8 月 31 日〉。

參謀長，負責整訓。[104] 蔣於 7 月 31 日赴任，於 8 月 12 日離職。蔣中正日後回憶：「余奉總理之命，於是赴山東濰縣為革命軍參謀長，佐理居正、許崇智進行軍事，為陳中孚事事掣肘，且其貪污不堪共事，故余即到北京辭卸而回滬寓。」[105] 從這段日記可以理解，蔣之所以只任職十三日，被陳中孚排擠是主要原因。[106]

蔣雖只任職十三天，卻留下了詳盡的工作日記。日記內容五花八門，然其格式一成不變，尤其是每天必記今日所見，擬改正之處。例如，7 月 31 日：見各處衛兵口號不明，以後對答者，須唱當晚口號。8 月 1 日；擔槍者有槍身向上及向右者，以後當下令皆改為向右，以歸統一。8 月 2 日：軍隊衛生宜注意。8 月 3 日：各團、隊所有軍械軍裝，擬令其限日呈報。8 月 4 日：各團、隊起居教練時間，須歸一律。8 月 5 日：總司令部出入人員，擬發出入證為憑。8 月 6 日：總司令部衛兵，每日須由副官處值日員點名檢查。8 月 7 日：總司令部擬設軍醫科，且須委軍醫科長。各師、團、隊亦宜設軍醫，以資整頓衛生。8 月 8 日：各師、旅操法，當照民國 2 年之操點施行。8 月 9 日：兵士老少不一，當

104 李雲漢，《中國國民黨史述：第二編民國初年的奮鬥》，頁 223。

105〈蔣中正日記：1929 年 8 月 31 日〉。

106 在毛思誠的書中，對這段過程有更詳盡的補述：及抵濰，副官長陳中孚，已編成兩師 一旅，師長及師長以下各軍官，均擅自委定。第一師師長，為其腹心朱霽青，部隊紀律甚壞。第二師師長呂子人，軍中祇知有陳副官長，而不知有居總司令。公雖事無鉅細竭力整頓，而權不集中，難著成效，軍隊之腐敗如故。居去北京，許崇智代其職，呈請解散。公乃赴北京觀察政局，秋回滬。參見毛思誠編纂，《民國十五年以前之蔣介石先生》，頁 38。

精選嚴擇，須照總司令部所發徵兵規則為準。8 月 10 日：軍隊名冊未報，則實員之數難知，餉項無度，其難一也。裝械之數不清，則種式難分，戰鬥力難知；一旦有事，計畫難定。8 月11 日：兵士有過，不准罰跪，以保軍人體面。8 月 12 日：擬定總司令部編制表。[107]

由此可見，蔣中正對部隊的觀察鉅細靡遺。他不僅注意到名冊未報、裝械數目不清等涉及總體軍事預算及總體戰鬥力的弊端，還注意到罰跪士兵等有損士兵士氣，及不引進軍醫制度則無法有效維護士兵健康等涉及士兵個體戰鬥力的問題。除了戰鬥力的提升及整體預算的掌握外，有關保密防諜等戰鬥力維繫的問題，也是他的考量重點。

十三天的參謀長職務，證實他對治軍有理念，也有施行步驟。不過，沒有長官的支持，一切都是枉然。蔣乃以迎接總司令居正為由，轉赴北京，自此沒有再回任。至於這批東北軍，在黎元洪繼任為大總統後，奉令與山東督軍張懷芝洽商改編，調駐濟南，終至為張懷芝所分化、繳械及編併。[108]

離開東北軍的蔣中正，經由北京而回到上海，爾後又返回奉化老家。1916 年 9 月至 1917 年（民國 6 年）6 月這段期間，蔣中正因無要務在身而賦閒在家。箇中緣由，當然和中華革命黨的處境有關。[109] 1916 年 6 月

107 古屋奎二編著，中央日報社譯，《蔣總統秘錄：全譯本第 5 冊》（臺北：中央日報社，1976），頁 1-22。

108 李雲漢，《中國國民黨史述：第二編民國初年的奮鬥》，頁 230。

109 李勇、張仲田編，《蔣介石年譜》，頁 29-30。

6 日袁世凱逝世，護國軍之役遂告結束。南北雙方則在恢復約法及國會的前提下，達成和解，中國再度統一。再度統一後的中國，需要政治勢力的再整合，然而整合過程中，中華革命黨並不是主角。護國軍是由立憲派與革命黨合組而成的反袁統一戰線，但革命黨人是以李烈鈞、陳炯明、李根源為主的歐事研究會掛帥，皆是當年反對孫中山的改造計畫，而不願加入中華革命黨者。[110] 反袁之役既然不是由中華革命黨擔綱，反袁後的政治版圖重建，中華革命黨因此無緣置喙。

不過，再度統一後的中國，不久又陷入混亂。首先是總理段祺瑞的免職風波，其次是督軍團的獨立事件，最後是張勳復辟。[111] 當復辟事起，孫中山首斥段祺瑞召禍致亂，於 1917 年 7 月 8 日前往廣州，倡導護法，斥段為「以叛討叛，以賊討賊」，請國會議員南來行使職權。[112] 對孫中山的倡導護法，海軍首先響應。海軍總長程璧光親率第一艦隊十艦於 8 月 5 日抵達廣東，以具體行動表達護法的決心。[113] 關於海軍決心奮起，蔣中正在他的日記中，特別記錄了這一段秘辛：

---

110 郭廷以，《近代中國史綱》（臺北：曉園出版社，1994），下冊，頁 516-518。

111 事件起因於總統黎元洪因總理段祺瑞執意參戰，並囑使所謂公民請願團包圍國會，逼迫國會通過參戰案。為此黎只得將段免職。但此一免段之舉，卻造成段派督軍的不滿，紛紛宣布獨立，以示抗議，黎為求撫平督軍團的不滿，只得求助於安徽督軍張勳。不料，張勳一到北京，就宣布復辟，逼使黎只得逃入日本使館避難。黎為求反制，只得復任段祺瑞為國務總理，請副總統馮國璋代行總統職務，並電令各省出師討伐張勳。郭廷以，《近代中國史綱》，下冊，頁 527-529。

112 郭廷以，《近代中國史綱》，下冊，頁 531。

113 李雲漢，《中國國民黨史述：第二編民國初年的奮鬥》，頁 268。

> 民國六年中德絕交，中國加入協約國參戰，本黨竭力反對，當時德國公使下旗回國，以其在華留餘之資金約二百萬元貢獻於本黨總理，資助革命。總理、余極秘密經理此事，即以此款運動北洋艦隊，由總理交程壁光率領南下，赴粵組織軍政府，而留余在滬主持一切。當時唐紹儀暗使陳炯明向總理追問此運動海軍之款從何而來，總理祇答其可問介石自明，及余抵粵軍時，陳復向余追問，余乃設辭曰，賣卻交易所各股票所得也，陳乃信以為真。今日世人以余在交易所投資百萬元所得資金貢獻總理作軍費之說，其或亦由此以誤傳誤而來乎！其實當時總理與余及季陶、靜江四人所有之優先股，最高價時亦約值百餘萬元，其後皆為靜江一人投機輸完，總理與余並未有獲得毫利，更於革命無關。當靜江投機倒帳時，余反由粵借匯廿萬元補救靜江也。惟總理赴粵時，確由交易所董事公開貢給廿萬元之數，以為發起倡導者之報酬而已，此世人傳余為在交易所任成員或投機之說所由來也。[114]

這段紀錄透露出三項訊息：一是策動海軍出面護法的經費來自於德國公使資助；二是此一活動經費由蔣中正經手；三為蔣雖曾參與交易所投資，但並未獲取暴利，也沒有利用交易所的暴利所得捐贈給孫中山。藉由德國政府的檔案，部份印證了這段秘辛的內容。中

114〈蔣中正日記：1937 年 4 月 24 日〉。

德兩國於 1917 年 3 月 10 日斷交，德國公使辛策（Von Hintze）於 3 月 25 日下旗返國。臨行前特命令德國駐上海總領事克里平（Knipping）竭力聯絡孫中山，並同意以金錢支持中華革命黨的倒段運動。為此，克里平派其翻譯西爾穆爾（Schirmer）與曹亞伯相偕秘密謁見孫中山。對於共同倒段，孫中山甚為贊同，惟為影響海、陸軍，孫盼德支援二百萬元款項。德國政府理解若不倒段，就無法阻止中國參戰，因而同意孫的要求，冀望藉由孫的護法運動，達到打倒段政權的目的。[115]

關於德國支援孫中山護法一事，當時就有傳聞，[116] 迄今所能掌握的中文資料中，[117] 蔣中正的日記，特別是關於具體援助金額的記載，與德國政府中的檔案記載完全一致。由此可見，蔣中正日記對於此段史實的紀錄，真實而可靠。此外，蔣中正日記還透露了此筆經費是由他經手，以及他和孫中山曾投資交易所一事。關於前者，聞所未聞；至於後者，早已成為街談巷議。[118]

115 李國祁，《中山先生與德國》（臺北：臺灣書店，2003），頁 216-217。

116 根據德籍學者墨軻（Peter Merker）之研究，關於孫中山接受德國政府金援一事，華北日報於 1917 年 7 月 11 日，就有此報導。墨軻，〈德國人眼中的孫中山〉，收入曾一士主編，《第四屆孫中山與現代中國學術研討會論文集》（臺北：國父紀念館，2001），頁 78。

117 按李國祁之研究，孫中山只收到一百萬元，與德國檔案中的紀錄相較，有一百萬元的差距。參見李國祁，《中山先生與德國》，頁 219-220。

118 例如中文代表性的論文有楊天石，〈蔣中正先生和上海證券物品交易所〉，《近代中國》，期 139（2000 年 10 月），頁 158-179。日文代表性的論文有横山宏章，〈蔣介石と上海交易所：仲賣人時代について〉，《中国研究月報》，期 527（1992 年 1 月），頁 15-28。

在他日記記錄的三件事裡，關於德國金援及投資交易已獲證實，德國金援由他經手一事，應非向壁虛構，俟更多史料問世，或可再證其真。

四、廣州革命時期：邊緣及核心的徘徊

1920 年（民國 9 年）10 月 29 日，孫中山致蔣中正信，提及：「執信忽然殂逝，使我如失左右手，計吾黨中知兵事而且能肝膽照人者，今已不可多得。唯兄之勇敢誠篤，與執信比，而知兵則又過之。」[119] 孫中山對蔣中正的評價，以「勇敢、誠篤、知兵」為主軸。所謂誠篤，意指對金錢的不苟。護法運動之際，德國金援之所以要由蔣中正經手，一則表示孫中山信任蔣中正的操守；一則也表示在陳其美過世後，上海的地緣關係已由蔣中正繼承。對蔣中正而言，經手德國金援，是與上海金融界建立管道的良好契機。這些人際關係的累積，無疑地成為蔣中正建構權力網絡的基石。

廣州軍政府在 1917 年 9 月成立，孫中山出任大元帥，蔣中正時在上海，並未隨行。[120] 軍政府甫成立，蔣中正即向孫中山提出一份「對北軍作戰計畫書」，他認為：「北方政府所轄之軍隊，約在三十萬以上，然實際上可為其動員者，即以馮、段二派勢力合計，則其數亦不過六萬」，[121] 相較於北方各督軍間的離心離德，

119〈致蔣中正信託陳炯明回粵事函〉（1920 年 10 月 29 日），收入《國父全集》，頁 270。

120 古屋奎二編著，中央日報社譯，《蔣總統秘錄：全譯本第 5 冊》，頁 100。

121 蔣中正，〈對北軍作戰計畫書〉，收入《先總統蔣公思想言論總

軍政府則可從粵、桂、雲、貴、川、湘等大西南地區動員到多於敵軍三分之一的兵力。因此，他將作戰計畫分兩期，左、中、右三路揮軍北進，會師北京。[122]

誠如蔣中正計畫指陳，「北軍雖眾，而為段氏冒死南犯者甚尠」。[123] 蔣對北方政府的掌握，可謂洞察秋毫。可是，各督軍之間「同床異夢」，並非北方政府獨有的奇特現象，廣州軍政府也有同樣的困擾。按軍政府的編制，除孫中山為大元帥外，尚有唐繼堯及陸榮廷為副元帥，惟兩人並非真為護法而反段，對副元帥一職始終拒不任職；[124] 至於伍廷芳、唐紹儀、孫洪伊、程璧光等人，名為內閣各部會首長，皆未到任。[125] 無兵無餉，正是軍政府的最佳寫照。[126]

蔣中正的作戰計畫，反映出他對南方政壇的隔閡，也凸顯出他與核心集團的運作，尚有距離。這篇不能和現實結合的作戰計畫，終於石沉大海。不過，用心觀察時局，勇於表現自己見解的蔣中正，並不氣餒。當北京政府正式準備對湖南用兵，蔣中正於 10 月 1 日又向孫

集》，卷 36，頁 12。

122 蔣中正，〈對北軍作戰計畫書〉，收入《先總統蔣公思想言論總集》，卷 36，頁 13-14。

123 蔣中正，〈對北軍作戰計畫書〉，收入《先總統蔣公思想言論總集》，卷 36，頁 12。

124 郭廷以，《近代中國史綱》，下冊，頁 531。

125 李雲漢，《中國國民黨史述：第二編民國初年的奮鬥》，頁 277。

126 按時任大元帥府機要秘書邵元沖之回憶：「軍政府本身既無收入，所恃者僅海外華僑募助之款，極為竭蹶。軍政府內各職員，自部長、秘書、參軍各長，以至書記、事務員，每人一律月領零用 20 元。」李雲漢，《中國國民黨史述：第二編民國初年的奮鬥》，頁 276。

中山上陳「滇粵兩軍對於閩浙單獨作戰之計畫書」，主張護法軍應在湖南採守勢，而把主力作戰轉集中於閩、浙沿海一帶，爾後再伺機北伐。[127] 只是，這篇作戰計畫同樣罔顧現實層面，因而面臨和上一篇同樣的命運。即使如此，這仍不影響孫中山對蔣中正的重視。孫中山首先於 11 月 1 日，任命蔣為大元帥府參軍，於翌年 3 月，又任命他為粵軍總司令部作戰科主任，囑他負責規劃閩南戰役。[128]

雖然軍政府無兵無餉，不過，在孫中山七個多月的任期內，[129] 也有一些小突破。由廣東省長朱慶瀾處取得警衛軍 20 營，改編為軍政府直轄護法軍，由陳炯明率領，以援閩粵軍的名義與任務，得以進軍於閩南，為中華革命黨保留了唯一的革命武力，可謂孫中山投入護法運動的另一意外收穫。[130]

蔣中正得以在孫中山唯一嫡系部隊中負責統籌作戰參謀業務，顯示孫對蔣的期許一如往昔。援閩粵軍在 1918 年（民國 7 年）6 月，向福建進軍，為了進閩，蔣中正前後也撰寫了「粵軍第一期及第二期作戰計畫」，展現出他卓越的參謀規劃能力；援閩軍也因得力於他的

127 蔣中正，〈滇粵兩軍對於閩浙單獨作戰之計畫書〉，收入《先總統蔣公思想言論總集》，卷 36，頁 15-17。

128 古屋奎二編著，中央日報社譯，《蔣總統秘錄：全譯本第 5 冊》，頁 109。

129 孫中山自 1917 年 9 月 10 日就任大元帥，翌年 5 月 4 日辭職，主持軍政府僅 7 個月又 26 天。李雲漢，《中國國民黨史述：第二編民國初年的奮鬥》，頁 285。

130 李雲漢，《中國國民黨史述：第二編民國初年的奮鬥》，頁 285。

作戰計畫，使得戰事頗有斬獲。[131]

可是，蔣中正卻難安其位，3 月 15 日到職，只任職了 138 天，7 月 31 日就堅持離職，理由是不得同仁信賴。[132] 援閩軍總司令陳炯明為了慰留他，曾親書「粵軍可百敗而不可無兄一人」。[133] 由此可見，蔣中正在參謀作業上的能力，已獲肯定。

在陳炯明再三邀請下，蔣中正於同年 9 月 18 日再度赴職，新的職務為粵軍第 2 支隊司令官。這是蔣中正第一次擔任部隊司令官，統率 1,000 名的部隊，初期戰績不錯，從嵩口、丘濱一路破敵到永泰。不料，當福州指日可克，卻被逼停戰。爾後因對手福建督軍李厚基擅自破壞停戰和約，以 5,000 兵力反撲第 2 支隊，部屬懼戰不聽指揮，而永泰已被敵軍攻陷，蔣中正只得隻身突圍。事後，陳炯明雖說這是「非戰之罪」，[134] 蔣中正仍難以釋懷，於 1919 年（民國 8 年）3 月 5 日請長假赴上海。在孫中山的勸說下，蔣中正於 5 月 2 日復職，但於 7 月 27 日又辭職，理由是受人排擠。[135] 這項藉

131 周盛盈，《孫中山和蔣介石交往紀實》，頁 32。

132〈蔣中正日記：1918 年 7 月 25 日〉謂：「汝為（許崇智）覆電，再三支吾，不遵合攻大浦與峰市命令，憤激殆甚。汝為吾私友義友，而總司令與我固無一點私情者也乎，見此不能不為吾友羞也。故辭退之心甚堅，明白事理者尚屬如此，無復何言，前途悲觀可想知矣。」

133 毛思誠編纂，《民國十五年以前之蔣介石先生》，頁 66。

134 毛思誠編纂，《民國十五年以前之蔣介石先生》，頁 75。

135〈蔣中正日記：1919 年 7 月 30 日〉，對此記載如下：「（參謀長）鄧仲元（鄧鏗）來會，晚往訪仲元，彼又來，浮薄狹偽者，實不屑交談也。此次辭職，純出于人格與良心問題。彼以其勢，我以其道，彼以其利，我以其義，自以為道義戰勝勢利也，故心廣志明，無所牽窒也。」

口，日後就成為蔣不斷重覆使用的措辭。

從 1918 年 2 月辭去粵軍總司令部作戰科主任，至 1924 年（民國 13 年）4 月接任黃埔軍校校長為止，蔣中正總共辭職 12 次，休長假 1 次。易言之，於短短6年間，蔣氏不斷奔走於到職、離職之間。13 次的任職中，任期最長者為 1918 年 9 月 18 日，初任粵軍第 2 支隊司令官，長達 168 天。最短者為 1921 年（民國 10 年）2 月 14 日及同年 9 月 17 日，皆是當天離職。

若將 13 次離開工作崗位的過程再加整理，則可再細分為：1918-1919 年休長假 1 次，辭職 2 次，奉職日總數 12 個月又 27 天。[136] 1920 年辭職 2 次，奉職日總數 23 日。[137] 1921 年辭職 3 次，奉職日總數 4 日。[138] 1922-1923 年（民國 11-12 年）辭職 4 次，奉職日總數 181 日。[139] 1924 年辭職 1 次，奉職日總數 28 天。[140]

以蔣中正的辭職次數及奉職日數為經，時勢發展為緯，相互交錯觀察回顧這段史實，應更能貼切掌握蔣中

136 1918 年 3 月 15 日以粵軍總司令部作戰科主任赴任，7 月 31 日辭職。同年 9 月 18 日，以粵軍第 2 支隊司令官赴任，翌年 3 月 5 日請長假。1919 年 5 月 2 日復職，於同年 7 月 27 日辭職。

137 1920 年 4 月 11 日赴漳州粵軍總司令部任職，4 月 15 日離職。同年 10 月 16 日赴粵軍第二軍許崇智部任總參謀長，11 月 4 日離職。

138 1921 年 2 月 14 日赴廣州參與平桂作戰會議，當日辭職。同年 5 月 20 日，再赴廣州參與籌劃平桂方略，同月 24 日辭職。同年 9 月 17 日赴廣西西寧，參與籌措粵軍北伐，當日辭職。

139 1922 年 1 月 18 日赴桂林任大本營參軍兼第二軍總參謀長，4 月 23 日離職。同年 10 月 22 日，赴福州任東路討賊軍總司令部參謀長，11 月 24 日辭職。同年 12 月 18 日再赴福州赴職，翌年 1 月 15 日辭職。1923 年 6 月 17 日，出任陸海軍大元帥行營參謀長，同年 7 月 12 日辭職。

140 1924 年 1 月 24 日，任陸軍軍官學校籌備委員會委員長，同年 2 月 21 日辭職。

正的思想及言行。在這六年期間，辭職次數和年代沒有直接關連，但奉職日數因年代而有較大的差異。尤其是前兩年，奉職日數幾乎是後面四年的倍數。主要原因是1918-1919年，護法運動新起，中華革命黨總算藉援閩之命，培養出第一支直屬孫中山的武力部隊。這次部隊由陳炯明負責，是革命黨人的共同希望，當時眾人皆力求突破困境，革命黨陣營內部反而較能相忍為國。

如前所述，1917年9月1日軍政府成立，孫中山任職大元帥不及八個月就離粵北去。桂系軍閥目無軍政府，廣東督軍莫榮新每每與孫中山為難，非常國會的政策會議員聯絡桂系，謀擁岑春煊，排除孫中山，與北方議和，是孫中山無法安於位的主因。尤其是1918年5月，同會議決廢除大元帥，改推岑春煊為主席總裁，逼得孫中山只有出走一途。[141]

孫中山從廣州出走，當然代表革命黨事業的一大挫敗。離開廣州後，孫中山於1918年6月至1920年12月定居於上海，專心著述，完成《孫文學說》和《實業計畫》，[142]並著手將中華革命黨改組為中國國民黨。[143]

由於已喪失地盤，援閩粵軍便成了孫中山惟一的指望，他對任職於援閩粵軍的蔣中正也更加倚重。援閩粵軍在1918年6月，開始進軍福建，待穩住陣腳以後，從原本人數不滿五千的部隊，在駐福建兩年期間，發展

141 郭廷以，《近代中國史綱》，下冊，頁537。

142 李雲漢，《中國國民黨史述：第二編民國初年的奮鬥》，頁286。

143 改組日期為1919年10月10日。李雲漢，《中國國民黨史述：第二編民國初年的奮鬥》，頁286。

成包括兩個軍六個旅的勁旅。粵軍的本位主義猶如「死灰復燃」，使得非粵籍的蔣中正難安其位，於 1920 年總共到職 2 次，奉職總日數只有 23 天。1920 年直皖大戰，援閩粵軍準備回師廣東，蔣中正身為孫中山的信徒，對粵軍有機會重回復興基地，當然是心往神馳；只是在本位主義盛行的粵軍裡，他出身浙籍，常受掣肘，無法施展抱負。例如這年的 6 月 21 日，他致函鄧鏗，提及在粵軍的困境：「既不能另自選將練兵，又不能如意整頓革新，平時或受撫循，臨陣則不聽指揮，欲圖更張，則枝節橫生。」[144] 他只能在關鍵時刻，才有稍許揮灑空間。例如，他於同年 10 月 16 日到職，20 日就代替因病離軍的許崇智軍長，出任前線總指揮，並於 22 日攻克惠州。不過，當 11 月 2 日粵軍光復廣州後三天，[145] 蔣卻又再度離職。

1921 年，蔣中正到職 3 次，奉職總日數只有 6 天。此因回到廣東的陳炯明日漸壯大，與孫中山的矛盾也日益明顯，對眼中只有孫中山而無陳炯明的蔣中正，當然是黨同伐異，不會假以顏色，使得蔣中正兩度在到職當日就憤而離職。

與前兩年相比，1922 年是蔣中正奉公較長的時期，第一次到職，就奉職了 95 天，因為他任職於孫中山親自統率的北伐軍，和陳炯明已脫離上下隸屬關係。不過，此刻孫、陳的衝突已趨白熱化。是年直奉之戰，

---

144 蔣中正，〈與鄧（鏗）仲元書談粵軍整頓之難〉，收入《先總統蔣公思想言論總集》，卷 36，頁 35。

145 周盛盈，《孫中山和蔣介石交往紀實》，頁 47。

如矢在弦，張作霖、段祺瑞約孫共同行動，可是陳炯明志在割據，不以北伐為然。[146] 他除了與湖南省長趙恆惕等倡行聯省自治外，且密與直系聯絡；為了阻撓北伐，還暗殺了粵軍參謀長鄧鏗。[147] 對於陳炯明公然抗命的行為，如何處置，成為廣州軍政府的「燙手山芋」。蔣中正主張，應不惜先用武力制裁陳炯明，然後再圖北伐；[148] 孫中山卻認為，北伐優先，對陳炯明應先盡安撫之能事。蔣中正為說服孫中山，不惜以去留相爭，但沒被接納。[149]

爾後，他於同年及翌年又就職 3 次，每次就職皆只有 1 個月左右。前兩次他任職於東路討賊總司令部，後一次任職於大元帥行營。易言之，前兩次任職的上司是許崇智，後一次任職的上司則為孫中山。雖然負責的對象不一，但辭職的主要理由，還是在於受同儕排擠。例如，針對前兩次辭職的來龍去脈，蔣中正的解釋是：「當時軍中將領，界限甚深，每相排擠，凡對總理親信者，必欲去了而後快」；[150] 至於後一次，毛思誠為他所作的解釋則是「參佐軍務，不為人諒，反遭齮齕，憤而辭職」。[151]

1924 年，蔣中正已被任命為陸軍軍官學校籌備委

146 郭廷以，《近代中國史綱》，下冊，頁 564。

147 李雲漢，《中國國民黨史述：第二編民國初年的奮鬥》，頁 338-339。

148 毛思誠編纂，《民國十五年以前之蔣介石先生》，頁 150。

149 李雲漢，《中國國民黨史述：第二編民國初年的奮鬥》，頁 340。

150 蔣中正，〈革命歷史的啟示與革命責任的貫徹〉，收入《先總統蔣公思想言論總集》，卷 29，頁 353。

151 毛思誠編纂，《民國十五年以前之蔣介石先生》，頁 200。

員長，然學校經費不濟，他認為受負責供應經費的禁煙督辦楊西巖故意刁難，[152] 因而辭職，但兩個月後便即復職。令他忿忿不平的還是整個體制，誠如他於同年 3 月 2 日致孫中山函所言：「先生不嘗以英士之事先生者，期諸中正乎？今敢還望先生以英士之信中正者，而信之也。先生今日之於中正，其果深信乎？抑未之深信乎？中正實不敢臆斷。如吾黨果能確定方略，則精神團結，內部堅強，用人處事，皆有主宰，吾敢斷言今後之局勢，必能有進而無退，有成而無敗，使以是而復致失敗，則中正敢負其責，雖肝腦塗地不恤也。」[153] 在這封發出不平之鳴的信函中，蔣中正同時批評孫中山不應將廣東軍政大權全交由許崇智一人把持，更認為將對黨國忠貞不二的胡漢民流放於上海，是不當之舉，所以強烈建言孫應將胡調回廣東，讓軍政分家，許掌軍事，胡掌民政。[154]

這一封陳情信要求高度信任，有完全自主發揮的空間。從信的內容也可看出，對蔣中正而言，所謂自主空間，不是單一方向就可達到，他需要的不僅是孫中山對他個人的信任，也需要有一個能認同他的執政團隊來支撐他。蔣中正所以要求胡漢民回歸中央，正凸顯他對現行體制的強烈不滿，「獨木難撐大廈」，應是他追隨孫中山革命的長年之痛。

---

152 毛思誠編纂，《民國十五年以前之蔣介石先生》，頁 233。

153 蔣中正，〈上總理書縷陳一己衷曲與對黨主張〉，收入《先總統蔣公思想言論總集》，卷 36，頁 99。

154 蔣中正，〈上總理書縷陳一己衷曲與對黨主張〉，收入《先總統蔣公思想言論總集》，卷 36，頁 98-99。

1924 年 3 月 15 日，孫中山致電胡漢民，請其來廣州就任大本營秘書長。[155] 3 月 17 日，孫以大元帥令免禁煙督辦楊西巖職，特派鄧澤如繼任，[156] 這一連串措施，應可謂孫中山對蔣中正陳情函的具體回應。在主要訴求已得到具體回應後，蔣中正於 4 月 21 日回到廣州。正式復職前，他還不忘於 3 月 30 日致電軍校籌備委員會委員長職務代理人，也是時任廣東省省長的廖仲愷：「兄曰軍校月款已妥，是否政府另有指定，如徒藉該款，則仍不可靠，請詳復。」對於他的詢問，廖仲愷於 4 月 3 日復電如下：「軍校款，弟不問支出，兄亦不問來源，經費不乏，盡可安心辦去，惟請即來。先生近多感觸，親信者不宜離去也。」[157]

從廖仲愷的覆電，可知蔣中正的此次復職，得到三個不同層次的保障。首先，他將牽制他的政敵楊西巖徹底打垮，確保眼前已無人再掣肘。其次，他得到省政府主席廖仲愷保證經費支援無虞。最後，他將能認同自己的盟友胡漢民，重新安排回到領導核心體制，所謂「朝中有人好做官」，可說發揮到淋漓盡致。

4 月 26 日，蔣中正回到黃埔軍官學校視事，5 月 3 日被特任為軍官學校校長，終於得到可發揮自己軍事長才的舞台。在 6 年之內，蔣中正 12 次辭職、1 次長休的抗爭，自此告一段落。顯然，經歷過 12 次抗爭，對

155 《國父全集》，冊 5，頁 507。

156 羅家倫主編，黃季陸、秦孝儀、李雲漢增訂，《國父年譜》（臺北：近代中國出版社，1994），下冊，頁 1468。

157 毛思誠編纂，《民國十五年以前之蔣介石先生》，頁 251、252。

蔣中正最後能爭取到黃埔軍校的治校舞台，有密不可分的因果關係。為了更貼切地掌握蔣中正的崛起過程，以下將進一步探討他的辭職歷程。

蔣中正 12 次的去留抗爭，可分為三個時期：第一階段是援閩粵軍時期，當時他是中堅幹部，但粵軍持本位主義，同儕與屬下皆視他為外來者，[158] 共同排擠，使他無法安於現職。當時對表示慰留者，是他的直屬長官陳炯明。到第二階段時，他已晉升到核心幕僚，抗爭對象已換成陳炯明，這時他所爭的是粵軍的定位；他無法忍受粵軍武力的私人化，眼中只有陳炯明而無孫中山。這時直接表達慰留者，已擴大到孫中山、廖仲愷、胡漢民、汪精衛，以及他的老友張靜江、戴季陶等人。等發展到第三階段時，他已經是幕僚長，這時抗爭對象已換成革命團隊，他需要的是一個能讓自己可充分發揮實力的舞台，至於對他表達慰留者，除了孫中山、廖仲愷、胡漢民、汪精衛等黨國大老外，還涵蓋國民黨陣營中所有的核心成員，包括許崇智、楊庶堪、鄒魯、李濟琛等人。[159] 易言之，到黃埔軍校創校時期，蔣中正在國民黨陣營裡，已深受眾人矚目，頗具「仰望成峰」之勢。因為他已被視為能為國民黨培養黨軍的不二人選，

158 蔣任職粵軍期間，在日記中曾數度抱怨，例如 1918 年 6 月 15 日謂：「余至今為人監視者二次，一為江陰之戰，一為今日之李炳榮也」；1919 年 5 月 7 日謂：「往第 39 營點名，為士兵侮辱，當時只有忍辱包羞而已。」李炳榮時任粵軍第一支隊司令，而蔣為司令部作戰科主任，兩人在職務上並無隸屬關係，但蔣仍受其牽制，粵軍內部對蔣排擠之狀，由此可見一斑。〈蔣中正日記：1918 年 6 月 15 日；1919 年 5 月 7 日〉，。

159 毛思誠編纂，《民國十五年前之蔣介石先生》，頁 66-252。

從而幫助黨突破發展瓶頸，遂促使孫中山願意為他打破成規，提供一個可讓他盡情發揮的空間。

蔣中正 12 次的去留抗爭，不僅沒有造成他與黨疏離，反而使他更趨近黨的權力核心，為他在黨內累積更高的聲望。箇中緣由，可分幾個不同的層面探討。首先探討社會對他的評價，根據《申報》年度索引，該報首次報導廣州革命政府時期蔣中正的事跡，始於 1922 年，達 5 次之多。爾後上報次數更是逐年增加，例如，1923 年為 7 次，1924 年為 20 次，1925 年（民國 14 年）為 91 次，1926 年（民國 15 年）為 496 次，1927 年（民國 16 年）為 402 次。[160] 這一系列數字，非但為蔣中正在黨內的崛起，以及在全國政壇日益增長的影響力提供見證，也提供了另一種觀測的角度。

1922 年蔣中正第一次上報，是 5 月 30 日，報導內容係引自粵軍要求陳炯明復職的電文。陳炯明原本身兼數職，惟於同年 4 月 20 日，經孫中山同意，辭去廣東省長、內政部長、粵軍總司令後，只保留陸軍部長一職。陳本無意辭職，原想以退為進，不意孫竟然核准。為此，陳於翌日就唆使駐南寧的粵軍舊部葉舉等人，聯名通電，聲言不再北伐，即行班師回粵。[161] 俟粵軍葉舉、熊略等部於 5 月 18 日由桂入粵後，即刻聯名電請孫中山收回成命，要求清君側，撤革胡漢民、魏邦平、

---

160 根據申報索引編輯委員會編，《申報索引（1919-1949）》（上海：上海書店出版社，2008），各冊「人名索引」部份資料。承蒙審查人指點，提出以蔣在《申報》的上報次數作為觀察其影響力的指標，並提供相關統計資料，謹此致謝。

161 李雲漢，《中國國民黨史述：第二編民國初年的奮門》，頁 34。

胡毅生、夏重民、謝持、蔣中正諸人。[162]

由此可知，蔣中正之所以名列報端，緣於粵軍視他為反陳要角；然而蔣當時正於溪口賦閒，未任職位，只因此前擔任大本營參軍兼第二軍總參謀長，曾有先鞏固廣東，再圖北伐之議，不被孫中山採納，乃於 4 月 23 日離職。[163] 而蔣雖離職，猶被陳視為眼中釘，正可顯示蔣在陳心目中的份量。反觀與蔣同時列名者，莫不具顯赫經歷，胡漢民為大本營文官長、魏邦平為廣州衛戍司令、謝持為總統府秘書長；相較之下，蔣中正只是大本營的一個軍事幕僚，尚未獨攬大權。但因葉舉等人將蔣列為除奸之列，使得蔣中正逐漸被媒體重視，自此登上「本埠新聞」版[164] 或「國內要聞」版。[165] 至於1923年，蔣中正被《申報》報導的次數增為 7 次，除了行蹤報導以外，[166] 增添職位更新的介紹。[167] 將蔣出任新職也列為報導內容，顯示蔣擔任的職位日趨重要。

1924 年，《申報》對蔣中正的報導增為 20 次，除了行蹤、職位異動外，還增添了一項電報論戰，[168] 可見

162《申報》，1922 年 5 月 30 日。

163 萬仁元、方慶秋，《蔣介石年譜初稿》（北京：檔案出版社，1992），頁 84-90。

164 例如 1922 年 8 月 19 日，孫中山在上海法租界寓所宴客，蔣中正就因受邀赴宴而被報導。《申報》，1922 年 8 月 19 日。

165 同年 10 月 30 日，「福州通訊欄」中有蔣中正隨汪精衛、林森等人到福州的報導。《申報》，1922 年 10 月 30 日。

166 1923 年 7 月 26 日，「本埠新聞」版，報導蔣中正今日來滬。《申報》，1923 年 7 月 26 日。

167 例如 3 月 19 日報導蔣出任大本營參謀長，6 月 22 日蔣出任大元帥行營參謀長。《申報》，1923 年 3 月 19 日；1923 年 6 月 22 日。

168 5 月 24 日《申報》的「國內專電」版，「李濟琛部全體將領，電許軍參謀長蔣介石，請勿派兵來肇。蔣覆電謂：南路軍事決進行，

蔣中正對時勢政務的主張，已能左右廣州政局的走向。從《申報》對蔣報導次數的逐年提升，以及報導內容由事務發展到政策層次，這一連串變化，皆反映蔣已受眾人矚目的客觀事實。

至於他在黨內不平則鳴、勇於抗爭的人格特質，何以能得到黨內同志的諒解支持？就其三個不同時期的抗爭行為而論，蔣第一時期的抗爭對象是粵軍，其本位主義早為人所詬病，故蔣的抗爭並不被認為是無理取鬧。蔣第二時期的抗爭對象是陳炯明，陳炯明眼中無孫中山，眾人早就敢怒不敢言；而陳炯明事後公然反叛，甚而將蔣列為除奸目標，除證明蔣有先見之明外，更凸顯他忠於革命理念，不畏權勢的奮鬥熱忱。第三時期蔣的抗爭對象已換成整個革命體制，革命組織功能不彰，眾人皆感同身受，對蔣中正要求一個完全自主發揮的空間，並不覺得唐突，反而覺得應鼎力相助。是以，12 次的抗爭經歷，為他累積了更高的聲望。

另一方面，他個人對黨的不棄不離，也是不可忽視的因素。例如 1921 年 3 月 5 日，正當孫中山在廣州準備召開非常國會選舉總統前夕，蔣中正特地致函給孫，主張在廣西未平，內部尚未達成共識之前，孫不應貿然選總統，[169] 展露出他為黨國直言無畏的個性。他這種處處以黨國為念的事例，在往後的歲月中，俯拾即是。他雖於 1920 年 4 月 11-15 日在粵軍總司令部任職 4 日

為便利起見，不得不派兵赴肇，並無他意於其間。」《申報》，1924 年 5 月 24 日。

169 毛思誠編纂，《民國十五年前之蔣介石先生》，頁 121-123。

就離職，但仍不忘於 6 月向孫中山上呈「湘粵軍共同作戰計畫」；[170] 1921 年 1 月、2 月及 3 月，他連續寫了三份意見書給孫中山，表達對時局的看法；同年 12 月，又上呈了一部「北伐作戰計畫」；1922 年 12 月，他寫了一部「閩中軍事報告書」；1923 年 3 月，他寫的是「平定潮梅計畫」。[171] 是以，在他不安於位的六年中，每值關鍵時局，他總是勇於表達自己對時局的觀察，積極為黨的軍事作戰獻策。

蔣中正不在其位，但仍心繫革命大業，更凸顯他雖有志於革命，然而客觀環境不如人願，讓他有不得良木而棲之憾。尤其是 1921 年以後，他勤讀曾國藩著作，終能痛下立德、立智、立體之決心，一改早年驕奢淫逸的生活習性，勵志成為國民典範。他的改變顯而易見，[172] 一旦請辭，只會使人惋惜，而不會令人厭惡。

此外，蔣中正對於孫中山堪稱忠誠不二，而他與孫中山也一直保持密切互動；即使奉公時日不長，但一直沒有脫離權力核心。例如 1919 年 10 月 25 日，他奉孫中山之命，代表孫本人赴日本探訪朝野友人，前後

170 萬仁元、方慶秋，《蔣介石年譜初稿》，頁 41。

171 毛思誠編纂，《民國十五年以前之蔣介石先生》，頁 112-114、119、121-123、137、172、190-191。

172 針對蔣中正早年好色、易怒暴躁之個性，楊天石曾有精闢翔實之探討。而 Pichon Pei Yung Loh 則視之為蔣的認同危機，認為這是陳其美遇刺，蔣頓失良師益友，一時無法調適之故。但蔣在大量閱讀古典書籍，特別是《曾文正公全集》，效仿古人立志後，於 1921-1923 年間，在人格修養上大有進步。自此蔣日趨成熟，也克服了易怒的弊病。參閱楊天石，〈「天理」與「人慾」之間的交戰：宋明道學與蔣介石的早年修養〉，收入氏著，《找尋真實的蔣介石：蔣介石日記解讀》，頁 39-48；Pichon P. Y. Loh, *The Early Chiang Kai-Shek*, pp. 51-65.

二十日，足跡遍達神戶、京都、橫濱及東京，於 11 月 16 返國。[173] 1922 年 6 月 16 日，兩廣巡閱使陳炯明圍攻總統府，公然叛變，孫中山得以倖免，於當日抵達海珠海軍司令部，率海軍反擊，並於 18 日電召蔣中正出面援助。蔣時在溪口故居，接電後，就立即於 29 日趕抵粵海，自此與孫中山並肩作戰；尤其是 7 月 9 日長洲要塞失守後，海軍無險可恃，蔣只得率艦馳往白鵝潭外國軍艦停泊處，以避陳炯明叛軍砲擊。孫、蔣兩人困守永豐艦 41 天，在確定前線赴援部隊戰機一時不易挽回後，蔣才於 8 月 9 日，勸孫中山改乘英艦赴港，以求轉進。[174]

孫、蔣兩人交流，還有一事值得一提。1923 年（民國 12 年）8 月 16 日，蔣奉孫中山之命，出任孫中山赴蘇代表團團長，啟程赴蘇考察。代表團於 8 月 25 日進入蘇聯境內，於 12 月 8 日離境返國，前後 3 個月又 14 天，除途經西伯利亞地區外，還包括莫斯科及彼得格勒。拜訪的對象包括蘇聯共產黨政治局、東方局、蘇聯外交部、軍務部及教育部等等黨政機構。[175] 蔣中正認為中國革命可以納入蘇聯所領導的世界革命之一環，在反帝國主義的立場上，兩國利益一致；[176] 也由於蔣中正支持孫中山的聯俄政策，此次考察落實蘇聯援助中國

173 毛思誠編纂，《民國十五年以前之蔣介石先生》，頁 83-84。

174 萬仁元、方慶秋，《蔣介石年譜初稿》，頁 89-82。

175 毛思誠編纂，《民國十五年以前之蔣介石先生》，頁 201-216。

176 余敏玲，〈蔣介石與聯俄政策之再思〉，《中央研究院近代史研究所集刊》，期 34（2000 年 12 月），頁 82。

革命的具體計畫，特別是黃埔建軍計畫，成果豐碩。

孫、蔣這三次的個人交流，性質各有不同。蔣第一次的日本訪問，主要目的是代表孫中山去探訪友人犬塚勝太郎的病況；[177] 這是一趟代表孫個人的情誼之旅，並沒有具體的政治意涵。孫特別選擇蔣，只是為了安撫他。因當時蔣奉職於陳炯明領導下的援閩粵軍，出任中級幕僚，為了抗議被同儕排擠，他兩次離職一次休假。而在奉孫中山之命赴日前，他正準備赴德國深造，以求一圓多年留學之夢；孫為了留蔣，特別派他赴日訪問，表示器重之意。

至於第二次的交流，是孫正面臨個人生死存亡的關鍵時刻。他召蔣赴難，是看重蔣「勇敢、誠篤、知兵事」的個性，當時蔣正因兩個月前抗議孫不肯先對陳炯明動手，憤而辭第二軍參謀總長職位而賦閒在家；但當他接到孫「事緊急，盼速來」的電報後，立即致書友人張靜江，交待後事，[178] 並立即離溪口經上海直奔廣東。蔣「千里赴難」，展現出對領袖的忠誠，以及為革命大業不顧個人安危的犧牲決心，對正處困厄的孫中山而言，自然是欣慰無比。在關鍵時刻，蔣中正做出關鍵行動，為他常年不安於位的辭職模式，提供最有力的辯解。易言之，蔣毅然「千里赴難」，證明他不是貪生怕死之輩，為領袖為革命大業，他具有隨時獻身的熱誠。此前他常棄組織而去，只因組織成員因循怠惰，無法提

177〈蔣中正日記：1919 年 10 月 30 日〉。
178 毛思誠編纂，《民國十五年以前之蔣介石先生》，頁 154。

供他一個可發揮長才的空間。

當中國革命歷經失敗，期盼藉由蘇聯協助為中國革命另覓出路，而蘇聯支持中國革命的重點計畫就是黃埔建軍，希望讓國民黨建立一支能效忠組織有革命信念的武裝部隊，孫中山選擇軍旅出身的蔣中正為代表團團長，不僅表示他是今後負責建軍計畫的主要負責人，也代表他是黨新希望的所在，蔣的去留，就成為世人觀察黨今後走向的指標。孫、蔣的第三次交流，孫的對應和往昔迥然不同。往年，他是以勸勉為主軸，重點是希望蔣共體時艱，在接受現狀下，勉為其難。但是當 1924 年 1 月再度面對蔣中正辭陸軍軍官學校籌備委員長一職時，他卻以不惜改變現狀，只求能滿足蔣之要求為首要考量。正因孫對蔣的認同，才使得蔣得以突破現狀，藉由黃埔建軍為自己覓得一個可發揮實力的舞台，也替廿世紀中國史的蔣中正時代揭開序幕。[179]

五、結論

蔣中正接觸革命黨人，始於 1906 年第一次自費赴東瀛留學期間。他首先在東京結識陳其美，接著藉由陳的引見，得以拜會孫中山。兩年後，即 1908 年被清廷甄選為留日陸軍學生，得以再度赴東瀛留學，並加入了同盟會。

早年的蔣中正，隸屬於陳其美門下。辛亥革命時期，他曾參與杭州起義，出任過滬軍第 5 團團長，在倒

179 Pichon P. Y. Loh, *The Early Chiang Kai-Shek*, pp. 100-101.

滿的大業上，立有汗馬之功；當陳其美與陶成章各代表同盟會與光復會爭奪上海的革命主導權時，蔣中正不惜以身試法，暗殺了陶成章，對鞏固同盟會及陳其美在上海地區的權力基礎，有最直接的貢獻。二次革命時，他領兵攻打江南製造局；二次革命後，當陳其美亡命日本，蔣中正則成為他的代理人，負責統籌上海地區的革命事務。

1914 年 6 月 12 日，蔣中正在東京第一次與孫中山單獨議事。孫的主要目的是希望蔣代替陳其美赴中國東北策動軍隊討袁。不過，按蔣中正的自我認知，反而認為他前此勇於殺陶，因此孫中山對他刮目相看。至於東北的黨務工作，乏善可陳，惟期間他撰寫〈上總理陳述歐戰趨勢並倒袁計畫書〉，認為應利用第一次世界大戰的爆發，在袁世凱沒有西方奧援，又得應付日本圖謀中國的壓力之際，以浙江為基地，乘勢發展倒袁活動，深得孫中山賞識。孫特撥兩萬美金給他，命他回上海，籌設革命軍總部。他能文能武的特質，也藉由這次上書展露無遺。1914 年 9 月的上海之行，使他從一個江浙地區的區域性幹部，一躍而成能為革命黨把脈、獻計的明日之星。

不過，因保密不周，此次浙江起義鎩羽而歸。為此，孫中山一度冷凍雙方關係，使得蔣中正於 1914 年底回到東京後，一直未蒙孫中山接見。直到翌年 3 月，陳其美藉返國處理黨務之機，力言東京本部與上海皆須仰仗蔣中正聯繫，這才使蔣中正得以重獲孫中山召見，雙方恢復直接交流的管道。

陳其美回上海後，前後發動的肇和軍艦兵變，以及襲取江陰要塞戰役，蔣中正無役不與，除了在第一線負責指揮作戰，也參與運籌帷幄的工作。藉由上海地區的革命活動，再度展現蔣中正允文允武的才華。也因為陳其美與蔣中正的關係本即「焦孟不離」，1916 年 5 月陳其美被刺後，蔣就順理成章地繼承了他的衣缽，成為上海地區中華革命黨的聯絡人。1917 年 7 月，孫中山赴廣州倡導護法，海軍首先響應。至於策動海軍出面護法的經費，來自於德國公使資助，資金轉移則由蔣中正在滬一手經理。此段秘辛，不獨見證了蔣已繼承中華革命黨在上海的地緣關係，對他而言，也是與上海金融界建立聯繫管道的良好契機。這些人際關係的開拓，無疑地成為建構蔣中正權力網絡的基石。

孫中山雖因德國公使資助，得以在廣州成立軍政府，宣揚護法，可是在後繼無援的情況之下，爾後的革命大業卻似逆水行舟，充滿挫折及挑戰。1918 年 5 月，軍政府廢大元帥，逼使孫中山出走廣州，以及 1922 年陳炯明圍攻總統府，公然叛變，皆為眾所周知的史實。

在面對一連串的眾叛親離後，忠誠之士難求，成為孫中山的切身之痛。而「勇敢、篤誠、知兵事」是孫中山對蔣中正的評語，勇敢、篤誠為個人特質，知兵事卻是一項特殊才華。對孫中山而言，蔣中正不僅忠誠可信，後一項特殊才華，更能反映時勢的需求。尤其孫中山面對陳炯明叛變後，總結中國革命失敗的原因，在於革命黨沒有自己的武裝勢力，今後革命黨應以培養自己武力為首務；蔣的知兵事，當然更能得到孫中山的器重。

不過，從蔣中正出任黃埔軍官學校校長，為自己爭取到一個可發揮軍事長才的舞台之前，他於 6 年內，經歷過 12 次的辭職抗爭。孫中山終願將黨的新希望寄託於蔣，並交付建軍的重擔，主因即在於他的理念及行事風格，不僅得到孫中山個人肯定，也得到國民黨內核心成員及同志一致的認可。

本文原載於《中央研究院近代史研究所集刊》，
第 65 期（2009 年 9 月），頁 1-50。

蔣介石留日學習簡表

1906（光緒 32、明治 39）年

1 月	肄業於浙江省奉化縣城龍津中學堂。
4 月	自費赴日，肄業清華學校，學習日語，在東京識陳其美。
冬季	自日返國。

1907（光緒 33、明治 40）年

夏間	赴保定，肄業於通國陸軍速成學堂。
冬季	應考留日陸軍學生。

1908（光緒 34、明治 41）年

3 月	赴東京，肄業於振武學校。
8 月	歸國省親。

1909（宣統元、明治 42）年

	仍肄業於振武學校。

1910（宣統 2、明治 43）年

10 月	因病入院治療。
11 月	卒業振武學校。
12 月	入新潟縣高田市野戰砲兵第 19 聯隊為士官候補生，並按體制以二等兵開始服役。

1911（宣統 3、明治 44）年

6 月	晉升為砲兵一等兵。
8 月	晉升為砲兵伍長。
	歸國省親。
10 月	私自脫隊回國參加革命。
11 月 8 日	被日本陸軍大臣石本新六向日本外務大臣內田康哉特別列名告發，並處以勒令除隊。

民國史料 68

緣起日本：
蔣介石的青年時代（三）

Japanese Influence: The Young Chiang Kai-Shek
- Section III

主　　編　黃自進、蘇聖雄
總 編 輯　陳新林、呂芳上
執行編輯　林育薇
助理編輯　曾譯緒、李承恩
封面設計　溫心忻
排　　版　溫心忻

出　　版　開源書局出版有限公司
香港金鐘夏慤道 18 號海富中心
1 座 26 樓 06 室
TEL：+852-35860995

民國歷史文化學社有限公司
10646 台北市大安區羅斯福路三段
37 號 7 樓之 1
TEL：+886-2-2369-6912
FAX：+886-2-2369-6990

http://www.rchcs.com.tw

初版一刷　2022 年 5 月 31 日
定　　價　新台幣 400 元
港　幣 110 元
美　元　15 元
I S B N　978-626-7157-06-0
印　　刷　長達印刷有限公司
台北市西園路二段 50 巷 4 弄 21 號
TEL：+886-2-2304-0488

國家圖書館出版品預行編目 (CIP) 資料
緣起日本：蔣介石的青年時代 = Japanese influence : the young Chiang Kai-Shek/ 黃自進，蘇聖雄主編 . -- 初版 . -- 臺北市：民國歷史文化學社有限公司，2022.05

冊；　公分 . -- (民國史料；66-68)

ISBN 978-626-7157-04-6　(第 1 冊：平裝). --
ISBN 978-626-7157-05-3　(第 2 冊：平裝). --
ISBN 978-626-7157-06-0　(第 3 冊：平裝)

1.CST: 蔣中正　2.CST: 傳記　3.CST: 史料

005.32　　111007206